DASH:

Samen bouwen

De architectuur van het collectief particulier opdrachtgeverschap

/

Building Together

The Architecture of Collective Private Commissions

Delft Architectural Studies on Housing

Editorial

In the study *Living in Space and Time. In Search of Sociocultural Trends in Housing* (2009), one of the aspects the Council for Housing, Spatial Planning and the Environment drew attention to was the increasing interest in living with other like-minded people, in a privately managed residential domain or otherwise. According to the Council, this demand for smaller environments or microhabitats, where living, working, care and recreation are combined, will rise in the coming years. Now that house-building is stagnating in the Netherlands as a result of the economic crisis, some town and city councils are trying to jump start construction by encouraging future occupants to develop and design houses themselves, as a group. This method – 'collective private commissioning' or 'CPC' – bypasses the traditional developer, who is no longer able or prepared to run the risks of new-build in the present climate. In this way, housing that is more demand-driven and concentrates on specific requirements can be developed.

Supporters of CPC often cite an increase in scale and the corresponding limitation of costs as an argument for choosing this development strategy. However, there are other motives besides economic for developing a housing block as a group. The opportunity to design a house and living environment entirely in line with one's own wishes and ideas is the most important. As the examples show, CPC projects are eminently suitable for special programmes and also for experiments with house floor plans and the way dwellings are linked. In order to give the designing discipline its say in the topical debate about CPC as well, this *DASH* dives into the question of what CPC can mean for housing design. Which opportunities does collective private commissioning provide for the realization of special programmes, housing types and architectural expression?

In his article, Dick van Gameren discusses different historical and modern Dutch projects that were realized via CPC and investigates the historical and possible future role of small-scale collective private commissions for construction and architectural practice in the Netherlands.

In an article about *Baugruppen* (building groups), Vincent Kompier and Annet Ritsema relate how a strong CPS tradition in Germany has led to interesting and innovative housing architecture.

Pierijn van der Putt demonstrates that the direct collaboration between the future occupants of Eindhoven neighbourhood 't Hool (1972) and the firm Van den Broek and Bakema was responsible for a unique design that represents the living requirements of a new middle class, at the level of both the neighbourhood and the individual house.

In the interviews, architect and CPC champion Hein de Haan, and Frank van Beek and Frank Veen from property developer Lingotto have their say.

Finally, the project documentation presents 11 model projects that demonstrate the ways in which a CPC construction can have an effect on the architectural design. With the help of analysis drawings, aspects such as how the houses are linked and the collective programme are made visible. By including examples from abroad as well as Dutch projects, the project documentation additionally sheds light on the differences between CPC traditions in the Netherlands, North America and West-European countries.

Redactioneel

In het onderzoek *Wonen in ruimte en tijd. Een zoektocht naar sociaal-culturele trends in het wonen* (2009) signaleert de VROM-raad onder andere een toenemende behoefte om te wonen met gelijkgestemden, al dan niet in een privaat beheerd woondomein. Volgens de VROM-raad zal deze vraag naar kleinere (micro-) milieus, waar wonen, werken, zorg en recreëren zijn gemengd, de komende tijd stijgen. Nu de woningbouw in Nederland als gevolg van de economische crisis stagneert, proberen sommige gemeenten de bouw een impuls te geven door toekomstige bewoners te stimuleren zelf (als groep) woningen te ontwikkelen en te (laten) ontwerpen. Deze werkwijze ('collectief particulier opdrachtgeverschap' of 'CPO') omzeilt de traditionele ontwikkelaar, die in de huidige tijd de risico's van nieuwbouw niet meer kan of wil dragen. Zo kan een meer vraaggestuurde, op specifieke wensen toegespitste woningbouw ontstaan.

Voorstanders van CPO halen vaak schaalvergroting en de daarmee verbonden kostenbeperking als argument aan om voor deze ontwikkelstrategie te kiezen. Er zijn echter naast economische nog andere motieven om met een groep een woongebouw te ontwikkelen. De kans om woning en woonomgeving geheel naar eigen wens en inzicht vorm te geven, is daarvan de belangrijkste. Zoals de voorbeelden laten zien, lenen CPO-projecten zich bij uitstek voor bijzondere woonprogramma's evenals voor experimenten met woningplattegronden en schakelingen. Om ook de ontwerpende discipline aan bod te laten komen in het hedendaagse debat over CPO, werpt deze DASH zich op de vraag wat CPO kan betekenen voor het woningontwerp. Welke mogelijkheden biedt collectief particulier opdrachtgeverschap voor het realiseren van bijzondere programma's, woningtypen en architectonische expressie?

Dick van Gameren behandelt in zijn artikel verschillende historische en moderne Nederlandse projecten die via CPO tot stand zijn gekomen en onderzoekt de historische en mogelijk toekomstige rol van kleinschalig collectief particulier opdrachtgeverschap voor de bouw- en ontwikkelpraktijk in Nederland.

In een artikel over Baugruppen licht Vincent Kompier toe hoe een sterke CPO-traditie in Duitsland tot interessante en vernieuwende woningarchitectuur heeft geleid.

Pierijn van der Putt laat zien dat door de directe samenwerking tussen de toekomstige bewoners van de Eindhovense wijk 't Hool (1972) en het bureau Van den Broek en Bakema, zowel op de schaal van de buurt als het individuele woonhuis, een uniek ontwerp is ontstaan dat de woonwensen van een nieuwe middenklasse vertolkt.

In de beide interviews komen aan het woord architect en CPO-voorvechter Hein de Haan, en Frank van Beek en Frank Veen van projectontwikkelaar Lingotto.

De projectdocumentatie ten slotte presenteert 11 voorbeeldprojecten die laten zien op welke manieren een CPO-constructie haar uitwerking kan hebben op het architectonisch ontwerp. Met behulp van analysetekeningen zijn aspecten als de woningschakeling en het collectieve programma zichtbaar gemaakt. Door naast Nederlandse projecten ook buitenlandse voorbeelden aan bod te laten komen, werpt de projectdocumentatie bovendien een licht op de verschillen tussen de CPO-tradities van Nederland, Noord-Amerika en landen in West-Europa.

Dick van Gameren

Onderscheid en samenhang
Differentiation and Cohesion

Collectief particulier opdrachtgeverschap in Nederland
Collective Private Commissioning in the Netherlands

Spontane ontmoetingen in de Wandelmeent, 1978
Spontaneous encounters in the Wandelmeent, 1978

Recent verklaarde architect Pi de Bruijn in het VPRO-programma De slag om Nederland het succes van de herbouwde wijk Roombeek in Enschede uit het feit dat er geen projectontwikkelaars bij betrokken waren. De woningen waren tot stand gekomen door particulier en collectief opdrachtgeverschap.[1] Dankzij deze wijze van ontwikkelen was volgens hem een aantrekkelijke en succesvolle wijk ontstaan, die inmiddels de status van toeristische bestemming heeft bereikt. Op veel plekken in Nederland zien we op dit moment pogingen van overheden om het particulier opdrachtgeverschap te bevorderen. De woningbouwproductie is sterk teruggelopen, voor veel geld verworven en vaak al bouwrijp gemaakte locaties liggen te wachten op bouwplannen. Ontwikkelaars en woningcorporaties laten het afweten, particuliere initiatieven, individueel of collectief, krijgen ruim baan.

Of hier werkelijk sprake is van een definitieve verschuiving in de Nederlandse woningbouwproductie, is midden in de storm niet aan te geven. Wel kan voorzichtig gekeken worden of door de toename van particuliere initiatieven inderdaad andersoortige woningen gebouwd worden. De vraag spitst zich dan vooral toe op het collectief opdrachtgeverschap waarin de balans tussen individuele verlangens en collectieve belangen een nieuw uitgangspunt voor het woningontwerp lijkt te bieden.

Zelf bouwen

Het stimuleren van particulier opdrachtgeverschap speelt al langere tijd een rol in het debat over het woningbeleid. Het past in de langdurige politieke ontwikkelingen in Nederland, waar de verzorgingsstaat zowel ter linker als rechter zijde zo langzamerhand vaarwel wordt gezegd: de burger moet meer verantwoordelijkheid nemen en daarbij tegelijkertijd meer vrijheden krijgen. Carel Weeber, in een eerder tijdperk architect van een aantal vaak omstreden, grootschalige woningbouwprojecten, nam in 1997 op polemische wijze stelling tegen de 'staatsarchitectuur' in de woningbouw, verbeeld door de eindeloze rijwoningen in de Vinexwijken. Hij introduceerde met 'het wilde wonen' de idee dat iedereen – niet gehinderd door (esthetische) regels – zijn huis moet kunnen bouwen.[2] In het kielzog van deze stellingname diende Tweede-Kamerlid Adri Duivesteijn (PvdA) in 1998 met succes een motie in met het voorstel dat een derde van de woningproductie in particuliere handen moest komen. In de nota *Mensen Wensen Wonen. Wonen in de 21ste eeuw* (2000) stelde staatssecretaris Remkes (VVD) vervolgens dat er meer ruimte moest komen voor individuele 'woonvoorkeuren' en Remkes herhaalde Duivesteijn's ambitie dat 30 procent van de Nederlandse woningbouwproductie zich in 2005 in handen van de particuliere eigenaar/bewoner moest bevinden. De werkelijkheid bleek weerbarstig en deze doelen zijn nooit gehaald. Woningbouw in Nederland is sinds jaar en dag ingesteld op repetitie, standaardisatie van de verschillende componenten en de daaruit te behalen voordelen in bouwkosten. Individueel opdrachtgeverschap is, zeker in een stedelijke context, al eeuwen niet weggelegd voor de gemiddelde woningzoeker. De woningproductie in de Vinexwijken liet enkele eerste pogingen zien om ruimte te maken voor individueel opdrachtgeverschap. Het kwam zelden verder dan een, al dan niet welstandsvrij, buurtje met kavels voor vrijstaande bebouwing.

In Almere, waar de woningbouwproductie inmiddels onder de hoede was gekomen van Adri Duivesteijn in zijn functie als wethouder (2006 tot 2013), wordt de verwoede poging om het particulier opdrachtgeverschap ruim baan te geven, voortgezet, met als belangrijkste speelveld het Homeruskwartier, de grootste nieuwbouwontwikkeling op basis van particulier opdrachtgeverschap in Nederland tot nu toe.[3] Projectontwikkelaars hebben vanzelfsprekend de wervende werking

In a recently broadcast episode of current affairs programme *De slag om Nederland* (The battle for the Netherlands), architect Pi de Bruijn credited the successful rebuilding of the Roombeek neighbourhood in Enschede to the fact that no project developers had been involved. Instead, the homes had come about through private and collective commissioning.[1] In the architect's view, this method of development had produced an attractive and thriving neighbourhood, which has since become a tourist destination. In other parts of the country too, local governments are now trying to promote the practice of private commissioning. Housing production has fallen dramatically, while sites that were purchased for large sums of money and are ready for building are still awaiting construction plans. Developers and housing associations are bailing out, thus clearing the way for private initiatives, whether individual or collective.

Whether or not this indicates a definitive shift in the Dutch housing market is impossible to say at this point in time. But what we can do is try to assess whether the increase in private initiatives is resulting in the construction of different types of dwellings. Of particular interest here is the practice of collective commissioning, in which the balance between individual requirements and collective interests seems to offer a new principle for housing design.

Self-Build

The stimulation of private commissions has been a factor in the debate on housing policy for some time now. It reflects ongoing political developments in the Netherlands, where both left and right are gradually abandoning the welfare state: citizens are expected to take on more responsibilities, while at the same time they should be given more liberties. In 1997 Carel Weeber, the architect of a number of large-scale and often controversial housing projects, took a polemical stand against 'state architecture' in the housing sector, embodied by the endless rows of terraced houses in the so-called Vinex neighbourhoods. Through his concept of 'het wilde wonen' ('wild' or unregulated housing), he put forward the idea that everyone should be given the opportunity to build their own home – unhindered by (aesthetic) rules and regulations.[2] In his wake, MP Adri Duivesteijn (PvdA) successfully tabled a motion in 1998 proposing that a third of all housing output should be in private hands. In the policy document *Mensen Wensen Wonen. Wonen in de 21ste eeuw* (What People Want, Where People Live. Housing in the 21st Century, 2000), Deputy Minister Remkes (VVD) argued for more room for individual 'housing preferences', and reiterated Duivesteijn's target that by 2005 at least 30 per cent of Dutch housing output ought to be in the hands of private owner-occupiers. Reality refuses to be pinned down, however, and the targets were never met. Housing in the Netherlands has long been geared towards repetition, standardization and the resulting cost-savings. The average person looking for accommodation has not had the option of commissioning his or her own home for centuries, especially in an urban context. And while there have been a few attempts at facilitating individual commissioning in the Vinex neighbourhoods, this seldom went beyond a small area with plots for detached houses, whether or not without aesthetic controls.

In Almere, where the housing sector was under the control of Adri Duivesteijn in his role as city councillor from 2006 to 2013, efforts to stimulate private commissioning are continuing apace. They are mainly centred on the Homeruskwartier, the largest new development based on private commissioning in the Netherlands to date.[3]

Needless to say, project developers too have embraced the appeal of the 'self-build' house. Projects with names like *Wonen à la carte* and

van het 'zelf ontworpen' huis ook omarmd. Namen als *Wonen à la carte, Wenswonen* en dergelijke worden verbonden aan projecten, die een reeks aan vaak louter cosmetische keuzes aanbieden om een standaardwoning toch 'individueel en uniek' te maken.[4] De keuzemogelijkheden weten zich echter niet uit het dwingende korset van de bouwmethodiek te bevrijden; de industriële bouwwijze wordt letterlijk gemaskeerd door verschillende gevelinvullingen aan te bieden. Ondanks enkele groots aangepakte projecten, zoals het Homeruskwartier, is particulier opdrachtgeverschap zonder tussenkomst van een ontwikkelende partij de afgelopen jaren in omvang beperkt gebleven. Nadat er decennia lang nauwelijks mogelijkheden waren om zelf te bouwen ligt er nu wel een vraag, maar die is misschien alleen maar het gevolg van een inhaalslag na schaarste. Net zoals het geval was bij de ontwikkeling van luxe appartementen – een inmiddels ook alweer voorbije hausse.

De vraag naar meer individuele invloed op het ontwerp van woning en woonomgeving na decennia van grootschalige woningbouw is onmiskenbaar, maar is niet per se gekoppeld aan *eigen* opdrachtgeverschap. Ook is er sprake van een herleving van de waardering voor gedeelde, collectieve ruimte in de woonomgeving.[5] Deze ontwikkelingen lijken maar beperkt gebaat bij individueel opdrachtgeverschap. Het streven om zelf opdrachtgever te zijn, kent veel fysieke, procesmatige en financiële beperkingen. De idee van het wilde wonen is op de keper beschouwd eerder verbonden met nostalgie dan met betrokkenheid bij de woonomgeving en een streven naar collectiviteit.

Het antwoord op deze aspiraties is wellicht beter te vinden in *collectief* particulier opdrachtgeverschap. Het langzaam toenemend aantal projecten gaat hand in hand met studies en publicaties over dit fenomeen, in Nederland en daarbuiten.[6] De aandacht gaat daarin veelal uit naar de onderscheidende aspecten van het collectief particulier opdrachtgeverschap met betrekking tot het proces van planvorming, realisatie en beheer. De particuliere betrokkenheid bij het opdrachtgeverschap blijkt veel verschillende gedaanten aan te kunnen nemen, en verschilt ook zeer van land tot land, afhankelijk van de gangbare bouwpraktijken. In Nederland kunnen door samenwerking de voordelen van een grotere schaal, sinds jaar en dag uitgangspunt van de woningbouwproductie, geïncasseerd worden, maar hoe verhoudt zich dit tot de wens van de deelnemers aan het collectieve opdrachtgeverschap een woning te realiseren die aansluit op hun persoonlijke eisen en wensen? De vraag rijst dan op of uit collectief particulier opdrachtgeverschap niet alleen nieuwe procesvormen, maar ook nieuwe woningtypologieën voortkomen?

Coöperatief bouwen

Dat collectief opdrachtgeverschap geen verschijnsel is van de laatste jaren, is te zien in het 90 jaar geleden gebouwde Etagehuis Westhove in Amsterdam-Zuid.[7] Een groep bewoners van de Amsterdamse grachtengordel, verenigd in Bouwmaatschappij Lastman, vroeg architect F.A. Warners een ontwerp te maken voor een appartementengebouw op een kavel langs het Noorder-Amstelkanaal. De initiatiefnemers zochten een woning aan wat destijds de rand van de stad was, om aan de drukte en vervuiling van de grachten in het centrum te kunnen ontsnappen. De indeling en afmetingen van de appartementen werden aangepast aan de specifieke eisen van de bewoners. Ook ontwierp Warners voor een aantal woningen de interieurs. Warners nam als architect ook zelf initiatieven voor de ontwikkeling van collectieve woongebouwen met luxe appartementen.

Hij richtte hiervoor de NV Amsterdamsche Maatschappij tot

Wenswonen (*Living à la carte, Tailorhousing*) offer a set of often purely cosmetic options for making a standard dwelling 'individual and unique'.[4] But the options fail to shrug off the straitjacket of the construction methods; the industrialized construction process is literally masked by different façades. With the exception of a few large-scale projects, such as the Homeruskwartier, private commissioning without the intervention of a developer has not really taken off in recent years. Following decades when there were few opportunities for self-building, there is demand now, but it may be just a question of a post-scarcity catch-up. The same happened with luxury apartments – a development boom that has come and gone.

After decades of large-scale house building, demand for more individual say in the design of both house and living environment is undeniable, but not necessarily coupled to *private* commissioning. Likewise, there are signs of a resurgence of the appreciation of shared, collective space in the living environment.[5] Individual commissioning appears to be of limited benefit to these developments. The ambition to commission one's own home is beset by physical, procedural and financial constraints. On closer inspection the idea of 'het wilde wonen' is inspired more by nostalgia than by a sense of commitment to the living environment and a desire for collectivity. These aspirations may be better met by *collective* private commissioning. The gradual increase in the number of collectively commissioned projects goes hand in hand with studies of and publications about the phenomenon, both in the Netherlands and elsewhere.[6] They tend to focus on the distinguishing features of collective private commissioning with respect to the processes of planning, realization and management. Private involvement in the commissioning process can take on many different guises and also differs greatly from country to country, depending on national building practices. In the Netherlands, cooperation results in competitive advantages of scale, which has long been the underlying principle of the housing market. But how is this tied up with the desire of those participating in the collective to realize a dwelling that reflects their personal wishes and requirements? Do the new processes that result from collective private commissioning spawn new dwelling typologies as well?

Cooperative Building

Collective commissioning is not a recent phenomenon, as is shown by Etagehuis Westhove, built in Amsterdam South 90 years ago.[7] A group of people living in Amsterdam's canal zone formed Bouwmaatschappij Lastman (Building Society Lastman) and asked architect F.A. Warners to draw up a design for an apartment building on a plot beside Noorder-Amstelkanaal. Those behind the initiative were looking for a home on what was then the edge of the city, in order to escape the crowded and polluted canals in the city centre. The layout and size of the apartments were adapted to meet the residents' specific requirements. Warners also designed the interiors of some of these dwellings. Incidentally, Warners also initiated the development of luxury apartment buildings. For this purpose he founded the NV Amsterdamsche Maatschappij tot Exploitatie van Etagewoningen (The Amsterdam Society for the Development of Apartments). The combined role of developer/architect was practically unheard-of at the time.

The unusually spacious and beautifully finished apartments of Etagehuis Westhove are certainly exceptional, but elsewhere too private initiatives to realize custom-made homes through collective commissioning led to remarkable projects in the first half of the twentieth century. Paradoxically, it was the strict, centralized control over house building and the funding structure associated with it that made these private initiatives possible. In response to the National Housing Act of 1902, private housing

Interieurschets etagewoning Westhove
Interior sketch of an apartment in Westhove

Interieurs woning Harmoniehof, ca. 1930
Interior of an apartment in Harmoniehof, c. 1930

Ontwerpschets groeiwoning 't Hool
Design sketch of a growth house in 't Hool

Interieur woning Egelwier, jaren '80
Interior of one of the Egelwier dwellings, 1980s

Exploitatie van Etagewoningen op. De combinatie van de rollen van ontwikkelaar/architect was destijds beslist ongebruikelijk.

De buitengewoon royale en prachtig afgewerkte appartementen van Etagehuis Westhove mogen uitzonderlijk zijn, het particuliere initiatief om in collectief opdrachtgeverschap meer op maat gemaakte woningen te realiseren, heeft in de eerste helft van de twintigste eeuw op meer plaatsen tot bijzondere projecten geleid. Juist door de sterke centrale regie over de woningbouw en de daaraan verbonden subsidiemogelijkheden konden particuliere initiatieven worden uitgevoerd. Als gevolg van de Woningwet van 1902 werden particuliere woningbouwcorporaties opgericht om in woonwensen te kunnen voorzien, die speculatieve bouwers en grote, op goedkope grootschalige volkswoningbouw gerichte corporaties negeerden. De gebouwde resultaten van deze particuliere initiatieven onderscheiden zich vooral op het vlak van de woningtypologie (plattegronden en schakelingen) en de aanwezigheid van collectieve ruimten, binnen en buiten.

De Frisia-woningen in Amersfoort, een complex van 49 rijwoningen, werd gebouwd door een aantal particuliere initiatiefnemers, gepensioneerde onderwijzers en militairen.[8] Het plan werd tussen 1920 en 1922 gerealiseerd naar ontwerp van A.H. van Wamelen. De compacte, relatief brede en ondiepe woningen, verzameld onder royale rieten 'landhuis'-kappen, moesten een betaalbaar alternatief vormen voor een vrijstaand huis en huisvesting bieden aan een gemeenschap van 'gelijkgezinden'.

In 1908 richtte een aantal hogere ambtenaren in Amsterdam de coöperatie de Samenwerking op, met als doel voor henzelf en andere woningzoekenden uit de betere middenklasse een vorm van huisvesting te ontwikkelen, die meer kwaliteit bood dan de toenmalige woningbouw. Het succes van dit initiatief leidde tot een aantal vervolgprojecten, waarvan de Harmoniehof, gerealiseerd tussen 1919 en 1922 naar ontwerp van J.C. van Epen en M.J.E. Lippits, het meest bekend werd.[9] Twee langgerekte, rechthoekige bouwblokken liggen ter weerszijden van een collectief plantsoen; op de uiteinden van de blokken bevinden zich telkens twee twee-onder-een-kap woningen. De beide bouwblokken bevatten een diversiteit aan boven- en benedenwoningen met elk een voordeur aan de straat. De ruime woningen hebben steeds een woonkamer-en-suite, en twee tot vier slaapkamers. De ongebruikelijke, maar ingenieuze schakelingen en stapelingen proberen zoveel mogelijk het probleem van de gehorigheid tussen slaap- en woonkamers in woningen die op traditionele wijze met houten vloeren zijn gebouwd, te elimineren. Deze kenmerken bij elkaar leidden tot woningen die zo goed mogelijk de kwaliteit van de traditionele grondgebonden 'stads'-woning hebben behouden. De drie verdieping hoge blokken met hun uitkragende kappen en wisseling van erkers doen zich voor als royale rijwoningen; de twee-onder-een-kap woningen aan het plantsoen als villa's, met de kappen in wisselende richtingen.

Hoewel na de Tweede Wereldoorlog de schaarste aan woningen tot een sterke uniformering en industrialisering van de woningbouw leidt, blijft het ideaal van de op maat van de bewoner gemaakte woning bestaan. Vergelijkbaar met het initiatief van De Samenwerking is de oprichting van de corporatie Huis en Wijk in Eindhoven, 50 jaar later. In dit geval kwam het initiatief van een aantal medewerkers van Philips, die het toenmalige woningaanbod in Eindhoven kwalitatief onder de maat vonden. Zij vroegen architect Jaap Bakema om een voorstel te maken voor een nieuwe woonwijk voor 1.000 gezinnen: 't Hool. Uitgangspunt was de gebruiks- en ruimtelijke kwaliteit van de woning zelf, niet die van de locatie of de toepassing van dure bouwmaterialen.[10] Door deze vraag kon Bakema veel van zijn tot dan toe ontwikkelde ideeën voor woningbouw integreren tot een ensemble, dat wordt

associations were established in order to meet the housing needs that were ignored by speculative builders and large housing corporations specializing in affordable, large-scale social housing. The most distinguishing features of these private initiatives are the dwelling types (in terms of floor plans and the way the dwellings are linked) and the inclusion of collective spaces, both inside and outside.

The Frisia homes in Amersfoort, a development of 49 terraced houses, was built on the initiative of a group of retired teachers and servicemen.[8] The plan was realized between 1920 and 1922 to a design by A.H. van Wamelen. The compact, relatively wide and shallow houses with large thatched 'country house' roofs, were conceived as an affordable alternative to detached houses and were to accommodate a community of 'like-minded people'.

In 1908 a number of high-ranked civil servants in Amsterdam founded the cooperative 'Samenwerking' (Cooperation), which set out to develop better quality housing for both themselves and other middle-class people looking for accommodation. The success of this initiative led to several follow-up projects, of which the Harmoniehof, realized between 1919 and 1922 to a design by J.C. van Epen and M.J.E. Lippits, is the best known.[9] Two elongated, rectangular blocks flank a public garden, while two substantial townhouses, each consisting of two semi-detached houses, top either end of the blocks. The blocks boast a variety of ground floor and upper floor flats, each of which has a front door on the street. The spacious dwellings all have a living room consisting of two spaces connected by sliding doors, and two to four bedrooms. The dwellings are linked and stacked in unusual, but ingenious ways in order to reduce the problem of noise between bedrooms and living rooms in homes with traditional wooden flooring. All this has resulted in homes that have retained much of the quality of the traditional ground-accessed townhouse. The three-storey blocks with their projecting roofs and alternating bay windows look like spacious terraced houses, while the semi-detached houses flanking the public garden are reminiscent of villas, with roofs facing in different directions.

Although the post-war housing shortage led to the industrialization of the housing sector and great uniformity, the ideal of the custom-made home persisted. The establishment of the Huis en Wijk housing association in Eindhoven recalls Samenwerking 50 years earlier. In this case the initiative came from a number of Philips employees, who thought the housing market in Eindhoven at the time was below par. They asked architect Jaap Bakema to come up with a design for a new neighbourhood for 1,000 families: 't Hool. The performance and spatial quality of the dwelling itself was to be the primary focus, not the location or the application of expensive construction materials.[10] These requirements enabled Bakema to bring many of his existing ideas together in a development characterized by a great cohesion between public, collective and private spaces and boasting a wide variety of dwelling types. Bakema and the project architects Stokla and Lans proposed an extensive catalogue of 14 dwelling types within an 'ideal' layout of smaller clusters separated by collective and public greenery – with a high wall of flats as its northern boundary. The different dwelling types offered a great deal of choice in and of themselves, but there was further differentiation *within* the types, as illustrated by type 1 – the courtyard house. Most noteworthy in this respect is type 7 – the *growth type*.[11] These dwellings, with the sculptural exterior typical of Bakema's architecture, could be enlarged via both vertical and horizontal additions and extensions. The quirky sculptural quality meant that instead of ruining the overall picture, such extras would actually enhance it.

The split-level layout produced a house with a remarkable spatial quality, in which the most important rooms are grouped around a one-

Wandelmeent. Schema indelingsmogelijkheden woning met vier vlakjes
Wandelmeent. Diagram of layout variations of a house with four *vlakjes* (units)

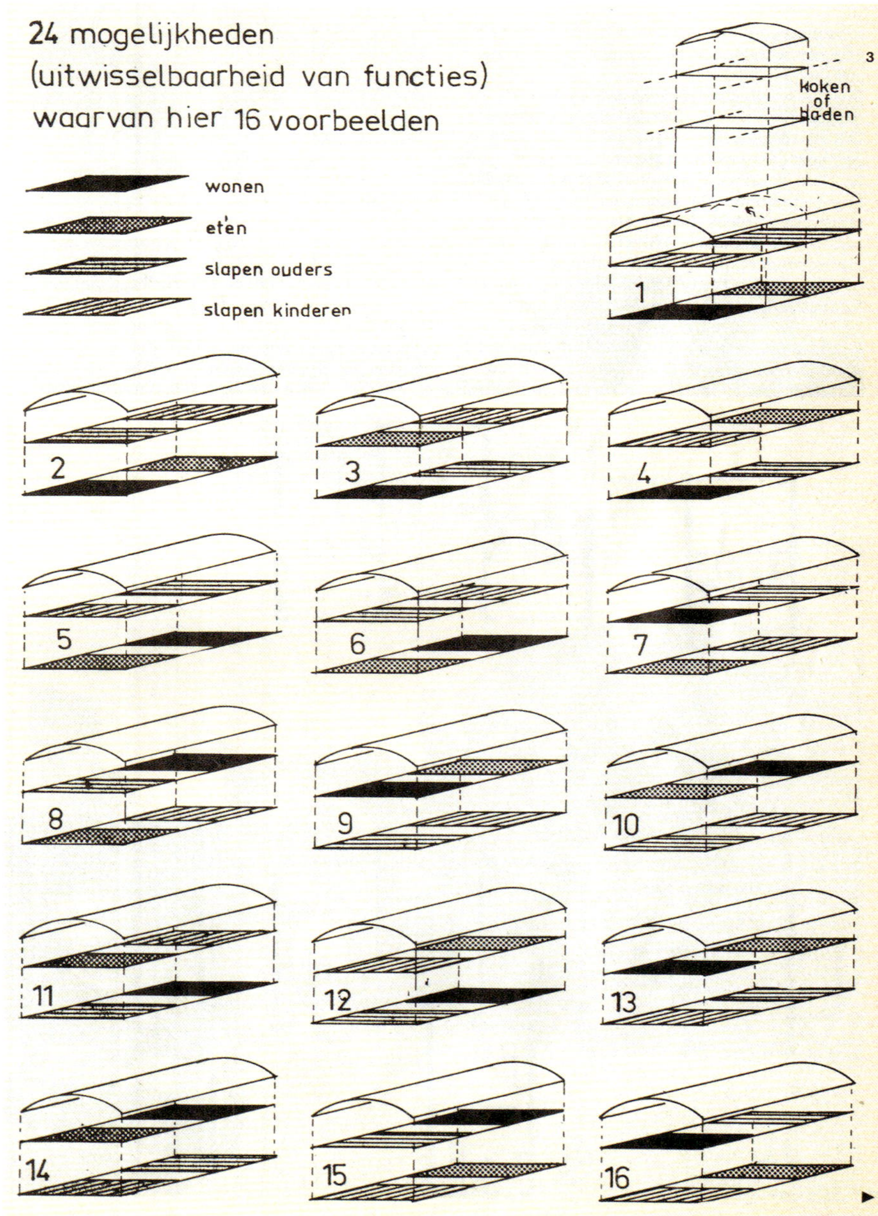

Gemeenschappelijke ruimte Wandelmeent, 1978
Communal space in Wandelmeent, 1978

gekenmerkt door een sterke samenhang tussen openbare, collectieve en privéruimten, en door een grote variëteit aan woningtypen. Bakema en de projectarchitecten Stokla en Lans stelden binnen een 'ideale' verkaveling van door collectief en openbaar groen gescheiden woonbuurtjes – met een hoge wand met appartementen als noordelijke afsluiting – een uitgebreide catalogus van 14 woningtypen voor. De reeks typen bood a priori veel keus, maar de idee van differentiatie werd nog verder uitgewerkt binnen de typen zelf, zoals de variatie binnen type 1 – de patiowoning – laat zien. Het meest bijzondere type in dit opzicht is type 7 – de groeiwoning (*growth type*).[11] Deze woningen, met een voor Bakema's architectuur typerende sculpturale verschijningsvorm, konden op meer manieren worden uitgebreid door op- en aanbouwen. De grillige plastiek maakte dat deze toevoegingen het totaalbeeld nooit zouden verstoren, maar juist versterken.

De split-level opzet resulteerde in een zeer ruimtelijk huis, waarbij de belangrijkste vertrekken gegroepeerd zijn om een anderhalve verdieping hoge woonhal die toegang biedt tot de tuin. Net zo opmerkelijk is de bajonetverkaveling, met brede tuinzijde en smalle entreezijde; door de afwisseling van voor- en achterkanten zijn er geen 'achterkanten' meer, en kan een blok 'groeiwoningen' probleemloos in een aan alle zijden openbare groene ruimte gepositioneerd worden.[12] De kleinste woningen bevinden zich in de wandvormige blokken en het torenblok aan de noordzijde van de wijk. Hier komt ook in gestapelde vorm de split-level doorsnede terug, in een variant op Bakema's befaamde woontoren in het Berlijnse Hansaviertel.

Individu en collectief

In de beschreven voorbeelden lijkt zich een tegenstelling te verschuilen: het collectief opdrachtgeverschap als middel om juist uiteenlopende, individuele woonwensen te kunnen realiseren. Het door Hans Ruijssenaars in 1978 ontworpen project voor 11 grondgebonden woningen in Leusden, in opdracht van de toekomstige bewoners, stelt de individuele wensen van het collectief voorop.[13] Begin jaren 1970 was het dorp Hamersveld bij Amersfoort omgedoopt in Leusden, om vervolgens in een snel tempo uitgebreid te worden met schier eindeloze verkavelingen van identieke, in baksteen en dakpannen uitgevoerde rijwoningen. De woningen aan de Egelwier lijken zich hieraan te willen onttrekken, net als het dichtbij gelegen Park Rozendaal (ook bekend onder de naam Eurowoningen) naar ontwerp van Klunder en Zuiderhoek.[14] Waar Park Rozendaal bestaat uit ruim 500 identieke woningen, is in het kleinschalige project van Ruijssenaars juist geen woning dezelfde. Het is opgezet volgens een consequent doorgevoerde basisstructuur, die vervolgens in elke woning is uitgewerkt tot een unieke, op maat gemaakte eenheid. De woningen zijn twee of drie traveeën breed. Van voor naar achter is loodrecht op de constructieve beuken een tweede zonering in drie delen gemaakt. De voorste zone bevat entrees, keuken, bergingen en/of garages; de middelste wordt gearticuleerd door een lichtstraat in het dak en de begane grondvloer van de achterzone ligt lager. Grote en kleine vides verbinden de zones en laten het daglicht overal doordringen. De heldere ruimtelijke structuur en de constructieve opzet maken het eenvoudig mogelijk in elke woning verschillende posities voor keukens, indelingen, vides en trappen te maken, zonder dat de samenhang en herkenbaarheid van het geheel verloren gaat. Dit evenwicht tussen structuur en differentiatie is goed vergelijkbaar met de opzet van Thalmatt 1, een project voor 18 particuliere opdrachtgevers van Atelier 5 in de buurt van Bern.[15]

In het project in Leusden staat individuele uitwerking, dankzij het collectieve initiatief, centraal; er zijn echter geen collectieve ruimten in het project aanwezig. Door de gezamenlijke aanpak past het binnen de

and-a-half height living room with access to the garden. Equally special is the interlocking parcellation, and the resulting wide garden façade and narrow entrance façade. The alternation of front and rear elevations effectively does away with 'rears', so that a block of 'growth types' can be positioned within a fully public green space.[12] The smallest homes are situated in the wall-like apartment blocks and the tower block along the neighbourhood's northern border. Here we also find a stacked version of the split-level section, a variation on Bakema's renowned tower block in Berlin's Hansaviertel.

Individual and Collective

The examples described above appear to be paradoxical: collective commissioning as a means of realizing diverse individual housing requirements. Hans Ruijssenaars' 1978 design for 11 ground-accessed dwellings in Leusden, commissioned by the future residents, put the collective's individual requirements at the forefront.[13] In the early 1970s the village of Hamersveld near Amersfoort was renamed Leusden, before being rapidly extended with interminable plots of identical terraced houses made of brick and tiled roofs. The homes on Egelwier seem to buck this trend, as do those in nearby Park Rozendaal (also known by the name of Eurowoningen), designed by Klunder en Zuiderhoek.[14] Whereas Park Rozendaal consists of more than 500 identical dwellings, no two homes are the same in Ruijssenaars' small-scale project. The homes have the same basic structure, which is then adapted to create unique, customized units. The dwellings are two or three bays wide. At right angles to the constructive bays is a second three-part zoning. The front zone contains the entrances, kitchen, storage spaces and/or garages, the middle one features a light shaft in the roof, while the rear zone boasts a sunken ground-level floor. Bigger and smaller voids connect these zones and flood them with daylight. The clear spatial organization and the structural design make it easy to vary the layout and the position of kitchens, voids and staircases in each dwelling without a loss of overall cohesion and identity. This balance between structure and differentiation evokes the design of Thalmatt 1 near Bern, a project for 18 private clients by Atelier 5.[15]

The collective initiative behind this project in Leusden put individual elaboration centre stage. The project features no collective spaces, but by operating as a collective, the clients were able to realize their individual wishes. The row house typology ensures the project is within budget and in accordance with the then planning controls of the expansion of Leusden.

In the 1970s new ideas started to appear. New ideals regarding collectivity were less about collective commissioning with the aim of owning a home designed to one's own specifications than about cohabiting in a community and sharing facilities. The underlying principle here is not home ownership; instead, private initiatives for this kind of 'communal living' are picked up by existing housing associations and often realized in the form of clusters of (subsidized) rental homes. This living arrangement became known as *Centraal Wonen* (Co-housing). The first project to be built under this name, on the basis of a private initiative, was the Wandelmeent in Hilversum.[16] The project, realized in 1977 in Hilversumse Meent, a large suburb of Hilversum, is still regarded as one of the most successful co-housing projects.[17] Wedged in between so-called *woonerven* full of single-family houses, the Wandelmeent is made up of 50 extremely varied rental homes. They are divided into ten clusters, each of which has some shared facilities: kitchen, storage/laundry space and garden. There are also some shared facilities for all the clusters together, including a space for people to get together, a work room, guest rooms, a sauna and a youth club. The project,

financiële kaders van de opdrachtgevers en de toenmalige stedenbouwkundige conventies van de uitleg van Leusden. In de jaren 1970 dienen zich echter ook andere ideeën aan. Nieuwe idealen met betrekking tot collectiviteit richten zich niet zozeer op het gezamenlijk opdrachtgeverschap, om daarmee een op eigen wensen toegespitste woning te kunnen bezitten, maar op het daadwerkelijk samenwonen in een woongemeenschap en het delen van voorzieningen. Het eigen woningbezit is daarbij geen uitgangspunt; particuliere initiatieven voor dit 'groepswonen' worden door bestaande corporaties opgepakt en veelal in de vorm van clusters van (sociale) huurwoningen gerealiseerd. Deze woonvorm werd bekend als Centraal Wonen. Het eerste project dat onder deze naam gerealiseerd werd, op basis van een particulier initiatief, was de Wandelmeent in Hilversum.[16] Het in 1977 gerealiseerde project, in een grootschalige uitbreiding van Hilversum, de Hilversumse Meent, wordt nog steeds als een van de meest geslaagde voorbeelden van een Centraal Wonen project beschouwd.[17] Ingeklemd tussen woonerven vol eengezinshuizen bevat de Wandelmeent 50 zeer gevarieerde huurwoningen. Ze zijn opgedeeld in tien clusters met elk een aantal gemeenschappelijke voorzieningen: keuken, berging/wasruimte en tuin. Het project kent ook een aantal gemeenschappelijke voorzieningen voor alle clusters samen, waaronder een ontmoetingsruimte, hobbyruimte, logeerkamers, sauna en jeugdhonk. Het door Leo de Jonge ontworpen project is een bijzonder voorbeeld van een modulair opgebouwd woonensemble. De duidelijke articulatie van de bouwmuren in het exterieur en het ritme van de gebogen daken bieden een naklank van de repetitieve, mediterraan geïnspireerde (mat) structuren, die geliefd waren bij de naoorlogse modernisten.

Een repeterende module van ongeveer 23 m^2, in Centraal Wonen termen een 'vlakje', is het uitgangspunt. De Wandelmeent bevat wooneenheden variërend van twee tot vijf vlakjes. De eigenaar, woningcorporatie het Gooi, verhuurt het complex aan de Stichting Centraal Wonen die het vervolgens beheert en verhuurt aan de bewoners. De bewoners kunnen hun eigen modules niet uitbreiden, maar wel doorschuiven naar een grotere ('majoreren') of een kleinere eenheid ('minoreren') als de gezinssamenstelling verandert of andere redenen hiertoe nopen. Het project werd zo uitgevoerd dat het eenvoudig tot reguliere eengezinswoningen was om te bouwen. Dat is tot de dag van vandaag niet gebeurd.

Inclusief of exclusief

Kenmerkend voor de Wandelmeent is het nadrukkelijke ideaal om een gemengde bewonerssamenstelling te krijgen, een afspiegeling van de maatschappij. Dit geldt voor veel van de later, vooral in de jaren 1980 ontwikkelde Centraal Wonen projecten. In de jaren 1990 zien we daarentegen steeds meer initiatieven opkomen van meer specifieke groepen bewoners. Ook hier waren woningcorporaties bereid als bouwheer op te treden. Karakteristieke voorbeelden zijn het gebouw voor een ouderenwoongroep aan de Dobbelmannweg in Nijmegen (Erick van Egeraat, 1996) en het L.A. Ries-huis aan de Brouwersgracht in Amsterdam, voor een woongroep van homoseksuele ouderen, ontworpen in 1997 door Mecanoo.

Het daadwerkelijke particuliere opdrachtgeverschap komt ook weer naar boven. In Amsterdam zorgt de woningschaarste ervoor dat het moeilijk is een passende woning te vinden, en zo ontstaan er verschillende initiatieven van groepen particulieren. Dit gebeurde zowel in de bestaande stad, waar het project 'Gespleten Hendrik' in de Frederik Hendrikbuurt (De Jager & Lette, 1996) een pioniersrol speelde, als in meer grootschalige nieuwbouw en herontwikkelingen. Net als bij de coöperatieve initiatieven in het begin van de twintigste

designed by Leo de Jonge, is a good example of a modular configuration. The clear articulation of the boundary walls in the exterior and the rhythm of the curved roofs reflect the repetitive, Mediterranean-inspired (mat) structures which were popular among post-war modernists.

The units are based on a repeated module of approximately 23 m^2, in *Centraal Wonen* terms known as a *vlakje* (which translates roughly as a 'small segment'). Wandelmeent contains units ranging in size from two to five such segments. The owner, housing association Het Gooi, leases the development to the Stichting Centraal Wonen (Centraal Wonen Foundation), which manages it and rents it to the residents. The latter are not allowed to extend their modules, but when their family set-up changes or other reasons require it they can move to a larger or smaller unit (known as 'upscaling' and 'downscaling' respectively). The construction of the houses allows for easy reconversion into standard single-family dwellings. This has not happened yet.

Inclusive or Exclusive

One of the defining characteristics of the Wandelmeent is its stated aim of achieving a mix of residents, a proper reflection of society. This is true of many of the later Centraal Wonen projects, especially those developed in the 1980s. In the 1990s, on the other hand, we start to see an increasing number of initiatives from more specific groups of residents. Again, housing associations were prepared to act as intermediaries. Typical examples include a building for a group of elderly people on Dobbelmannweg in Nijmegen (Erick van Egeraat, 1996) and the L.A. Ries house on Brouwersgracht in Amsterdam for a group of elderly gay people, designed by Mecanoo in 1997.

Private commissioning in the true sense of the word made a comeback too. In Amsterdam, the housing shortage made it difficult for many people to find suitable accommodation, prompting various initiatives by groups of private individuals. This happened both in the city centre, with the pioneering project 'Gespleten Hendrik' (Split Hendrik) in the Frederik Hendrik neighbourhood (De Jager & Lette, 1996), and in more large-scale new developments and redevelopments. Like the cooperative initiatives in the early twentieth century, the initiators here are often homogenous groups of people.

Housing block 'BO1' in the eastern docklands in Amsterdam was not only the first residential building to be realized on Borneo island, but also the first project to come about through collective private commissioning. In this case, the initiative came from the project's designers, CASA architecten, founded in 1981 as a cooperative. Collective commissioning makes it particularly attractive for architects to initiate projects, since it enables them to pass any development risk on to the collective of clients rather than shoulder it themselves. BO1 contains 70 diverse live/work units. The block also includes a few communal spaces. Roof terraces and large verandas along the interior courtyards seek to furnish the homes with outdoor spaces of a higher quality than the usual tiny (recessed) balconies. BO1 and Gespleten Hendrik are both compact, urban blocks, where the attempts at creating distinctive individual homes within the straitjacket of the conventional structure of loadbearing interior walls with narrow bays are only modestly successful. Their exteriors betray nothing of the differences within, but merely show the outside world a neutral mask.

Standard and Exception

Within the Dutch context, the paradoxical aim of collective private commissioning of achieving greater differentiation through a joint effort has resulted in some remarkable dilemmas. In other countries, whether close, such as Belgium, or far, such as Canada and the USA, collective

eeuw, is hier ook veelal sprake van homogene groepen initiatiefnemers.

Het blok 'BO1' in het Amsterdamse Oostelijk Havengebied was niet alleen het eerste gerealiseerde woongebouw op het Borneo-eiland, maar ook een eerste project opgezet in collectief particulier opdrachtgeverschap. Het initiatief lag in dit geval bij de ontwerpers van het project, Casa architecten, opgericht in 1981 als een coöperatief. Collectief opdrachtgeverschap maakt het een architect bij uitstek mogelijk om als initiatiefnemer op te treden. Hij hoeft immers niet het ontwikkelingsrisico te nemen, maar kan dit bij het collectief van opdrachtgevers neerleggen. BO1 bevat 70 woningen die een brede variëteit vertonen om werken en wonen op hetzelfde adres te combineren. In het blok zijn ook enkele gemeenschappelijke ruimten opgenomen. Dakterrassen en grote veranda's langs de binnenhoven proberen de woningen buitenruimten te bieden, die meer kwaliteit hebben dan de gebruikelijke minimale balkons of loggia's. BO1 en Gespleten Hendrik zijn beide compacte, stedelijke blokken, waar de pogingen om binnen de conventionele en dwingende bouwstructuren van dragende binnenwanden met smalle beuken (veelal getunneld) tot differentiatie van individuele woningen te komen, tot slechts voorzichtige resultaten leiden. Uiterlijk verraden ze niets van de verschillen in het inwendige, maar houden ze de buitenwereld een neutraal masker voor.

Standaard en uitzondering

De paradox van het collectieve particuliere opdrachtgeverschap om door een gezamenlijke inspanning tot meer differentiatie te komen, leidt in de Nederlandse context tot opmerkelijke dilemma's. In landen buiten Nederland, of ze nu dichtbij liggen zoals België, of ver weg, zoals Canada en de Verenigde Staten, is het collectief particulier opdrachtgeverschap veelal een reactie op een zeer sterk geïndividualiseerde woningproductie. Bij de gezamenlijk opgedragen projecten staat daar het collectieve en het verbindende voorop.

In Denemarken lijkt vanuit een lange traditie van collectiviteit in de woonomgeving de relatie tussen collectiviteit en individualiteit vanzelfsprekend te zijn. In het project Egebakken bij Kopenhagen, opgezet in collectief particulier opdrachtgeverschap en ontworpen door bureau Vandkunsten (2004), is de balans tussen individu en gemeenschap, zowel in de stedenbouwkundige als architectonische opzet, overtuigend aangebracht. Het project brengt een honderden jaren oude bouwvorm van repeterende stroken met identieke rijwoningen samen met de hedendaagse wens om op maat gemaakte woningen te bezitten. Een uitgekiend systeem van toevoegingen aan een vaste basis maakt het mogelijk elke woning op de wensen van de bewoner toe te spitsen; ook wijzigingen in de toekomst blijven mogelijk. Het terrein is op ontspannen wijze ingedeeld in private en collectieve buitenruimten, met centraal een gemeenschappelijk 'huis' voor bijeenkomsten en andere gezamenlijke activiteiten.

In tegenstelling tot het buitenland, is in Nederland het collectieve initiatief veelal een reactie op de standaardisering en grootschaligheid van de woningbouw. De projecten worden vooral gedreven door de wens naar maatoplossingen, eigen expressie en voordeel. Gemeenschappelijke voorzieningen zijn geen vanzelfsprekend onderdeel van het collectieve initiatief. Het is moeilijk om vanuit de typisch Nederlandse situatie van een standaardisering in bouwmethoden en gefixeerde woningplattegronden naar het omgekeerde te gaan: differentiatie in woningtypen en veranderbaarheid, met gebruikmaking van gemakkelijk naar eigen hand te zetten bouwmethoden. Nog moeilijker lijkt het hierbij een architectonische expressie te vinden, die zich onderscheidt van de gebruikelijke repetitie, de 'staatsarchitectuur' of van een modi-

Interieur L.A. Ries-huis
Interior L.A. Ries-huis

Eetcafé in de Vrijburcht
Café-restaurant in Vrijburcht

euze, geforceerde individualisering van de overgang van de privé binnenwereld naar de openbare buitenwereld.

Het recente 'Vrijburcht'-project op het Steigereiland in Amsterdam, net als BO1 geïnitieerd en ontworpen door Casa architecten, laat dit dilemma zien. De ontwerpers weten op succesvolle wijze een gemengd programma van verschillende woningtypen en een aantal collectieve voorzieningen met elkaar te verenigen in één blok, dat ook voor niet-bewoners betekenis heeft door de ruimte in het gebouw voor bijzondere activiteiten. Tegelijkertijd blijven de woningen gevangen in het gebruikelijke nauwe stramien, en blijven de architectuur en detaillering onuitgesproken. Het gebouw, dat als enige de programmatische monocultuur van zijn omgeving weet te doorbreken, blijft onzichtbaar in de luide ruis van de individueel ontwikkelde woonhuizen eromheen.

Tijd en schaal

Het rapport van de VROM-raad (2009), met de titel *Wonen in ruimte en tijd, een zoektocht naar sociaal-culturele trends in het wonen*, ziet als belangrijke ontwikkeling voor de komende jaren de wens om de directe woonomgeving te delen met gelijkgestemden, opdat verschillende bevolkingsgroepen niet met elkaar, maar wel naast elkaar in relatief kleine 'clusteringen' op een duurzame manier kunnen samenleven.[18] De observaties in het rapport met betrekking tot gemeenschappelijkheid en schaal sluiten naadloos aan op de kansen die het collectief particulier opdrachtgeverschap biedt: het samen, met gelijkgezinden ontwikkelen van eigen woningen en een gemeenschappelijke tussenruimte als overgang naar de buitenwereld. De beschreven voorbeelden van woonwijken of gebouwen die onder collectief opdrachtgeverschap zijn ontstaan, werpen een licht op de mogelijkheden en onmogelijkheden van collectief particulier opdrachtgeverschap. Ontwikkelingen op de schaal van een wijk als 't Hool (1.000 woningen) in Eindhoven lijken in deze tijd niet meer mogelijk. Grootschaligheid past niet meer bij de gedachte om samenhangende groepen bewoners bij elkaar te brengen; het past ook niet meer in een tijd waarin grootschalige uitleg van steden niet meer aan de orde is. Gezocht moet worden naar een schaal die aansluit bij de nieuwe oriëntatie op de bestaande stad en de al aanwezige bebouwing. Ook de samenleving is intussen te pluriform geworden om te kunnen of te willen streven naar een project als afspiegeling van de gehele maatschappij. Projecten die zich richten op een samenhangende groep bewoners zijn daarom relevant, terwijl de idealen van de brede bewonerssamenstelling van een aantal van de oudere projecten wellicht verleden tijd zijn.

In ieder geval kunnen we stellen dat collectieve particuliere initiatieven steeds een katalysator zijn geweest om uit de conventionele woningproductie te treden en nieuwe, op maat gemaakte oplossingen te ontwikkelen voor een grote verscheidenheid aan bewoners. Dat experimentele karakter van menig collectief woonproject zou juist nu opgepakt kunnen worden. De vraag is namelijk actueler dan ooit hoe met sobere middelen toch een rijkere differentiatie in het woningaanbod en een toespitsing op specifieke wensen van toekomstige bewoners bereikt kan worden. Hoe ontwikkelen we structuren die ook voor goedkopere woningen verschillende ruimtelijke en programmatische uitwerkingen mogelijk maken, waarbij groei en verandering ook later mogelijk zijn?

Of collectief particulier opdrachtgeverschap een uitweg biedt uit de huidige stagnatie in de Nederlandse woningbouw is niet te voorspellen. Het is wellicht onontkoombaar dat voor betaalbare woningen, zeker in de bestaande stad, projectmatige ontwikkelingen nodig blijven waarbij professionele opdrachtgevers een rol spelen. Maar ook als collectief particulier opdrachtgeverschap niet de gouden formule is, heeft het

private commissioning is usually a response to a highly individualized housing sector. There, the collective and connecting elements are at the forefront of collectively commissioned projects.

In Denmark, with its long tradition of collectivity within the living environment, the relationship between collectivity and individuality seems to be self-evident. The Egebakken project outside Copenhagen, a collective private commission designed by the Vandkunsten office (2004), managed to achieve a convincing balance between individual and community, both architecturally and spatially. The project combines the centuries-old building form of row development with identical terraced housing with the present-day ambition to own a custom-made house. Thanks to a sophisticated system of additions to a standard template each home can be adapted to meet the resident's personal wishes. Future changes remain a possibility too. The site has been casually divided into private and collective outdoor areas, with a centrally located communal 'house' for meetings and other joint activities.

The collective initiative in the Netherlands, unlike that in other countries, is usually a reaction to standardization and scale in the housing sector. The projects tend to be driven by the desire for custom-made solutions, individual expression and profit. Communal facilities are not necessarily part of these initiatives. It is difficult to move from the typical Dutch situation of standardized construction methods and fixed floor plans to its opposite: differentiated and flexible dwellings, built using easily adaptable construction methods. And it seems to be even harder to find an architectural expression that deviates from the usual repetition, the 'state architecture', or from a fashionable, forced individualization of the transition between private interior to public exterior.

The recent Vrijburcht project on Steigereiland in Amsterdam, like BO1 initiated and designed by CASA architecten, illustrates this dilemma. The designers successfully combine a mixed programme of different dwelling types with a number of collective amenities in a single block, which is likely to attract non-residents as well because of the space inside for special activities. But at the same time the homes remain caught in their usual straitjacket, while the architecture and detailing are nondescript. The building, the only one to break with the programmatic monoculture of its environment, remains invisible amid the noise of the individually developed houses surrounding it.

Time and Scale

The report by the VROM Council (Council for Housing, Spatial Planning and the Environment, 2009), entitled *Wonen in ruimte en tijd, een zoektocht naar sociaal-culturele trends in het wonen*, identifies as the key trend for the near future the wish to share one's living environment with like-minded people, so that various social groups can live, if not together, at least side by side in relatively small 'clusters' and in a durable way.[18] The report's observations on communality and scale tie in well with the opportunities afforded by collective private commissioning: the development, with like-minded people, of our own homes and of a communal in-between space by way of transition to the outside world. The examples described here of collectively commissioned neighbourhoods and buildings throw a light on the possibilities and impossibilities of collective private commissioning. Developments on the scale of a neighbourhood such as 't Hool in Eindhoven (1,000 homes) seem no longer possible in this day and age. Such a large scale is not compatible with the ambition of bringing together cohesive groups of residents, nor is it relevant in an era when the large-scale expansion of cities is no longer on the agenda. What we need is a scale that is consistent with the new focus on the existing city and the existing housing stock. Besides, society has become so diverse that it is neither feasible nor desirable to

wel een onmisbare rol als een benadering die experimenten mogelijk maakt en inspirerende resultaten heeft opgeleverd waar het gaat om een juiste verhouding tussen differentiatie en samenhang. Juist deze initiatieven zijn waardevol om de professionele ontwikkelaar en corporatie op sporen te zetten, die aansluiten bij een vraag naar goede en betaalbare woningen. Een vraag die wil ontsnappen aan een eenduidige standaard, niet door een schijnbare differentiatie in beeld en voor veel geld aangeboden 'opties', maar door een structurele variatie en veranderbaarheid van het aanbod.

expect a project to reflect society as a whole. This is why projects that focus on a cohesive group of residents are relevant, while the ideal of the broad social make-up propagated by some of the older projects may well be obsolete.

At any rate, we can say that collective private initiatives have always been a catalyst for stepping away from conventional housing and developing new, custom-made solutions for a wide range of residents. This might be a good time to embrace the experimental character of many a collective housing project. The question is more relevant than ever: How can we use modest means to achieve greater differentiation in the housing market and cater to the specific requirements of future residents? How can we develop structures that will enable different spatial and programmatic elaboration, including growth and change at a later stage, even in affordable housing?

Whether collective private commissioning offers a way out of the current stagnation in the Dutch housing market remains to be seen. Perhaps it is inevitable that affordable housing, especially in the existing city, continues to depend on project-based developments and the intervention of professional commissioning bodies. But even if collective private commissioning is not a magic formula, the approach does play an unmistakable role in facilitating experimentation and has produced some inspiring results as far as the balance between differentiation and cohesion is concerned. These initiatives are valuable because they can point the professional developer and corporation in the right direction, towards the demand for decent and affordable homes, and away from a uniform standard, not through the illusion of visual differentiation and expensive 'options', but through structural variation and flexibility.

Noten

1 VPRO, De slag om Nederland, afl. 22, uitgezonden 8 oktober 2012.
2 Carel Weeber introduceerde het begrip 'het wilde wonen' in een interview in NRC-Handelsblad, Cultureel Supplement, 4 april 1997. Zie ook: Carel Weeber en Wouter Vanstiphout, *Het Wilde Wonen* (Rotterdam: 010 Uitgevers, 2000).
3 Zie ook het BNA-onderzoek naar het Homeruskwartier in Almere: Jutta Hinterleitner en Jacqueline Tellinga, *Hoe bouwt de particuliere opdrachtgever?* (Rotterdam: Nai010 Uitgevers, 2013).
4 Wonen à la Carte, zie: www.wonenalacarte.nl (projectontwikkelaar Visade); Wenswonen, zie: www.wenswonen.nl (Heijmans woningbouw).
5 Zie: 'Nieuwe open ruimte in het woonensemble', *DASH* (2009).
6 Recente publicaties zijn o.a.: Karina van Heck en Bruno de Meulder (red.), *Wonen in Meervoud. Groepswoningbouw in Vlaanderen* (Amsterdam: SUN, 2009); Henk van der Woude, *Community Architecture in Nederland* (Bussum: Uitgeverij Thoth, 2012).
7 Annet Pasveer, *F.A. Warners (1888-1952). Pionier van het etagehuis* (Rotterdam: BONAS, 2004); 'Het luxe stadsappartement", *DASH* (2009), 108-117.
8 'Wonen in een nieuw verleden', *DASH* (2012), 94-99.
9 Juliette Roding en Thalita van Dijk, *J.C. van Epen (1880-1960). Van villabouw tot volkshuisvesting* (Rotterdam: BONAS, 1999).
10 *Architektur-Urbanismus. Architectengemeenschap van den Broek en Bakema*, Dokumente der modernen Architektur, nr. 12 (Stuttgart: Karl Krämer Verlag, 1976), 38-41.
11 Like Bijlsma, Madeleine Maaskant en Eireen Schreurs, 'Groeiwoningen-diagoonwoningen', *OASE*, nr. 57 (2001), 52-61.
12 Eerdere experimenten met rijwoningen met alternerende voor- en achterzijden zijn vooral in Scandinavië te vinden, bijv. Persson's Friluftstaden in Malmö. Zie: 'Het woonerf leeft', *DASH* (2010), 86-93.
13 *Hans Ruijssenaars architect* (Apeldoorn: catalogus Van Reekum Museum, 1993), 74-75.
14 Op. cit. (noot 12), 118-127.
15 Roland Gfeller-Corthésy, *Atelier 5. Siedlungen und Städtebauliche Projekte* (Braunschweig: Vieweg Verlag, 1994), 68-87.
16 www.wandelmeent.nl, geraadpleegd 31 oktober 2012.
17 Bij de verkiezing voor de beste woningbouwplannen van de afgelopen 100 jaar, georganiseerd door Aedes in 2001 naar aanleiding van 100 jaar Woningwet, belandde de Wandelmeent op de derde plaats, achter de P.L.Takbuurt in Amsterdam, en het Vroesenlaan-blok van Van den Broek in Rotterdam.
18 VROM-raad, 'Wonen in ruimte en tijd, een zoektocht naar sociaalculturele trends in het wonen' (Den Haag: 2009).

Notes

1 VPRO, *De slag om Nederland*, episode 22, broadcast 8 October 2012.
2 Carel Weeber introduced the concept of 'het wilde wonen' in an interview in *NRC-Handelsblad*, Cultural Supplement, 4 April 1997. See also: Carel Weeber and Wouter Vanstiphout, *Het Wilde Wonen* (Rotterdam: 010 Uitgevers, 2000).
3 See also the BNA study of the Homeruskwartier in Almere: Jutta Hinterleitner and Jacqueline Tellinga, *Hoe bouwt de particuliere opdrachtgever?* (Rotterdam: nai010 uitgevers, 2013).
4 Wonen à la Carte, see: www.wonenalacarte.nl (project developer Visade); Wenswonen/Tailorhousing, see: www.wenswonen.nl (Heijmans housing).
5 See *New Open Space in Housing Ensembles, DASH* (2009).
6 Recent publications include: Karina van Heck and Bruno de Meulder (eds.), *Wonen in Meervoud. Groepswoningbouw in Vlaanderen* (Amsterdam: SUN, 2009); Henk van der Woude, *Community Architecture in Nederland* (Bussum: Uitgeverij Thoth, 2012).
7 Annet Pasveer, *F.A. Warners (1888-1952). Pionier van het etagehuis* (Rotterdam: BONAS, 2004); *The Luxury City Apartment, DASH* (2009), 108-117.
8 *Living in a New Past, DASH* (2012), 94-99.
9 Juliette Roding and Thalita van Dijk, *J.C. van Epen (1880-1960). Van villabouw tot volkshuisvesting* (Rotterdam: BONAS, 1999).
10 *Architektur-Urbanismus. Architectengemeenschap van den Broek en Bakema*, Dokumente der modernen Architektur, no. 12 (Stuttgart: Karl Krämer Verlag, 1976), 38-41.
11 Like Bijlsma, Madeleine Maaskant and Eireen Schreurs, 'Groeiwoningen – diagoonwoningen', *OASE*, no. 57 (2001), 52-61.
12 Earlier experiments with terraced housing with alternating front and rear elevations are particularly common in Scandinavia, and include Persson's Friluftstaden in Malmö. See *The Woonerf Today, DASH* (2010), 86-93.
13 *Hans Ruijssenaars architect* (Apeldoorn: catalogus Van Reekum Museum, 1993), 74-75.
14 *The Woonerf Today*, op. cit. (note 12), 118-127.
15 Roland Gfeller-Corthésy, *Atelier 5. Siedlungen und Städtebauliche Projekte* (Braunschweig: Vieweg Verlag, 1994), 68-87.
16 www.wandelmeent.nl, accessed on 31 October 2012.
17 A competition to find the best housing design of the past 100 years, organized by Aedes to mark the 100th anniversary of the National Housing Act in 2001, saw Wandelmeent finish in third place, after the P.L. Tak neighbourhood in Amsterdam and the Vroesenlaan block by Van den Broek in Rotterdam.
18 VROM Council for Housing, Spatial Planning and the Environment, 'Wonen in ruimte en tijd, een zoektocht naar sociaal-culturele trends in het wonen' (The Hague: 2009).

Pierijn van der Putt

Voor het individu en het collectief
For the Individual and the Collective

Bakema's 't Hool in Eindhoven
Bakema's 't Hool in Eindhoven

Wie vanaf het stationsplein in Eindhoven pal naar het noorden rijdt over de Montgomerylaan, een van de radiale uitvalswegen van de stad, komt na precies 3 km een winkelcentrum tegen, genoemd naar het stadsdeel Woensel. Daarachter ligt 't Hool, een bijzondere, buitengewoon groene woonwijk van de hand van het bureau Van den Broek en Bakema, opgeleverd in 1972 en nu dus ruim 40 jaar oud. Het eerste wat in het oog springt, is de hoeveelheid openbaar groen en de kwaliteit daarvan: stevige bomen, heesters en tal van andere planten bepalen het beeld van een overwoekerde laagbouwenclave. Pas bij nadere beschouwing valt op hoe groot de wijk is. Niet alleen de laagbouw in het groen maakt deel uit van het plan, ook de verder naar het noorden gelegen hoogbouw. Met elkaar vormen ze een coherent architectonisch en stedenbouwkundig geheel.

De wijk herbergt een verrassend uitgebreid palet aan woningen. Er zijn patiowoningen, rijtjeswoningen, vrijstaande woningen en splitlevel hoogbouwappartementen; 14 typen in totaal, variërend van sociale huur tot vrije sector koop. Alles uitgevoerd in eenvoudige baksteen en donker geverfd hout. De opzet van de wijk is ruwweg symmetrisch. Een groene as doorsnijdt het plan in de noord-zuidrichting en verbindt het woongebied met het noordelijk gelegen Dinantpark en het aan de zuidrand gesitueerde winkelcentrum. Aan weerszijden van deze centrale groene as liggen zes hoven in een specifieke configuratie. Van een kleinere variant hiervan zijn langs de oost- en de westzijde van de wijk nog negen te vinden. Voor het verkeer zijn er twee toegangen: in de noordwesthoek en de noordoosthoek. De weg die deze toegangen met elkaar verbindt vormt een lus die de woonhoven ontsluit.

Niet zichtbaar, maar minstens zo opmerkelijk is de ontstaansgeschiedenis van de wijk. 't Hool is tot stand gekomen als gevolg van het particulier initiatief van vijf medewerkers van het Nat.Lab van Philips.

Oorsprong

De oorsprong van 't Hool ligt in de specifieke omstandigheden van het naoorlogse Eindhoven. De stad was beschadigd uit de oorlog tevoorschijn gekomen, maar bleek niet in staat met een stedenbouwkundig plan op de proppen te komen dat de infrastructurele problemen en sociale segregatie werkelijk aanpakte. In het algemeen stond Eindhoven bekend als bestuurlijk zwak. Daar stond de aanwezigheid van Philips tegenover. Het bedrijf was in een halve eeuw uitgegroeid tot Eindhovens belangrijkste werkgever en het onttrok zich met daadkrachtig en visionair optreden aan de bestuurlijke malaise van de stad. Belangrijk onderdeel van het bedrijf was Nat.Lab, het natuurkundig laboratorium waarin fundamenteel onderzoek werd verricht dat moest leiden tot productinnovaties. De reputatie van Nat.Lab was al vóór de oorlog zo groot, dat natuurkundigen uit heel Nederland erdoor naar Eindhoven werden getrokken. Philips in het algemeen en Nat.Lab in het bijzonder zorgden voor een instroom van 'buitenstaanders' in de bevolking van Eindhoven. Deze buitenstaanders waren vaak nietkatholiek, socialistisch georiënteerd, idealistisch en door een gezamenlijk oorlogsverleden verbonden.

Philips organiseerde voor zijn hoger opgeleide personeel bijeenkomsten over allerlei thema's. Bij twee van die bijeenkomsten, in februari 1960, kwamen de woonomstandigheden in Eindhoven ter sprake.[1] Onder de medewerkers van Nat.Lab kwam een onvrede aan het licht met wat hen door de gemeente en Philips zelf ter beschikking werd gesteld. Wie een alternatief zocht kwam meestal niet verder dan het bouwen van een eigen huis. Dat was voor vijf medewerkers (Jan Delcour, Frans Schijff, Kees van Es, Jaap 't Hart en, iets later, Gerrit Klein) niet voldoende: in onderlinge gesprekken ontdekten zij een gedeelde wens om niet alleen de eigen woning, maar ook de woon-

Drive north from Eindhoven's central station along Montgomerylaan, one of the city's arterial roads, and after exactly 3 km you will arrive at a shopping centre, named after the district of Woensel. Beyond it lies 't Hool, a remarkable and exceptionally green residential area designed by the Van den Broek en Bakema office, completed in 1972 so now more than 40 years old. The first thing to catch the eye is the sheer quantity and quality of public green space: large trees, shrubs and plenty of other plants create the impression of an overgrown low-rise enclave. Only on closer inspection does it become apparent just how big the neighbourhood is. Both the low-rises within the landscaping and the high-rises a bit further north are part of the plan. Together they form a coherent architectural and spatial entity.

The neighbourhood boasts a surprisingly wide spectrum of dwellings, including courtyard houses, terraced housing, detached houses and split-level high-rise apartments; a total of 14 types, from subsidized rental to free-market owner-occupied housing. All are built in plain brick and dark painted wood. The neighbourhood's layout is more or less symmetrical. A green, north-south axis bisects the plan and links the area with the Dinantpark to the north and the shopping centre to the south. Situated on either side of this central green axis are six residential courts. Nine smaller versions of this configuration can be found along the neighbourhood's eastern and western borders. There are two entrances for motorized traffic: in the north-western and north-eastern corners. The road connecting these two entrances forms a loop providing access to the residential courts.

Not visible, but equally remarkable is the background to the neighbourhood's development. 't Hool came out of a private initiative by five employees at Philips Nat.Lab (Physics Laboratory).

Origins

't Hool has its origins in Eindhoven's specific post-war condition. The city had sustained damaged during the war, but seemed incapable of coming up with an urban plan that really addressed the infrastructural problems and social segregation. In fact, Eindhoven was known to be administratively weak. On the other hand, there was Philips. Within half a century, the electronics company had become Eindhoven's primary employer, unaffected by the city's administrative shortcomings thanks to its incisive and visionary approach. One of the company's key divisions was the Nat.Lab, which focused on fundamental research aimed at product innovation. Even before the Second World War the laboratory's reputation had attracted physicists from around the Netherlands to Eindhoven. Philips in general and the Nat.Lab in particular brought an influx of 'outsiders' to Eindhoven. These outsiders were often non-Catholics, who were inclined towards to the left, idealistic and united by a shared war experience.

For its more highly educated staff, Philips organized talks on all kinds of subjects. At two such meetings, in February 1960, Eindhoven's housing conditions were brought up.[1] The Nat.Lab employees expressed dissatisfaction with what the city and Philips itself was able to offer them. Those seeking an alternative usually had no other choice but to build their own home. For five employees (Jan Delcour, Frans Schijff, Kees van Es, Jaap 't Hart and, a little later, Gerrit Klein), this was unacceptable: talking to one another, they discovered a shared desire to design both their own home as well as their living environment. They joined forces and approached the city council with the plan to develop an entire neighbourhood in which, among other things, all social ranks would be represented.

omgeving vorm te geven. Ze sloten zich aaneen en benaderden de gemeente met de wens een hele woonwijk te ontwikkelen, waarin (onder andere) alle sociale lagen van de bevolking vertegenwoordigd zouden moeten worden.

Woningbouwvereniging

Rond deze tijd werd de stem van socialistische politici steeds luider gehoord in de Eindhovense gemeenteraad. De ideeën van de vijf initiatiefnemers kwamen ten minste voor een deel overeen met de wens om sociale woningbouw prominenter op de agenda te zetten en om de maatschappelijke stratificatie van Eindhoven (de stad was een verzameling parochies waarvan de een rijk en de ander arm was) aan te pakken. Het initiatief werd daarom welwillend tegemoet getreden en de gemeente beried zich over welk stuk grond er voor het plan beschikbaar kon worden gesteld. Delcour, Schijff, Van Es, 't Hart en Klein richtten in 1961 de 'Algemene Woningbouwvereniging Huis en Wijk' op. Wie belangstelling had in het project kon met een jaarlijkse contributie lid worden van de vereniging, en via verschillende commissies en vergaderingen een stem laten gelden in de architectuur en de opzet van de wijk. Er werden commissies opgericht voor 'akoestiek', 'tuinen en gemeenschappelijk groen', 'leidingen', 'huishoudelijke problemen', 'verwarming', 'indeling en ruimte in en om de woning' en 'hoogbouw'. In een later stadium kwamen daar per woningtype nog commissies bij. De commissies hadden een raadgevende functie: de beslissingsbevoegdheid lag bij het bestuur van Huis en Wijk, waarvan de leden – statutair bepaald – maximaal twee termijnen van drie jaar mochten uitzitten. Op elk moment waren er zo'n 30 mensen in de verschillende commissies actief.

Bijzonder interessant is een door de toenmalige secretaris Kees van Es ondertekend document uit 1964 waarin Huis en Wijk haar intenties te kennen geeft. Puntsgewijs worden de speerpunten van Huis en Wijk opgenoemd, die leidend zijn geweest bij de totstandkoming van de wijk. Daarin vallen bepaalde zaken op. Ten eerste de nadruk die door Huis en Wijk wordt gelegd op de waarborging van privacy voor de bewoners. Dit geeft aan dat de opdrachtgevers zich zeer bewust waren van de positie van het individu binnen het collectief. Hun streven naar een wijk waarin alle bevolkingsgroepen samen wonen, moet niet verward worden met de wens verschillen weg te laten vallen of de grens tussen het individu en de groep op te heffen. Dit geldt zowel op wijk- als op woningniveau: de privacy van iedere woning binnen de wijk moet gewaarborgd worden, maar ook de privacy van ieder gezinslid binnen het gezin. De woningen moeten dus zodanig ontworpen zijn dat ieder individu zich binnen het gezin kan afzonderen. Op dezelfde manier moet elk gezin zich tot op zekere hoogte aan het collectief kunnen onttrekken. Het is zeer wel mogelijk dat de ontwerpkeuzes die met deze eisen samenhangen ervoor hebben gezorgd dat 't Hool tegenwoordig, 40 jaar na oplevering, haast ongewijzigd voortbestaat.

Structuren

De architect die door Huis en Wijk werd benaderd was Jaap Bakema.[2] Daarmee koos de vereniging voor een gevestigde naam in weerwil van de eigen wens om een lokale, jonge architect een kans te geven. Binnen het bureau Van den Broek en Bakema hield Jaap Bakema zich vooral bezig met de woningbouwopdrachten, samen met de architecten Jan Stokla en Gerard Lans. Sinds de jaren 1940 hadden de projecten van Bakema cum suis een consistente ontwikkeling doorgemaakt, waarin het clusteren van verschillende woningtypen en het samenbrengen van verschillende bewonersgroepen stelselmatig was onderzocht. In die ontwikkeling speelde de idee van het samen-

Housing Association

Around this time, socialist politicians were starting to make their voices heard on Eindhoven's city council. The ideas of the five initiators reflected, at least in part, the wish to put social housing higher on the agenda and to tackle Eindhoven's social stratification (the city was a collection of parishes, some of which were rich and some poor). This is why the council was favourably disposed towards the initiative and started looking for a potential site for the plan. In 1961, Delcour, Schijff, Van Es, 't Hart and Klein established the 'Algemene Woningbouwvereniging Huis en Wijk' (General Housing Association Huis en Wijk). Those interested in the project could join by paying an annual membership fee, and express their ideas about the neighbourhood's architecture and layout through several committees and meetings. Committees were set up for 'acoustics', 'gardens and public landscaping', 'services', 'domestic problems', 'heating', 'layout and space in and around the home' and 'high-rise'. At a later stage, additional committees were established for each dwelling type. The committees had an advisory role: the decision-making powers lay with the board of Huis en Wijk, whose members – in accordance with the articles – were allowed to serve a maximum of two three-year terms. At any one time, some 30 people would be on the various committees.

Of particular interest is a document from 1964 signed by then secretary Kees van Es in which Huis en Wijk outlines its mission statement, itemizing the key priorities for the neighbourhood's development. One thing that stands out is the emphasis Huis en Wijk placed on safeguarding residents' privacy. This suggests that the commissioning group was extremely sensitive to the individual's position within the collective. Their aims for a neighbourhood in which all demographics live together should not be confused with the desire to disregard differences or to remove the boundary between the individual and the collective. This is true for both neighbourhood and house level: the privacy of each dwelling within the neighbourhood must be guaranteed, as well as the privacy of each family member within the family unit. In other words, the dwellings must be designed in such a way that each individual can withdraw from the family. Likewise, each family should be able to withdraw from the collective, at least up to a point. It is possible that the design choices prompted by these requirements explain why 't Hool remains virtually unchanged today, 40 years after completion.

Structures

The architect approached by Huis en Wijk was Jaap Bakema.[2] So despite wanting to give a young, local architect a chance, the association opted for an established name. Within the Van den Broek en Bakema office, Jaap Bakema tended to focus on residential housing commissions, together with architects Jan Stokla and Gerard Lans. Since the 1940s their projects had moved steadily towards the practice of clustering different dwelling types and bringing together different groups of residents. The idea of creating a single entity through the repetition of smaller elements played a key role in this development. It resulted in intricate configurations embedded within larger structures, with the latter a bigger version of the former.

Successive projects, many of which were either never or not entirely realized, developed into a coherent oeuvre that culminated in 't Hool. What stands out throughout is Bakema's search for the right 'building blocks'. What began as a relatively small unit in his study 'Woonmogelijkheden in het Nieuwe Rotterdam' (Housing Options in the New Rotterdam, 1940-1941) grew into a 'cluster' of 500 dwellings including high-rises, low-rises and intermediate forms. This large-scale cluster

Planmaquette van 't Hool zoals gebouwd
Plan scale model of 't Hool as built

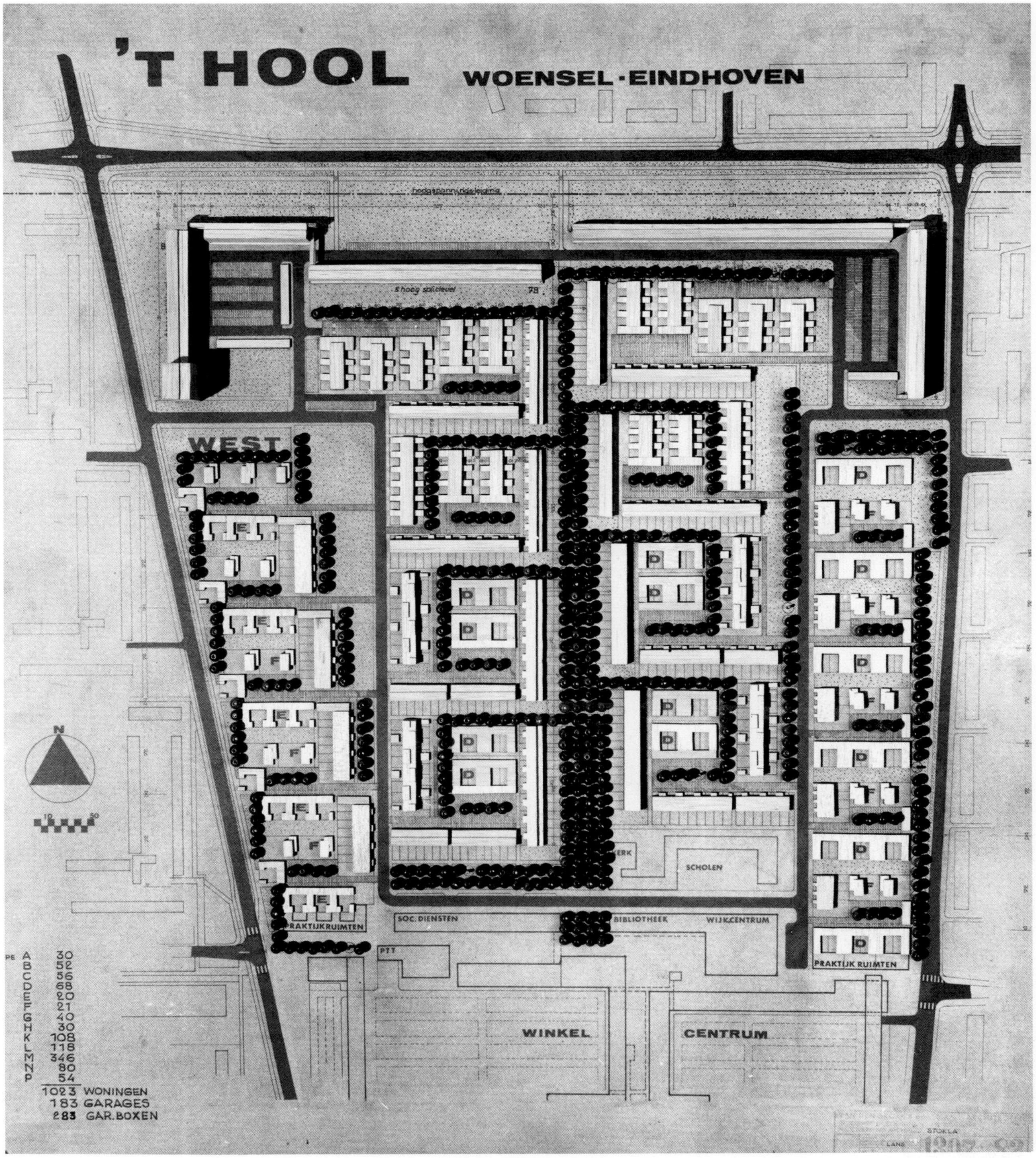

't Hool vlak na oplevering. Blik vanaf de centrale groenstrook naar het noorden
't Hool shortly after completion. View from the central green strip facing north

Schets interieur vrijstaand huis
Sketch of a detached house interior

Uitbreidbare woningen waarvan het dakterras tot kamer getransformeerd kan worden
Extendable houses of which the roof terrace can be transformed into a room

stellen van één geheel, door kleinere delen te herhalen, een grote rol. Zo konden fijnmazige structuren ontstaan die waren ingebed in grotere structuren, waarbij de laatste een grootschaliger versie was van de eerste.

In opeenvolgende projecten, merendeels niet gebouwd of niet in zijn geheel, groeide zo een samenhangend oeuvre dat culmineerde in 't Hool. Opvallend is daarin de zoektocht van Bakema naar de juiste 'bouwstenen'. Wat begon als een relatief klein stempeltje in zijn studie 'Woonmogelijkheden in het Nieuwe Rotterdam' (1940-41), groeide uit tot een 'wooneenheid' van 500 woningen met daarin hoogbouw, laagbouw en tussenvormen. Deze grootschalige wooneenheid markeerde de overgang van een sociale eenheid naar een visuele eenheid: niet meer de grootte van de groep bewoners stond centraal, maar de fysieke grootte van de buurt waarin zij woonden. Bakema introduceerde dit idee onder naam *visual group* in zijn plan voor Alexanderpolder II.[3] Hoewel de keuze voor het gerespecteerde bureau van Bakema als strategisch gezien kan worden (de gemeente Eindhoven zag de onervaren initiatiefnemers graag in alliantie met gevestigde partijen), was er in de eerste plaats sprake van een duidelijke klik tussen de architect en zijn opdrachtgevers. Zoals Kees van Es zich herinnert in de jubileumuitgave '25 jaar 't Hool', luisterde Bakema in plaats van kant en klare plannen uit een la tevoorschijn te halen. Hij luisterde, maar hij sprak ook. De idealistische ondertoon van zijn architectuurvertoog werd door de oprichters van Huis en Wijk zeker gehoord en op prijs gesteld. Gezien het feit dat Huis en Wijk met Van den Broek en Bakema in zee ging omdat Bakema niet direct voorgekookte projecten te berde bracht, is het ironisch te noemen dat het eerste ontwerp voor 't Hool wel degelijk uit een lade kwam: Bakema gebruikte een eerder voor de Duitse stad Wulfen ontworpen *visual group* als uitgangspunt voor 't Hool. Het zou kunnen dat Bakema voor deze werkwijze koos omdat hij op dat moment nog niet betaald werd en het nog ongewis was of het project ook werkelijk gerealiseerd zou worden. Bovendien was de exacte locatie op dat moment nog niet bekend. Het ligt echter meer voor de hand om het gebruik van het Wulfen-plan als grondlegger voor 't Hool te zien als voorbeeld van de manier waarop ideeën voortdurend werden doorontwikkeld binnen het bureau van Van den Broek en Bakema. Het Wulfen-plan was ten slotte zelf opgebouwd uit woningtypen die weer voor eerdere projecten waren ontwikkeld, bijvoorbeeld Klein Driene in Hengelo (1950-56).

De opzet van 't Hool komt nadrukkelijk overeen met die van Wulfen, zij het door spiegeling verdubbeld. Het hoogste punt is een woontoren, waarop een stapsgewijs lager wordend 'scherm' van hoogbouw aansluit. Deze bebouwing vormt de noordelijke rand van het plan. In de luwte van de hoogbouw ligt een serie van zes hoven die gevormd worden door rijwoningen van twee of drie lagen hoog rond een parkeerplaats. Grenzend aan de parkeerplaats en in het hart van de hof liggen dan nog de patiowoningen. Er zijn ook tien kleinere hoven opgenomen in het plan. Deze vormen de westelijke en oostelijke grens van 't Hool en bestaan uit rijwoningen, patiowoningen en vrijstaande villa's rond een parkeerhof. In 't Hool is duidelijk de herhaling zichtbaar van hetzelfde ruimtelijke model op verschillende schaalniveaus: de patiowoningen liggen ingebed in de hoven, die op hun beurt zijn ingebed in de wijk als geheel. Op drie niveaus (wijk – hof – patiowoning) komt hier de structuur van randbebouwing rond een leegte terug.

Verdubbeling is niet de enige wijziging ten aanzien van het Wulfen-plan. Er zijn andere verschillen, die pas bij nadere beschouwing zichtbaar worden en die regelrecht herleid kunnen worden tot het eerder genoemde document uit 1964 en de daarin geformuleerde eisen. In de eerste plaats werden alle woningontwerpen uit het Wulfen-plan van de hand gewezen op basis van hun, in de ogen van Huis en Wijk, te geringe

marked the transition from a social unit to a visual unit: the primary focus shifted from the size of the residential group to the physical dimension of the neighbourhood these residents lived in. Bakema introduced this idea under the name *visual group* in his plan for Alexanderpolder II.[3]

Although the choice for Bakema's esteemed firm can be regarded as a strategic one (the city of Eindhoven preferred to have the inexperienced initiators in an alliance with established parties), right from the outset the architect and his clients clicked. In the publication marking the neighbourhood's twenty-fifth anniversary, *25 jaar 't Hool*, Kees van Es recalls that Bakema really listened and did not just pull some ready-made plans from a drawer. He listened, but he also spoke his mind. The idealistic overtones of his architectural philosophy were certainly noted and appreciated by the founders of Huis en Wijk. But given the fact that Huis en Wijk threw in their lot with Van den Broek en Bakema because Bakema did not simply submit some readymade plans, it is certainly ironic that the initial design for 't Hool did come out of a drawer: Bakema used a *visual group* he had designed for the German town of Wulfen as the basis for 't Hool. Bakema may have opted for this method because he was not being paid at that point and it was still uncertain whether the project would actually go ahead. Besides, the exact location was unknown at that moment. But perhaps it makes more sense to view the use of the Wulfen plan as the basis for 't Hool as an example of how the Van den Broek en Bakema office continued to develop its ideas. After all, the Wulfen plan itself had been composed of dwelling types developed for previous projects, including Klein Driene in Hengelo (1950-1956).

The layout of 't Hool is quite similar to that of Wulfen, albeit duplicated and mirrored on a central axis. The highest point is a tower block, adjacent to which is a 'screen' of high-rises gradually decreasing in height. These buildings form the plan's northern perimeter. In the shelter of this high-rise development is a series of six courtyards formed by two or three-storey terraced housing around a car park. Bordering the car park and in the centre of the courtyard are the courtyard houses. The plan also includes ten smaller courtyards. Forming the western and eastern boundaries of 't Hool, they are made up of terraced housing, courtyard houses and detached houses around a parking court. The repetition of the same spatial model on different levels of planning is clearly visible in 't Hool: the courtyard houses are embedded within the courtyards, which in turn are embedded within the neighbourhood as a whole. The structure of perimeter development around an open space can be seen on three levels (neighbourhood – courtyard – courtyard house).

Doubling is not the only modification of the Wulfen plan. There are other differences, which are not immediately visible, but which can be traced back to the requirements set out in the aforementioned document from 1964. Firstly, all of the house designs from the Wulfen plan were rejected because Huis en Wijk deemed them too small. This is remarkable, given that some of these houses had only just been realized elsewhere and had been deemed satisfactory. This suggests that within a very short space of time, there had been an increase in the desired living space. Two possible explanations for this include a rise in prosperity (which enabled the clients to purchase more land) and the express wish to be able to withdraw from the family. In both cases, a larger home is the answer. To meet the requirements, Bakema made nearly all the terraced houses 6.60 m wide, which is a considerable increase on the 4.80 m and 5.80 m of the earlier versions. The range of dwellings was extended from 11 to 14 types, thus paving the way for, among other things, a drive-in house and a special back-to-back courtyard house.

afmetingen. Dat is opmerkelijk, aangezien een deel van de woningen elders al recent was gerealiseerd en daar aan de wensen voldeed. In korte tijd is het gewenste woonoppervlak dus omhoog gegaan. Twee mogelijke verklaringen hiervoor zijn de toegenomen welvaart (die de opdrachtgevers in staat stelde meer vierkante meters te kopen) en de expliciete wens om zich binnen het gezin terug te kunnen trekken. In beide gevallen biedt een grotere woning uitkomst. Om aan de wensen tegemoet te komen gaf Bakema vrijwel alle rijhuizen een breedte van 6.60 m, een flinke toename ten opzichte van de eerdere versies van 4.80 m en 5.80 m breed. Bovendien werd het woningaanbod uitgebreid van 11 tot 14 typen, waardoor onder andere een drive-in woning en een bijzondere rug-aan-rug patiowoning in het plan hun intrede deden. De laagbouwtypen in het sociale woningbouwsegment, waar Huis en Wijk geen zeggenschap over had, kregen een meer bescheiden breedte van 5.70 m.

Een tweede belangrijk verschil ten opzichte van het Wulfen-plan ligt in de groenstructuur van 't Hool. In het Wulfen-plan zijn er twee soorten groen: privégroen en openbaar groen. In 't Hool is daar, wederom vanuit het oogpunt van waarborging van de privacy, een collectieve groenstructuur aan toegevoegd. Deze bestaat uit stroken van 2 tot 5 m breed beplant met bosschages en bomen, die afstand creëren tussen de privéwereld van de woningen en hun tuinen, en de publieke sfeer van de straten en het openbaar groen. De collectieve structuur vormt een aanvulling op de openbare (gemeentelijke) structuur, die ook tot in de hoven doordringt, maar overwegend met lagere gewassen is beplant. Wie een huis koopt in 't Hool wordt automatisch medeverantwoordelijk voor het beheer van het collectieve groen en betaalt daar jaarlijks een bijdrage aan.

Na 40 jaar

Niet alle wensen van Huis en Wijk konden worden gerealiseerd. Zo lukte het niet om ook in de hoogbouw koopwoningen op te nemen. De initiatiefnemers hadden dat nagestreefd om zo oudere bewoners van de wijk een goed alternatief te geven wanneer hun huidige woning te groot werd. Daarmee verviel enigszins het ideaal van binnen de wijk doorschuiven van het ene woningtype naar het andere naar gelang de woonwensen veranderden. Daar staat tegenover dat 't Hool met zijn grote verscheidenheid aan woningen in vele categorieën, met zijn vele groen en zijn autoluwe karakter, met zijn uitzonderlijke mix van hoogbouw en laagbouw en met zijn grote aantal van meer dan 1.000 woningen tot een bijzondere prestatie moet worden gerekend. Tussen het eerste initiatief in 1960 tot het moment van de laatste oplevering in 1972 ligt 12 jaar van strijd, verzoening, onderhandelen en uitruilen door Huis en Wijk, de gemeente Eindhoven en het architectenbureau Van den Broek en Bakema. De bereidheid van de gemeente om een onervaren groep opdrachtgevers de kans te geven om een wijk van deze omvang en onconventionele opzet te realiseren, getuigt van durf en idealisme. De energie waarmee Jaap Bakema, Jan Stokla en Gerard Lans getracht hebben om de wensen van hun opdrachtgevers recht te doen te midden van financiële onzekerheid (in het begin), knellende bouwvoorschriften (vaak) en een wispelturige gemeente (voortdurend) dwingt respect af. Ten slotte moet de aan koppigheid grenzende vasthoudendheid worden opgemerkt waarmee Huis en Wijk zich in het project heeft vastgebeten. Niet gehinderd door kennis van zaken dachten de initiatiefnemers dat drie jaar na aanvang de woningen betrokken zouden kunnen worden. Hadden zij geweten dat het project 12 jaar zou duren, dan hadden ze misschien voor een andere weg gekozen en was er ook geen wijk als 't Hool ontstaan. De inzet van Huis en Wijk, met bemoeienis variërend van de stedelijke opzet tot de stopcontacten in de woningen, is illustratief

The low-rise types in the social housing segment, over which Huis en Wijk had no say, were given a more modest width of 5.70 m.

A second important difference compared to the Wulfen plan is the landscaping of 't Hool. The Wulfen plan had two types of green space: public and private. In 't Hool these were supplemented, again for privacy reasons, with collective green space. Consisting of strips of 2 to 5 m wide and planted with thickets and trees, it creates a buffer between the private world of the dwellings and their gardens and the public sphere of the streets and the public green spaces. The collective green structure supplements the public (municipal) structure, which also extends into the courtyards, but which features predominately lower vegetation. Anyone who buys a house in 't Hool automatically shares responsibility for maintenance of the collective green spaces through an annual contribution.

40 Years On

Not everything that Huis en Wijk aspired to could be realized. It was not possible, for example, to include owner-occupied properties in the high-rises. The initiators had wanted these so they could offer the neighbourhood's ageing residents a good alternative when their current home became too big. This somewhat undermined the idea of switching from one dwelling type to another within the neighbourhood as and when living requirements changed. Nonetheless, with its range of homes across different categories, its ample green space and reduced traffic, its exceptional mix of high-rise and low-rise developments and its more than 1,000 homes, 't Hool should be seen as a remarkable achievement.

Between the initial steps in 1960 and the moment the final building was completed in 1972 are 12 years of struggle, reconciliation, negotiation and compromise by Huis en Wijk, the city of Eindhoven and the architecture firm of Van den Broek en Bakema. The council's willingness to give an inexperienced group of clients the chance to realize a neighbourhood of this size and unconventional configuration shows courage and idealism. The energy with which Jaap Bakema, Jan Stokla and Gerard Lans tried to meet their clients' wishes amid financial uncertainty (at first), restrictive building regulations (often) and an indecisive city council (constantly) commands our respect. And last but not least there is the tenacity bordering on obstinacy with which Huis en Wijk sank its teeth into the project. Naively, the initiators thought the homes would be ready for occupation a mere three years after starting the project. Had they known that the project would last 12 years, they might have gone down a different route and the neighbourhood might never have been realized. The efforts of Huis en Wijk, which encompassed everything from the space plan to the electric sockets, are typical of an emancipated, leftist middle class in an increasingly prosperous society. 't Hool unites these sometimes conflicting properties in both its architecture and urban design.

Now, 40 years after completion, 't Hool is virtually unchanged. The trees have matured and together with the luxuriant green spaces they lend 't Hool an aura of age. The strips of collective green space have recently been restored and replanted. Another renovation addressed the project's architecturally weak spots. The original appearance has only been significantly altered in the high-rise segment through the introduction of undulating white concrete balconies. Everywhere else Gerard Lans's simple-looking but effective detailing prevails. Huis en Wijk no longer exists, but residents of 't Hool still contribute to the maintenance of the collective green spaces. They do so through the Stichting Gemeenschappelijke Voorzieningen 't Hool ('t Hool Communal Facilities Foundation), which evolved out of Huis en Wijk. In 1997,

Schets van één van de hofjes
Sketch of one of the courts

Schets interieur brede patiowoning
Sketch of a wide patio house interior

't Hool vlak na oplevering. Laagbouwwoningen met daarachter de hoogbouw
't Hool shortly after completion. Low-rise houses with high-rise behind

Overzicht van de bebouwing en de verschillende groenstructuren
Overview of the buildings and various green structures

Legenda/legend:
gemeentelijk groen/municipal green
collectief groen/collective green
privé groen/private green

voor een zich emanciperende middenklasse met een linkse moraal en een groeiende welvaart. 't Hool verenigt in zijn architectuur en stedenbouw deze soms tegenstrijdig lijkende eigenschappen.

Nu, 40 jaar na oplevering, bestaat 't Hool nog steeds in vrijwel ongewijzigde vorm. De bomen zijn gegroeid tot eerbiedwaardige proporties. Samen met het weelderige groen verlenen ze 't Hool een aura van ouderdom. De collectieve groenstroken zijn onlangs hersteld en herbeplant. Ook heeft er een renovatie plaatsgevonden waarin de bouwkundig zwakke plekken van het project zijn opgelost. Alleen in de hoogbouw, waar golvende witte betonnen balkons zijn verschenen, is het oorspronkelijke beeld veranderd. Overal elders prevaleert nog steeds de simpel aandoende, maar effectieve detaillering van Gerard Lans. Huis en Wijk bestaat niet meer maar nog steeds dragen bewoners van 't Hool bij aan het onderhoud van het collectieve groen. Dat doen ze via de Stichting Gemeenschappelijke Voorzieningen 't Hool, die uit Huis en Wijk is voortgekomen. Deze stichting heeft in 1997, dus 25 jaar na oplevering, de gemeente Eindhoven gevraagd om een formeel kader op te stellen ter bescherming van de architectonische en stedenbouwkundige kwaliteiten van 't Hool. Die stap was nodig omdat de stichting zelf niet bij machte bleek om met 'zachte overreding' de bewoners van 't Hool ertoe te brengen de uitgangspunten van Huis en Wijk gestand te doen. De gemeente heeft daarop een welstandsnota opgesteld met gebiedsgerichte criteria die specifiek zijn voor 't Hool. Op deze manier kunnen de gemeente en de stichting enigszins optreden tegen particuliere aanpassingen die tegen de grondgedachte van de wijk indruisen. Zo heeft de vereniging Openbare Voorzieningen 't Hool, die uit Huis en Wijk is voortgekomen, voldoende draagvlak gevonden bij de gemeente om tot bescherming van 't Hool over te gaan. De unieke eigenschap van 't Hool dat hij uit een collectief initiatief is voortgekomen, heeft er dus voor gezorgd dat ook nu nog de bijzondere kenmerken van de wijk behouden zijn.

25 years after completion, this foundation asked the City of Eindhoven to draw up an official framework for the protection of the neighbourhood's architectural and planning qualities. It felt compelled to do so because it was unable to bring the residents to honour the principles of Huis en Wijk through 'gentle persuasion'. In response, the city drew up an aesthetic control policy with criteria specific to 't Hool. This enables both the council and the foundation to do something about alterations that violate the neighbourhood's basic principles and thus protect the neighbourhood. So to this day, the neighbourhood's unique origins in a collective initiative continue to contribute to the preservation of its special properties.

Noten

1 Op de eerste bijeenkomst sprak de linkse sociologe drs. Hilda Verwey-Jonker afkeurend over de opdeling van Eindhoven in arme en rijke wijken. Verwey-Jonker drong aan op een grotere diversiteit binnen wijken. Zie: Kees van Es, 'De Geschiedenis van een Woningbouwvereniging', 20.

2 De naam Bakema werd gesuggereerd door George Cammelbeeck, PvdA-fractievoorzitter in de Eindhovense gemeenteraad en tevens Eerste Kamerlid. Huis en Wijk onderhield informele contacten met Cammelbeeck, die Bakema kende van een praatgroep in Amsterdam.

3 Zie voor een overzicht van het oeuvre van Bakema: Max Risselada, 'Van Wooneenheid tot Buurteenheid', in: Max Risselada (red.) *Functionalisme 1927-1961* (Delft: Publicatiebureau Bouwkunde, 1997), 170-205.

Bronnen

J.B. Bakema, *Thoughts about Architecture* (Londen/New York: Academy Editions, St. Martin's Press, 1981).

J.B. Bakema, *Van Stoel tot Stad. Een Verhaal over Mensen en Ruimte* (Rheden: Uitgeverij De Haan, 1964).

Lieke Bijlsma, Madeleine Maaskant en Eireen Schreurs, 'Naar een Pluriform Maxihuis/Towards a Pluriform Maxihouse', *OASE*, nr. 57 (2001), 52-61.

Document van de Algemene Woningbouwvereniging Huis en Wijk met een beschrijving van de opdracht, uitgangspunten en woningtypen. Niet gepubliceerd en niet gedateerd document, waarschijnlijk uit 1964.

Max Risselada, 'Van Wooneenheid tot Buurteenheid', in: Max Risselada (red.), *Functionalisme 1927-1961* (Delft: Publicatiebureau Bouwkunde, 1997), 170-205.

Max Risselada en Dirk van den Heuvel (red.), *Team 10 1953-1981* (Rotterdam: NAi Publishers, 2005).

Hans Schippers (red.), *25 jaar 't Hool. Een Bijzondere Wijk in Eindhoven* (Eindhoven: Jubileumcommissie '25 jaar 't Hool', 1995).

Francis Strauven, 'Bakema', *Forum*, jrg. 34 (1990), nr 3, 18-29.

Francis Strauven, 'The Dutch contribution: Bakema and Van Eyck', *Rassegna*, nr. 52 (1992), 48-57.

John Swagten en Sebastiaan Jongerius (red.), *'t Hool, een Kwestie van Detail* (Eindhoven: Faculteit Bouwkunde, 2001).

Marc J. de Vries, *80 Years of Research at the Philips Natuurkundig Laboratorium 1914-1994* (Amsterdam: Amsterdam University Press, 2005).

Notes

1 At the first meeting, leftist sociologist Hilda Verwey-Jonker expressed her dismay at the fact that Eindhoven was divided into poor and prosperous neighbourhoods. Verwey-Jonker pressed for greater diversity within neighbourhoods. See: Kees van Es, 'De Geschiedenis van een Woningbouwvereniging', 20.

2 The name Bakema was put forward by George Cammelbeeck, who was the chairman of the PvdA, the Dutch labour party, on Eindhoven's city council and also a member of parliament. Huis en Wijk was in informal contact with Cammelbeeck, who knew Bakema from a discussion group in Amsterdam.

3 For a review of Bakema's oeuvre, see: Max Risselada, 'Van Wooneenheid tot Buurteenheid', in: Max Risselada (ed.) *Functionalisme 1927-1961* (Delft: Publicatiebureau Bouwkunde, 1997), 170-205.

Sources

J.B. Bakema, *Thoughts about Architecture* (London/New York: Academy Editions, St. Martin's Press, 1981)

J.B. Bakema, *Van Stoel tot Stad. Een Verhaal over Mensen en Ruimte* (Rheden: Uitgeverij De Haan, 1964)

Like Bijlsma, Madeleine Maaskant and Eireen Schreurs, 'Towards a Pluriform Maxihuis', *OASE*, no. 57 (2001), 52-61

Document from Huis en Wijk Housing Association, outlining its brief, principles and dwelling types. Unpublished and undated document, probably from 1964

Max Risselada, 'Van Wooneenheid tot Buurteenheid', in: Max Risselada (ed.), *Functionalisme 1927-1961* (Delft: Publicatiebureau Bouwkunde, 1997), 170-205

Max Risselada and Dirk van den Heuvel (eds.), *Team 10 1953-1981* (Rotterdam: NAi Publishers, 2005)

Hans Schippers (ed.), *25 jaar 't Hool. Een Bijzondere Wijk in Eindhoven* (Eindhoven: Jubileumcommissie '25 jaar 't Hool', 1995)

Francis Strauven, 'Bakema', *Forum*, vol. 34 (1990) no. 3, 18-29

Francis Strauven, 'The Dutch contribution: Bakema and Van Eyck', *Rassegna*, no. 52 (1992), 48-57

John Swagten and Sebastiaan Jongerius (eds.), *'t Hool, een Kwestie van Detail* (Eindhoven: Faculteit Bouwkunde, 2001)

Marc J. de Vries, *80 Years of Research at the Philips Natuurkundig Laboratorium 1914-1994* (Amsterdam: Amsterdam University Press, 2005)

SPEELVELD

Annet Ritsema &
Vincent Kompier

Baugruppen als katalysator voor nieuwe stedelijke woonkwaliteit

Baugruppen as Catalysts for New Urban Housing Quality

Strelitzerstrasse 53,
Fat_Koehl Architekten

In bijna elke Duitse stad zijn *Baugruppen* het afgelopen decennium een vanzelfsprekend en geaccepteerd deel van de woningbouwproductie geworden. Vooral in Berlijn hebben Baugruppen voor een kleine revolutie op de ontwikkel- en bouwmarkt gezorgd. De intussen al meer dan 150 Baugruppen-projecten in Berlijn lijken niet alleen een middel om de bouwcrisis te bezweren, maar dragen ook architectonisch en sociaal bij aan de diversiteit en aantrekkelijkheid van de stad. Aan de hand van de Berlijnse situatie wordt in dit artikel inzicht gegeven in de ruimtelijke aspecten die hebben bijgedragen aan het succes van het fenomeen Baugruppen.

Samen bouwen: de *Baugenossenschaft*

Kern van het bouwen in groepsverband is dat bewoners zelf het initiatief nemen voor een bouwplan en bijna volledig zelf beslissen over de woningindeling, de gevel, mogelijke extra ruimte, enz. Dit zelfbestemmings- en zelfbeschikkingsrecht is niet iets dat de afgelopen tien jaar is ontwikkeld, maar kent in Duitsland een lange geschiedenis. De kiem voor zelfbestemming van woonruimte – de manier waarop je woont en leeft in Duitsland – ligt in de *Genossenschaft*-beweging. De in 1889 vastgestelde wet *Gesetz betreffend die Wirtschafts- und Erwerbsgenossenschaften* maakte het voor burgers mogelijk om een Genossenschaft, ofwel een coöperatie op te richten. Deze vorm van organisatie, die zich overigens niet beperkte tot Duitsland, had een emancipatorisch doel om de zeggenschap en economische positie van bijvoorbeeld boeren, maar ook vrouwen te verbeteren. Ze bood tegenwicht tegen de macht van grote instellingen, zoals fabrieken, over haar personeel. Via de coöperatie konden producenten (vooral boeren) en consumenten zich verenigen en zo gezamenlijk doelen en investeringen realiseren, die anders voor het individu onbereikbaar zouden zijn geweest. Ook voor investeringen in de woningbouw werden dergelijke coöperaties opgericht.

In de grote steden was er door de industriële revolutie een enorme vraag naar arbeidskrachten. Dit leidde tot snel en speculatief bouwen met rampzalige gevolgen voor de kwaliteit van de woningen. Als reactie hierop ontwikkelden coöperaties en Baugenossenschaften zelf woonwijken, met als doel goede en goedkope woningen voor arbeiders te leveren. Tussen 1927 en 1931 bouwde de Baugenossenschaft GEHAG in Berlijn onder stadsbouwmeester Martin Wagner op deze wijze meer dan 12.000 woningen, waaronder de wijken Onkel Toms Hütte, de Hufeisensiedlung en de Freie Scholle naar ontwerp van architect Bruno Taut.

Belangrijk kenmerk van de Genossenschaften was (en is) het zoeken naar de juiste balans tussen economische, sociale en culturele doelen. Het dragen van eigen verantwoordelijkheid vormde echter ook een wezenlijk onderdeel van de identiteit van de Genossenschaft. Zo zijn de leden verplicht om kapitaal in te leggen door het kopen van minimaal één of meer aandelen, afhankelijk van de draagkracht. Het aantal aandelen bepaalt echter niet het medezeggenschapsrecht: ieder lid, ongeacht het aantal aandelen dat hij heeft, heeft één stem in de Genossenschaft. Bij het verlaten van de Genossenschaft levert een lid zijn aandeel in en kan daarmee zijn kapitaal (met een lichte rente) terugkrijgen.

In de jaren 1990 beleefden veel Duitse steden een omslag in de manier waarop het bouwen gefinancierd werd. Gesubsidieerde woningbouw werd vervangen door meer privaat gefinancierde woningbouw. Het 'gat' dat de afname van de sociale woningbouw achterliet bood kansen voor een heropleving van het concept van de Baugenossenschaft, vooral in steden als Hamburg, München en Berlijn.

Momenteel zijn in Duitsland meer dan 2.000 Baugenossenschaften

In almost every German city, *Baugruppen* (building groups) have become a self-evident and accepted part of housing sector output in the last decades. In Berlin in particular, Baugruppen have been responsible for a minor revolution in the development and construction market. The by now more than 150 Baugruppen projects in Berlin appear to be not only a means to ward off the building crisis, but also contribute in architectural and social terms to the diversity and attractiveness of the city. Using the situation in Berlin as an example, insight is given into the spatial aspects that have contributed to the success of the Baugruppen phenomenon.

Building Together: The *Baugenossenschaft*

The essence of building as a group is that the occupants take the initiative for a building plan themselves and make almost all their own decisions about the layout of the houses, the façade, possible extra space and so on. This self-purpose and power of self-determination is not something that was developed in the last decade, but enjoys a long tradition in Germany. The seed for self-determination over living quarters – the way in which you live in Germany – lies in the *Genossenschaft* movement. The law introduced in 1889, the *Gesetz betreffend die Wirtschafts- und Erwerbsgenossenschaften,* makes it possible for citizens to set up a Genossenschaft, or cooperative. This form of organization, which is incidentally not restricted to Germany, had an emancipatory aim to improve the say and economic position of, for instance, farmers, but also women. It provided a counterbalance to the power of large organizations, such as factories, over their employees. Via the cooperative, producers (particularly farmers) and consumers could unite in order to realize aims and investments together that would otherwise be unachievable for the individual. Similar cooperatives were also established for investments in the housing sector.

As a result of the industrial revolution, there was a huge demand for workers in the big cities. This led to fast speculative building with disastrous consequences for the quality of the houses. In reaction to this, cooperatives and Baugenossenschaften developed residential neighbourhoods themselves, with the aim of supplying good and affordable houses for workers. Between 1927 and 1931, the Baugenossenschaft GEHAG in Berlin under City Architect Martin Wagner built more than 12,000 houses in this way, including the Onkel Toms Hütte, the Hufeisensiedlung and the Freie Scholle districts, after a design by architect Bruno Taut.

An important characteristic of the Genossenschaften was, and is, the search for the right balance between economic, social and cultural goals. Taking individual responsibility was also an essential component of the identity of the Genossenschaft. For instance, the members are obliged to bring in capital by buying one or more shares, depending on their means. However, the number of shares does not determine the amount of influence: every member has one vote in the Genossenschaft, regardless of the number of shares he holds. If a member leaves the Genossenschaft, he surrenders his shares and can get his capital back (with modest interest).

In the 1990s, many German cities experienced a change in the way building was financed when subsidized housing was replaced with more privately financed housing. The 'gap' left behind by the decline in public sector housing opened up opportunities for a renewal of the concept of the Baugenossenschaft, particularly in cities such as Hamburg, Munich and Berlin.

There are currently more than 2,000 Baugenossenschaften in Germany with more than 2 million houses in their possession. In Berlin, the circa 80 Baugenossenschaften own around 180,000 homes, representing more than 10 per cent of the total number of houses in the city.

Esmarchstrasse (E3)

Architect: Kaden Klingbeil Architekten
Gerealiseerd: 2008
Aantal woningen: 8
Collectief programma: binnentuin
Overig programma: kantoorruimte
Architect: Kaden Klingbeil Architekten
Construction:2008
Number of houses: 8
Collective programme: courtyard garden
Other programme: office space

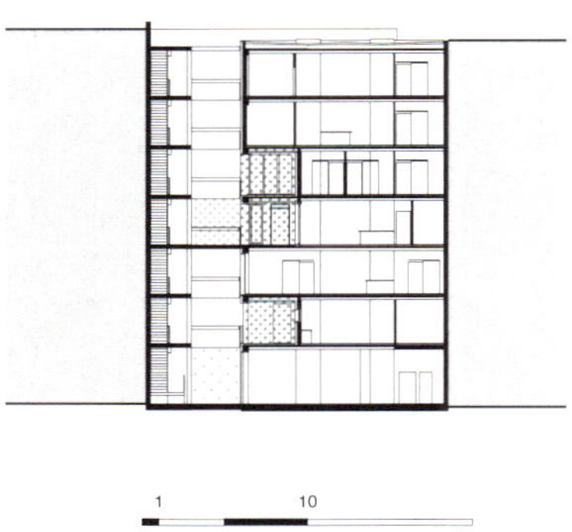

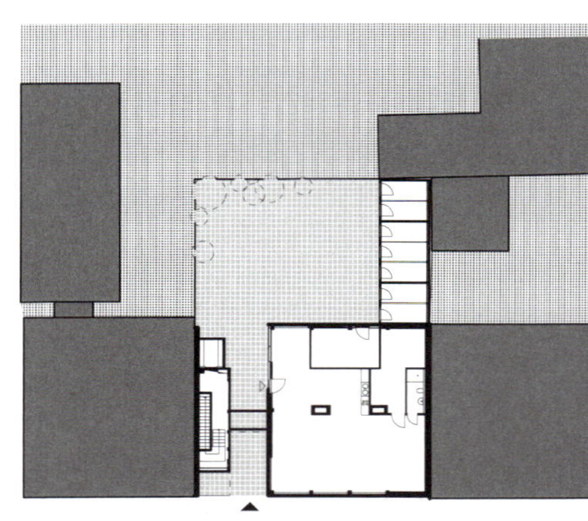

met meer dan 2 miljoen woningen in bezit. In Berlijn bezitten de circa 80 Baugenossenschaften circa 180.000 woningen, ofwel meer dan 10 procent van het totale aantal woningen in de stad.

Er zijn overeenkomsten en verschillen tussen *Baugenossenschaften* en *Baugemeinschaften* (zoals de officiële naam is van *Baugruppen*). Eerstgenoemde zijn vaak sterk vanuit ideële motieven opgezet, als antwoord op de revolutiebouw van speculanten. Hoewel ook Baugemeinschaften vanuit ideële motieven (milieu, emancipatie van vrouwen, duurzaamheid, leeftijd) kunnen worden opgestart, is vooral het niet kunnen vinden van de ideale woning een reden om samen te ontwikkelen en te bouwen. Ook is er een schaalverschil. Waar een Baugenossenschaft meestal veel leden heeft, die al dan niet in woningen van de Genossenschaft wonen, is de schaal van een Baugemeinschaft over het algemeen veel kleiner. Zo ligt de gemiddelde grootte van een Baugemeinschaft in Berlijn rond de 20 woningen. Een Baugenossenschaft kan meerdere woningcomplexen omvatten, die op zichzelf weer uit kleine eenheden bestaat. Berolina Baugenossenschaft in Berlijn, opgericht in 1956, heeft 5.000 leden en 3.711 woningen. Belangrijke overeenkomst tussen een Baugenossenschaft en een Baugemeinschaft is dat niet winst het hoogste doel is, maar de balans tussen investering en betaalbare kwaliteit.

Stadsvernieuwing en zelfverwerkelijking

Een andere ontwikkeling die de basis legde voor het ontstaan van de Baugruppen is het zogeheten *Selbstbestimmtes Wohnen*: het vergroten van invloed op de woning en woonomgeving. Waar de Genossenschaftbeweging haar wortels heeft in de jaren 1920, ligt de kiem voor het woon-zelfbestemmingsrecht in de jaren 1970. In heel Europa kwam toen vanuit de studentenbeweging de roep om verandering, die zich aanvankelijk vooral richtte op het gebrek aan democratie binnen en buiten de universiteit, maar ook zijn weerslag heeft gehad op de manier waarop nieuwbouw in de steden tot stand kwam. Staatsgestuurde woningbouwplanning, zo werd gesteld, leidde tot een overaanbod van eenvormige woningen, die niet reageerden op de veranderende maatschappelijke en economische verhoudingen. Net als in veel grote Nederlandse steden broeide ook het verzet tegen de afbraak van oude wijken. *Auflockerung* ofwel verdunning was het parool onder stadsplanners en stedenbouwkundigen. Ook de idee bij bestuurders om de bestaande oude wijken in de steden te slopen en te vervangen door kantoren, stuitte op weerstand bij de bevolking.

Weliswaar was de (technische) kwaliteit hoog van de woningen in de nieuw gerealiseerde buitenwijken als Märkisches Viertel en Gropiusstadt in Berlijn, maar de leefkwaliteit in de vorm van diversiteit, functiemenging en stedelijk leven was er ver te zoeken en bleef achter bij de verwachtingen. Waar voor veel huishoudens met kinderen de overstap van kwalitatief slechte oudbouw zonder goed sanitair naar een nieuwbouwflat een enorme stap vooruit was, kozen studenten eerder voor kwalitatief mindere maar goedkopere woningen in de bestaande stad, die vaak op de nominatie stonden om gesloopt te worden.

De sociale structuren die in de oude wijken bestonden, zoals de sterke band tussen bewoners die er geboren en getogen waren, vormden voor velen de reden om op de barricaden te gaan. Deze structuren dreigden door sloop en nieuwbouw verloren te gaan. Sociale, ecologische, emancipatorische, politieke, culturele en maatschappelijke ontwikkelingen werden aanvankelijk vooral door studenten, maar later ook gesteund door de bewoners van de oude wijken, belangrijker geacht dan economische voorspoed of gewin. In een groot aantal steden in Duitsland heeft dit studentenverzet zich kunnen ontwikkelen tot het zogeheten *Selbstbestimmtes Wohnen*.

There are differences and similarities between *Baugenossenschaften* and *Baugemeinschaften* (the official name for *Baugruppen*). The former were often established from strongly idealistic motives, as a response to the jerry-building of speculators. Although Baugemeinschaften can be founded on an idealistic basis (environment, emancipation of women, sustainability or age), the main reason for developing and building together is the inability to find the ideal house. There is also a difference of scale. While a Baugenossenschaft usually has many members, who may or may not live in Genossenschaft houses, the scale of a Baugemeinschaft is generally much smaller. The average size of a Baugemeinschaft in Berlin is approximately 20 houses. A Baugenossenschaft can comprise several housing complexes, which in turn consist of small units. Berolina Baugenossenschaft in Berlin, founded in 1956, has 5,000 members and 3,711 houses. The most important similarity between a Baugenossenschaft and a Baugemeinschaft is that profit is not the main aim, but rather the balance between investment and affordable quality.

Urban Renewal and Self-Realization

Another development that laid the basis for the inception of the Baugruppen is the so-called *Selbstbestimmtes Wohnen*: increased influence on the home and living environment. While the Genossenschaft movement has its roots in the 1920s, the germ for self-determination in housing lies in the 1970s. At that time, throughout Europe, the call for change came from the student movement, which initially focused mainly on the lack of democracy within and outside the university, but also had an effect on the way new-build came about in the cities. The argument was that government-driven housing plans led to a surplus of monotonous houses that did not respond to the changing social and economic relationships. Just like in many large cities in the Netherlands, resistance to the demolition of old districts was mounting. *Auflockerung* or dilution was the watchword under town planners and urban designers. The idea by government administrators to demolish existing old neighbourhoods in the cities and replace them with offices also met with resistance from the inhabitants.

It's true that the technical quality of the houses was high in the newly realized suburban neighbourhoods such as Märkisches Viertel and Gropiusstadt in Berlin, but the quality of life in the form of diversity, mix of uses and urban life was sadly lacking and did not live up to expectations. Although for many households with children the move from poor-quality old buildings without good sanitary facilities to a new-build flat was an enormous leap forward, students opted for lower-quality but cheaper houses in the existing city that were often due to be demolished.

The social structures present in the old neighbourhoods, such as the strong connection between inhabitants who were born and bred there, were the reason for many to fight the plans. These structures were in danger of being lost through demolition and new-build. Social, ecological, emancipatory, political, cultural and societal developments were considered to be more important than economic prosperity or profit, to begin with by students, but later also supported by the inhabitants of the old neighbourhoods. In a large number of cities in Germany, this student resistance developed into the so-called *Selbstbestimmtes Wohnen*.

Specific to Berlin

The disappearance of the Iron Curtain in Germany also indirectly stimulated the growth of Baugruppen. In West Germany, after the departure of the French, American and British allied troops, former military bases such as barracks and drill-grounds became available. In many cities, Baugruppen projects were encouraged politically and supported financially. In Hamburg, for instance, some of the city council's new-build plots were reserved specifically for Baugruppen and

Specifiek Berlijns

Ook de verdwijning van het ijzeren gordijn in Duitsland heeft indirect de groei van Baugruppen gestimuleerd. In West-Duitsland kwamen na vertrek van de Franse, Amerikaanse en Engelse geallieerden voormalige militaire terreinen als kazernes en oefenterreinen vrij. Baugruppen-projecten worden in veel steden politiek gestimuleerd en financieel ondersteund. Zo wordt in Hamburg een deel van de gemeentelijke nieuwbouwkavels specifiek voor Baugruppen gereserveerd en ook Freiburg kent een dergelijk beleid. Berlijn voert door haar grote schulden niet een dergelijk actief beleid, maar stelt jaarlijks wel enkele kavels onder strikte voorwaarden en met een vaste grondprijs beschikbaar. Ook geeft de stad financiële ondersteuning aan internetportalen waarop Baugruppen, architecten en aanbieders elkaar kunnen vinden.

Berlijn stelt specifieke ruimtelijke en sociale randvoorwaarden, waardoor Baugruppen vooral daar de laatste jaren aan een opmars bezig zijn. Direct na de val van de muur in 1989 is de euforie in Berlijn groot. Planologen en stedenbouwers verwachten dat Berlijn het belangrijkste economische en culturele centrum tussen West- en Oost-Europa gaat worden, wat tot een groei van meer dan 1 miljoen mensen kan leiden. Koortsachtig worden er plannen gemaakt om aan deze groei tegemoet te komen. De groeimodellen, die in steden als Hamburg, München en het Ruhrgebied zijn toegepast, worden daarbij lukraak op Berlijn losgelaten. Stedenbouw en architectuur krijgen de opgave om de gedeelde stad te helen en buitenlandse investeerders worden door middel van belastingvoordelen en premies naar de stad gelokt.

In 1995 volgt de afwijzing van Berlijn als kandidaat voor de Olympische Spelen van 2000. Deze koude douche maakt de stad wakker en confronteert haar met de realiteit. In Berlijn is helemaal geen sprake van groei, eerder van krimp. De woningen en kantoren die en masse zijn gebouwd, zullen lang niet allemaal worden afgenomen door de markt. Er is driftig en veel gebouwd, maar de vraag is: voor wie? Er volgt een drastische beleidswijziging; de stad stelt haar optimistische planning naar beneden bij en de subsidiering van sociale woningbouw wordt volledig afgeschaft. De belastingvoordelen worden eveneens afgebouwd, met als effect het vertrek van veel buitenlandse investeerders. Als gevolg hiervan zakken de bouwactiviteiten dramatisch in. Worden er in 1996 nog 23.694 bouwvergunningen voor woningen verstrekt, in 2005 is dit aantal ingezakt tot 2.684 vergunningen per jaar.[1]

De vloedgolf aan bouwprojecten van begin jaren 1990 leidt tot een onevenwichtige woningmarkt. Woningen die door ontwikkelaars met belastingvoordelen zijn gebouwd, voldoen niet aan de vraag van de woningzoekenden. Een kenmerkend kwaliteitsaspect dat in de nieuwbouwwoningen uit de jaren 1990 bijvoorbeeld ontbreekt, is de verdiepingshoogte. Deze is lager dan de Berlijners gewend zijn van woningen uit de Gründerzeit (1850-1873) met hun verdiepingshoogte van gemiddeld 3 m. Ontwikkelaars van nieuwbouwwoningen hanteren echter de minimaal voorgeschreven hoogte als een maximum, zodat binnen de maximaal toegestane bouwhoogte meer woonlagen kunnen worden gebouwd. Naast de verdiepingshoogte speelt ook de slechte kwaliteit van de plattegrond mee. Investeerders die niet bekend zijn met de flexibiliteit van de Gründerzeit-plattegrond, met zijn relatief neutrale kamergrootte, bouwen 'standaard'-plattegronden die niet geliefd zijn bij de woningzoekenden. Er wordt te veel uitgegaan van het leefpatroon van het traditionele gezin, dat in Berlijn allang in de minderheid is.

Niet alleen de woningbouw uit de jaren 1990 heeft een slechte naam. Ook de *Plattenbau*-woningen, een Oost-Duits exportproduct van formaat, zijn weinig geliefd: lage verdiepingshoogte, zeer slechte geluids- en warmte-isolatie, inflexibele (want volledig betonnen) binnenmuren, enz. In de roes van de jaren 1990 worden woningen van mindere

Freiburg also operated a similar policy. Due to its serious debts, Berlin does not operate an active policy like this, but does make a few plots available each year under strict conditions and with a fixed land price. The city also provides financial support to Internet portals where Baugruppen, architects and suppliers can find each other.

Berlin sets specific spatial and social conditions, with the result that Baugruppen have been on the rise there in particular in recent years. Directly after the fall of the Berlin Wall in 1989, there was a great feeling of euphoria in the city. Spatial planners and urban designers expected that Berlin would become the most important economic and cultural centre between Western and Eastern Europe, which could lead to a growth of more than 1 million people. Feverish plans were made to deal with this growth. The growth models that had been applied in Hamburg, Munich and the Ruhr region were haphazardly let loose on Berlin. Urban design and architecture were given the task of healing the divided city and foreign investors were lured to the city by means of tax advantages and other incentives.

In 1993, Berlin was rejected as a candidate for the 2000 Olympic Games. This cold shower was a wake-up call for the city and confronted it with reality. In Berlin, there was no growth whatsoever, more likely a decline. Not nearly all the houses and offices that were built would be taken up by the market. A great deal had been hastily built, but the question was: for whom? A drastic change of policy followed; the city adjusted its ambitious planning downwards and subsidies for public housing were completely abolished. The tax advantages were also cut back, which led to the departure of many foreign investors. As a result, building activities fell off dramatically. In 1996, 23,694 building permits for houses were granted, but in 2005 this number had dropped to 2,684 permits per year.[1]

The flood of building projects in the early 1990s led to an unstable housing market. Houses that had been built by developers with tax advantages did not meet the requirements of house hunters. One characteristic quality aspect that was missing in the new-build houses in the 1990s was the storey height. This was lower than the Berliners were accustomed to in houses from the *Gründerzeit* (1850-1873) with their average storey heights of 3 m. However, developers of new housing applied the minimum prescribed height as a maximum, so that more storeys could be built within the maximum permitted building height. Besides the low ceilings, the poor quality of the floor plan also played a role. Investors who were not familiar with the flexibility of the Gründerzeit floor plan, with its relatively neutral room sizes, built 'standard' floor plans that did not appeal to the house hunters. There was too much emphasis on the way of life of the traditional family, which had been in the minority in Berlin for some considerable time.

Not only 1990s housing had a bad name. The *Plattenbau* houses, a great East German export product, were not popular: low ceilings, extremely poor sound and thermal insulation, inflexible inner walls (because they were completely made of concrete) and so on. In the flush of the 1990s, inferior-quality houses that were due to be demolished or renovated were put on the market again. A surplus of low-quality houses was the result.

The economic dip around 2000 had serious consequences for the employment of architects who had come to Berlin in the wake of developers; they found themselves without work. At the same time, 'old' neighbourhoods such as Prenzlauer Berg, Friedrichshain, Schöneberg and Neukölln were very much on the up-and-up. Particularly the former East Berlin districts Prenzlauer Berg and Friedrichshain, with many old houses, were being done up at a great pace. Renovated old buildings with high ceilings, spacious communal entrances and chic stucco

Ruppiner/Schönholzer Strasse (RuSc)

Architect: Zanderroth Architekten
Gerealiseerd: 2007
Aantal woningen: 12
Collectief programma: fietsenberging, binnentuin
Architect: Zanderroth Architekten
Construction: 2007
Number of houses: 12
Collective programme: bicycle shed, courtyard garden

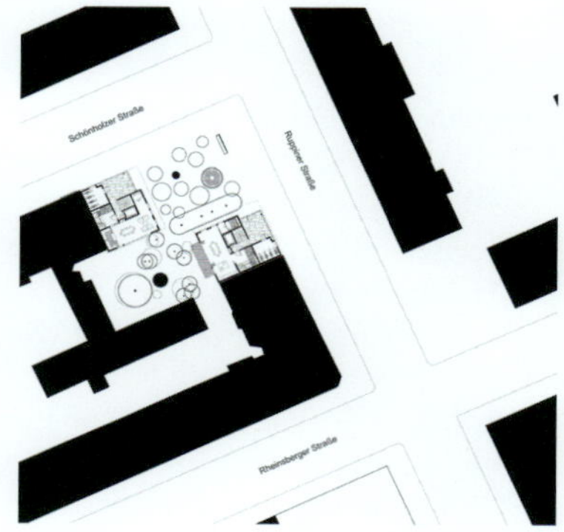

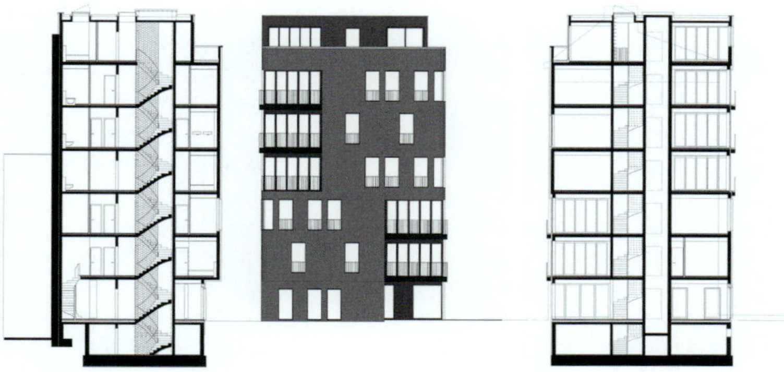

Plattegronden begane grond, eerste, tweede, derde verdieping
Plans ground, first, second, third floor

kwaliteit, die op de nominatie stonden om gesloopt of gerenoveerd te worden, weer op de markt gebracht. Een overaanbod van woningen met lage kwaliteit is het gevolg.

De economische terugslag rond 2000 heeft een groot effect op de werkgelegenheid voor architecten die in het kielzog van ontwikkelaars naar Berlijn kwamen. Zij komen zonder werk te zitten. Tegelijkertijd zijn 'oude' wijken als Prenzlauer Berg, Friedrichshain, Schöneberg en Neukölln enorm in opkomst. Vooral de voormalige Oost-Berlijnse wijken Prenzlauer Berg en Friedrichshain, met veel oude woningen, worden in een hoog tempo opgeknapt. Gerenoveerde oudbouw met hoge plafonds, ruime gemeenschappelijke entrees en chique stucfaçades wordt meer gewaardeerd dan de Plattenbau of de jaren 1990-bouw. Veel architecten springen in op deze herwaardering van de oude wijken en nemen zelf het heft in handen door op zoek te gaan naar nieuwe opdrachtgevers in de vorm van Baugruppen. Op de lege kavels verschijnen steeds vaker nieuwe projecten met aantrekkelijke gevels. Tussen 2002 en 2008 zijn in Berlijn rond de 100 projecten met in totaal 1.300 woningen in Baugruppen gebouwd. Op dit moment zijn in Berlijn rond de 150 Baugruppen actief.[2]

Stedenbouwkundige kwaliteit: de tussenmaat

De historische stedenbouwkundige structuur van Berlijn vormt een belangrijke context voor veel van de Baugruppen. Grote delen van de stad zijn tot stand gekomen binnen het plan van waterbouwkundig ingenieur James Hobrecht. Zijn plan uit 1862 voorziet in grofmazige bouwblokken binnen een grid van brede straten. De bouwverordening van 1853 maakte het mogelijk om de grond maximaal – binnen een beperkt aantal regels – te bebouwen. Binnen het stratenplan van Hobrecht mocht tot zes verdiepingen gebouwd worden, met een maximum van 22 m hoogte (de reikwijdte van de brandweerladder). Een binnenhof diende minimaal 5,34 x 5,34 m te zijn, zodat de brandweerspuit er kon keren. Vaak werden, als gevolg van deze 'soepele' regels de hoven zeer dicht bebouwd; de dichtheid kan oplopen tot meer dan 200 woningen per ha. Een groot deel van de hovenstructuur in wijken als Prenzlauer Berg, Friedrichshain, Kreuzberg, Neukölln, Schöneberg, Charlottenburg en Wedding is in de Tweede Wereldoorlog gebombardeerd, maar andere delen van deze wijken zijn redelijk ongeschonden uit de oorlog gekomen. De bomgaten werden in West-Berlijn in de jaren 1950 veelal bebouwd met blokken portieketagewoningen, die ten opzichte van de straat teruglagen en die werden aangevuld met een groenstrook tussen straat en oude rooilijn. In Oost-Berlijn is vanaf de oprichting van de DDR in 1949 lange tijd weinig tot niets gedaan aan de lege kavels in de oude stad. Het beleid van de DDR-regering was erop gericht om de bewoners van de oude stad te laten verhuizen naar gestandaardiseerde woningen in Plattenbau-wijken als Marzahn, Hellersdorf en Hohenschönhausen. De verwaarlozing van de oude Oost-Berlijnse wijken leidde na de val van de muur tot een opleving van het bouwen in deze oude wijken. In de DDR was (bijna) alle grond van het volk (lees: de staat) en was privé-eigendom zeldzaam. Na de Wende is men gestart met het teruggeven van gronden aan de rechtmatige eigenaars. Het vinden van de voormalige eigenaars is echter een moeizaam en langdurig proces, mede doordat veel DDR-grond in de jaren 1930 werd *arisiert*, dat wil zeggen afgenomen van joodse families ten tijde van het nazibewind.

De vele bomkavels in het voormalige Oost-Berlijn zijn voor architecten een uitdaging om plannen voor woningbouw te maken. Binnen de S-Bahnring, een gebied van 7 x 11 km, liggen momenteel meer dan 800 kavels te wachten op een nieuwe bestemming. De grootte van de gaten leidt tot een schaal en maat die in Nederland niet veel in nieuw-

façades were valued more highly than the *Plattenbau* or the buildings from the 1990s. Many architects seized upon this reassessment of the old neighbourhoods and took matters into their own hands by going in search of new commissioning clients in the form of Baugruppen. New projects with attractive façades began to appear increasingly often on the empty plots. Between 2002 and 2008, approximately 100 projects were realized by Baugruppen in Berlin with a total of 1,300 houses. At the moment, around 150 Baugruppen are active in Berlin.[2]

Urban Design Quality: The In-Between Size

The historical spatial layout of Berlin formed an important context for many of the Baugruppen. Large parts of the city had been realized within the plan devised by hydraulic engineer James Hobrecht. His plan dating from 1862 delivered coarsely formed city blocks within a grid of broad streets. The 1853 local building regulations made it possible to build on the land to the maximum – within a limited set of rules. According to Hobrecht's street plan, it was permitted to build to six storeys, with a maximum height of 22 m (the range of the fire brigade ladder). An inner courtyard had to be a minimum of 5.34 x 5.34 m, so that the fire hose could turn round. Often the courtyards were extremely densely built-up, as a result of these 'supple' regulations; the density could reach more than 200 houses per ha. A large part of the court structure in districts such as Prenzlauer Berg, Friedrichshain, Kreuzberg, Neukölln, Schöneberg, Charlottenburg and Wedding was bombed during the Second World War, but other parts of these neighbourhoods emerged relatively unscathed from the war. The bomb craters in West Berlin were largely built on in the 1950s with blocks of multistorey porch-entry flats, which were set back from the street and completed with a strip of green between the street and the old building line. In East Berlin, after the establishment of the GDR in 1949, nothing was done for a long time with the empty plots in the old city. GDR government policy was focused on having the residents of the old city move to standard homes in Plattenbau districts such as Marzahn, Hellersdorf and Hohenschönhausen. After the fall of the Wall, the dilapidated state of the old East Berlin districts led to a revival of building in these old neighbourhoods. In the GDR almost all the land belonged to the people (that is, the state) and private ownership was rare. After the *Wende*, a start was made with returning land to its rightful owners. However, finding the owners was a long and difficult process, partly because a great deal of GDR land was *arisiert* (Aryanized) in the 1930s, in other words taken away from Jewish families at the time of the Nazi regime.

The many bomb sites in former East Berlin were a challenge for architects to create plans for housing. Within the *S-Bahn* (metro railway) ring, an area of 7 x 11 km, there are currently more than 800 plots waiting for a new purpose. The dimensions of the gaps result in a scale and size that is not often present in new-build in the Netherlands. This 'in-between size' makes it possible to include more than just a residential programme in the plan; on average there are 19 houses per block.[3]

The specific spatial layout of Berlin, with locations that are often difficult to fill in, leads in many cases to inventive and innovative solutions. A number of examples illustrate this development:

1 An empty plot in the Esmarchstrasse in the Prenzlauer Berg district was filled in by Kaden Klingbeil Architekten in an unusual way. The Baugruppe wanted to execute the programme of stacked houses for families with children in sustainable and high-quality materials. By opting for timber-frame construction, the architecture firm made a virtue of necessity. In order to comply with the fire safety requirements, access to

bouw voorkomt. Deze 'tussenmaat' maakt het mogelijk om meer dan alleen woonprogramma in het plan op te nemen; gemiddeld gaat het om 19 woningen per woonblok.[3]

De specifieke Berlijnse stedenbouwkundige structuur met vaak lastig in te vullen locaties leidt in veel gevallen tot inventieve en vernieuwende oplossingen. Een aantal voorbeelden illustreert deze ontwikkeling:

1 Een lege kavel in de Esmarchstrasse in de wijk Prenzlauer Berg is door Kaden Klingbeil Architekten op bijzondere wijze ingevuld. De Baugruppe wilde graag het programma van gestapelde woningen voor gezinnen met kinderen in duurzame en hoogwaardige materialen laten uitvoeren. Bij de keuze voor houtbouw heeft het bureau van de nood een deugd gemaakt. Om te kunnen voldoen aan de brandveiligheidseisen, is de ontsluiting van het meerlaagse blok fysiek en geveltechnisch losgekoppeld van de woningen. Dit heeft geleid tot een bijzondere typologie, waarbij de zeven woningen bovenop een bedrijfsruimte worden ontsloten door een betonnen trappenhuis dat losstaat van het blok. Hierdoor ontstaat een driezijdige gevel waardoor de woningen binnen meer licht ontvangen. Vanuit het losstaande trappenhuis kan men vanaf de openbare straat een blik werpen in de privéwereld van de binnenhoven. In de dichtbebouwde buurt biedt dit een transparante oplossing in een overigens gesloten gevelbeeld, zonder dat de typologie van het gesloten bouwblok en het straatprofiel onrecht wordt gedaan.

2 De ruimtelijke condities van de kavel in de Ruppiner Strasse in Prenzlauer Berg daagden Zanderroth Architekten uit om een inventieve oplossing te bedenken. Het project RuSc, 12 woningen in twee gebouwen, is gesitueerd op de lastige noordoosthoek van een bouwblok. Deze uitgangspositie is positief geïnterpreteerd door het zicht naar de hof open te laten. Twee nieuwe bouwblokken maken het bestaande bouwblok af, maar zetten het niet dicht. Door de positie van de twee blokken ontstaat op straat een stuk openbaar toegankelijke privéruimte, die door een landschapsarchitect is ingericht en veel kwaliteit toevoegt aan het openbare gebied. Zo kreeg de stenige buurt er een groen buurtpleintje bij.

3 Soms geeft het Baugemeinschaft-project aanleiding de oude stratenstructuur te repareren, zoals in de Linienstrasse 23 in Mitte. De kenmerken van de locatie worden in het ontwerp meegenomen en uitvergroot. bco-Architekten heeft hier voor een Baugemeinschaft woningen en een galerie ontworpen, op basis van de vroegere straatwand. Het leidde tot een bouwblok waarvan de bouwmuren links en rechts volledig gesloten zijn, waardoor er in de toekomst nog tegenaan gebouwd kan worden.

4 Niet alle ontwikkelingen vinden binnen een historische bouwblokstructuur plaats. Zo heeft op een kavel dicht bij de rivier de Spree, in het stadsdeel Treptow, tot na de val van de muur een kantoorpand in Plattenbau gestaan. Na de val van de muur bleek in Oost-Berlijn een overvloed aan dergelijke panden te zijn. Keinert Büsching Architekten investeerde met een groep toekomstige bewoners 4,7 miljoen euro in de afbraak van het leegstaande kantoor en de bouw van acht (half)losstaande, meerlaagse woonblokken. Opvallend, want het zou lucratiever zijn geweest de locatie te verkavelen met eengezins- of meerlaagse rijtjeswoningen dan het gekozen stedenbouwkundig ontwerp uit te voeren, dat uitgaat van meerdere, deels vrijstaande urban villa's. De nieuwbouw ligt rond een grote gemeenschappelijke tuin van 7.400 m^2. Het stedenbouwkundig ontwerp past daarmee in de omgeving, die

the multistorey block was detached physically and in terms of façade technology from the houses. This created an unusual typology, where the seven apartments on top of a business unit are accessed via a concrete staircase that is separate from the block. It generated a three-sided façade, which gives the apartments more light inside. From the detached staircase, it is possible to take a look from the public street at the private world of the inner courtyards. In the densely built neighbourhood, it provides a transparent solution in an otherwise closed frontage, without doing an injustice to the typology of the closed building block and the street profile.

2 The spatial conditions of the plot in the Ruppiner Strasse in Prenzlauer Berg challenged Zanderroth Architekten to devise an inventive solution. The project RuSc, 12 houses in two buildings, is situated on the inconvenient north-east corner of a building block. This starting position was given a positive interpretation by allowing the view towards the court to remain open. Two new volumes complete the existing block, but do not close it off. The position of the two blocks creates a piece of publicly accessible private space on the street, which has been laid out by a landscape architect and greatly increases the quality of the public area. In this way, the built-up neighbourhood has gained a green square.

3 Sometimes the Baugemeinschaft project provides an opportunity to repair the old street layout, for example in the Linienstrasse 23 in Mitte. The location's characteristics are included and magnified in the design. bco-Architekten designed houses and an art gallery for a Baugemeinschaft, based on the former street frontage. It resulted in a building block where the right and left boundary walls are completed closed, so that in the future buildings can be added right up against it.

4 Not every development takes place within a historical building block structure. On a plot nearby the river Spree in the city district of Treptow, there stood an office building in Plattenbau until after the fall of the Wall. After the fall, it emerged that there was a surplus of this type of property in East Berlin. Together with a group of future occupants, Keinert Büsching Architekten invested 4.7 million euros in the demolition of the empty offices and the construction of eight semi-detached, multistorey residential blocks. An unusual decision, because it would have been more lucrative to divide the site into plots for single-family homes or multilevel terraced housing than to execute the chosen master plan, which assumed multiple, partly detached urban villas. The new-build is situated round a large 7,400-m^2 communal garden. The urban design fits in with the surroundings, which is typified by alternating greenery and detached nineteenth-century suburban villas. The floor plans of the urban villas refer to the nineteenth-century Gründerzeit floor plans: the rooms are all the same size, making a flexible arrangement possible. In addition, 'fontanel' walls have been made: walls that are not completely massive so it's easier to break through them to link apartments together. This measure supports the idea that people will live there for a long time and that changing ways of life can be adapted to within the house.

From Authority to Shared Authorship

There is a change in progress in the design practice of architects and that is designing for Baugemeinschaften or Baugruppen. They are not working *for* anonymous commissioning clients, but *with* multiple clients with a broad range of requirements. For an architect, building for a Baugruppe means the task of directly linking a complicated urban programme of living and working directly to the future users via a plot. In the Berlin situation, this often leads to an architecturally reserved

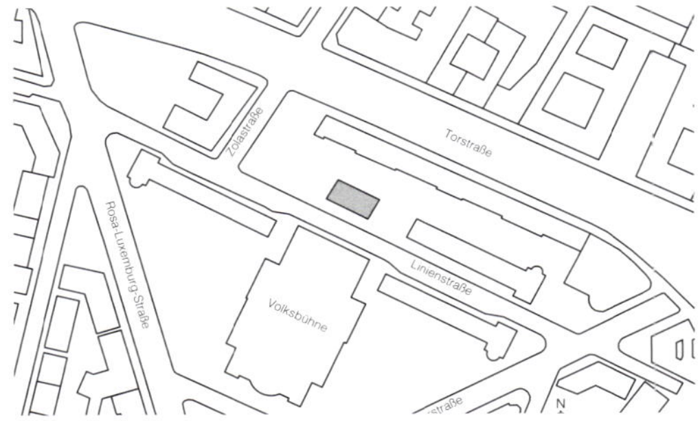

Linienstrasse

Architect: bco-Architekten
Gerealiseerd: 2011
Aantal woningen: 4
Overig programma: galerie
Architect: bco-Architekten
Construction: 2011
Number of houses: 4
Other programme: gallery

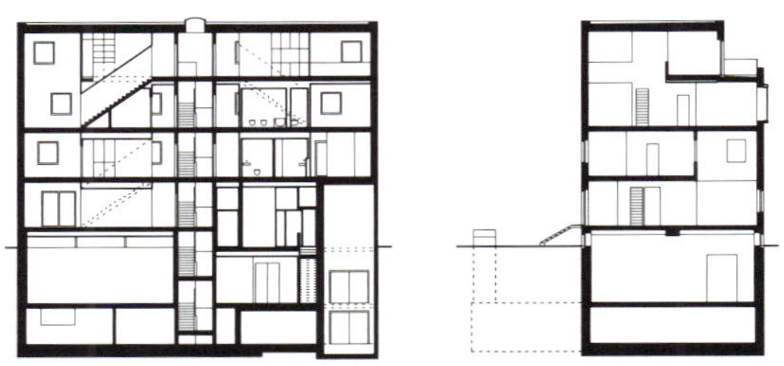

gekenmerkt wordt door een afwisseling van groen en losstaande negentiende eeuwse stadsrandvilla's. De plattegronden van de stadsvilla's refereren aan de negentiende eeuwse Gründerzeit-plattegronden: kamers van gelijke grootte, die een flexibele indeling mogelijk maken. Daarnaast zijn er 'fontanel'-muren gemaakt, muren die niet geheel massief zijn, waardoor het doorbreken van muren om woningen te verbinden wordt vergemakkelijkt. Deze maatregel loopt vooruit op het idee dat mensen er lang blijven wonen en dat veranderende leefpatronen binnen de woning kunnen worden opgelost.

Van autoriteit tot gedeeld auteurschap

Er is een verandering in de ontwerppraktijk van architecten gaande, die voor Baugemeinschaften of Baugruppen ontwerpen. Zij werken niet vóór anonieme opdrachtgevers, maar mét meerdere opdrachtgevers met een waaier aan wensen. Bouwen voor een Baugruppe betekent voor een architect de opgave een ingewikkeld stedelijk programma van wonen en werken direct via een kavel aan de toekomstige gebruikers te koppelen. In de Berlijnse situatie leidt dit vaak tot een architectonisch terughoudende uitwerking die echter wel een duidelijk eigen karakter heeft.

De samenwerking met een Baugruppe leidt volgens de Berlijnse architect Florian Köhl van Fat_Koehl Architekten tot een nieuwe vorm van ontwerpen, die hij als 'gedeeld auteurschap' omschrijft. Als voorbeeld van gedeeld auteurschap uit het verleden noemt Köhl het Rietveld-Schröderhuis in Utrecht, dat zonder de invloed van opdrachtgeefster Truus Schröder-Schräder lang niet zo bijzonder zou zijn geweest.[4] De projecten van Fat_Koehl zijn driedimensionale uitwerkingen van dit gedeeld auteurschap. Daarbij gaat gedeeld auteurschap zeker niet om de bekende inspraakarchitectuur uit de stadsvernieuwingspraktijk van de jaren 1970 en 1980, zoals die in Nederland veel voorkomt. Bij die inspraakarchitectuur is het compromis leidend en het ontwerp volgend. Hier gaat het veeleer om de eigenheid en het onderscheidende karakter die zich tijdens het ontwerpproces ontwikkelden en zo tot veelzijdigheid leiden.

Bij het project voor tien woningen en een bedrijfsruimte in de Strelitzer Strasse in Mitte heeft Fat_Koehl dit principe van gedeeld auteurschap toegepast. De leden van de Baugruppe wilden het liefst ieder een eigen en herkenbaar huis. Die wens voerde tot principiële en praktische kwesties. Immers: het dak van het ene huis is de vloer van het andere huis. Dat heeft in de uitwerking tot een terughoudend vormgegeven *Überhaus* geleid met daarachter een keur aan verschillende soorten woningen. De woninggrootte varieert tussen de 80 en 200 m^2 en er zijn diverse woningtypen van gelijkvloerse woningen tot maisonnettes, welke programmering en typologie aansluit bij de heterogene gebruiksgroep. De invloed van de verschillende opdrachtgevers leidt volgens Köhl tot aanpassingen en veranderingen aan het ontwerp van de architect. Zonder deze opdrachtgevers zou er slechts sprake zijn van één auteur: de architect. Bij Baugruppen-projecten leidt de invloed van meer en/of medeauteurs absoluut tot verrijking van de architectuur, aldus Köhl.[5]

Vernieuwing vervangt standaard

De samenwerking met meerdere opdrachtgevers is een kans en uitdaging voor de architect om nieuwe typologieën te ontwikkelen. Typologieën die tegemoet komen aan veranderende leefwijzen, collectiviteit en de groeiende behoefte aan wonen met gelijkgestemden. Baugruppen in Duitsland vormen een ruimtelijke weerslag van deze behoefte die zich uit in de afwijkende plattegronden en typologieën.

Het is opvallend dat discussies over moeilijke verkoopbaarheid of

elaboration that does, however, have a clear individual character.

According to Berlin architect Florian Köhl of Fat_Koehl Architekten, collaboration with a Baugruppe leads to a new form of designing, which he describes as 'shared authorship'. As an example of shared authorship from the past, Köhl cites the Rietveld-Schröderhuis in Utrecht, which would not have been nearly so special without the influence of commissioning client Truus Schröder-Schräder.[4] The projects by Fat_Koehl are three-dimensional elaborations of this shared authorship. However, in this case, shared authorship is certainly not related to the well-known sort of participation architecture in the urban renewal practice of the 1970s and 1980s, which was very common in the Netherlands and in which compromise took the lead and the design followed. Here it was more about the individuality and distinguishing character that developed during the design process and led to a many-sided result.

Fat_Koehl applied this principle of shared authorship in a project for ten apartments and a business unit in the Strelitzer Strasse in Mitte. The preference of each member of the Baugruppe was to have their own individual and recognizable house and that wish gave rise to fundamental and practical issues. After all: the roof of one house is the floor of another. In the detailed planning, it resulted in a reticently designed *Überhaus* with behind it a selection of different types of houses. The size of the houses varies between 80 and 200 m^2 and there are various apartment types from street level homes to maisonettes, where the programmes and typology fit in with the heterogeneous group of users. The influence of the different commissioning clients leads to adaptations and changes to the architect's design, according to Köhl. Without these clients, there would only be a single author: the architect. In Baugruppen projects, the influence of more authors and/or co-authors results without a doubt in an enrichment of the architecture, says Köhl.[5]

Innovation Replaces Standard

Collaboration met multiple commissioning clients is an opportunity and a challenge for the architect to develop new typologies. Typologies that do justice to changing ways of life, collectivity and the growing desire to live with like-minded people. Baugruppen in Germany represent a spatial reaction to this requirement, which is expressed in divergent floor plans and typologies.

It is a striking fact that there are hardly ever discussions in the Baugruppen about saleability difficulties or the limited value stability of specific floor plans. And that is because in Baugruppen projects, the 'ready-to-wear' floor plans are replaced by a made-to-measure suit, so the occupants have every reason to continue living in their self-designed place for a long time. The financial characteristics of the German private property market, where at least 20 per cent of the purchase price must come from private capital and cannot be borrowed, means that the home is not a consumer durable or a disposable article, but an investment in quality. And because the occupant lives in the house longer than average, he makes other choices, which are sometimes very specific indeed.[6]

Meticulously Designed Collectivity

In the Netherlands the concept Baugruppen is often translated as *woongroep* (commune), which may conjure up memories of collective communities in the 1970s with their lack of privacy and individual freedom. That makes it all the more remarkable that the Baugruppen projects that also opt for a collective programme value this collectivity and consider it relaxed and informal. The collective programme in many Baugruppen projects includes roof terraces, gardens, saunas and guest accommodations. Pragmatic reasons play more of a role than idealistic ones. The collective programme is filled with the elements from the

geringe waardevastheid van specifieke plattegronden bij de Baugruppen nauwelijks wordt gevoerd. Omdat bij de Baugruppen-projecten de confectieplattegronden zijn vervangen door een maatpak, hebben de bewoners alle reden om lang op de zelf ontwerpen plek te blijven wonen. De financiële kenmerken van de Duitse koopwoningenmarkt, waarbij minimaal 20 procent van het aankoopbedrag van de woning uit privékapitaal moet komen en niet geleend kan worden, maakt dat de woning geen consumptiegoed of wegwerpartikel wordt, maar een investering in kwaliteit. Omdat er langer dan gemiddeld op de plek gewoond wordt, maakt de opdrachtgever andere keuzes, die soms zeer specifiek zijn.[6]

Secuur ontworpen collectiviteit

In Nederland wordt het begrip Baugruppen vaak vertaald als 'woongroep', wat wellicht herinneringen oproept aan collectieve gemeenschappen uit de jaren 1970 met hun gebrek aan privacy en individuele vrijheid. Het is daarom opvallend dat de Baugruppen-projecten die ook voor een collectief programma kiezen, deze collectiviteit waarderen en als ongedwongen beoordelen. Het collectief programma in veel Baugruppen-projecten zijn onder andere dakterrassen, tuinen, sauna's en logeerruimten. Pragmatische redenen spelen daarbij eerder een rol dan idealistische. Het collectief programma wordt gevuld door datgene van het woonprogramma dat niet in de woning past, of dat men liever niet in de woning wil onderbrengen, zoals het vieren van verjaardagen of jubilea, of het hebben van logés. De overgangen van openbaar via collectief naar privé zijn secuur en met aandacht vormgegeven. Daarbij is het 'samenkomen en ontmoeten' geen dogma, maar een mogelijkheid.

Een goed voorbeeld hiervan is te zien in het in het project Zelterstrasse van Zanderroth Architekten. De bewoners beschikken over drie buitenruimten, die aansluiten op de specifieke wensen van de bewoners op een bepaald moment. Op de begane grond is een buitenruimte die grenst aan de gemeenschappelijke binnentuin. Verder heeft elke woning een balkon of patio die juist absolute privacy biedt. Op het dakterras kan men weer met de direct naastgelegen buren communiceren. Deze ruimtelijke kwaliteiten zijn goed afgestemd op wat bewoners willen: zowel de gezelligheid van het gemeenschappelijke, maar ook de mogelijkheid om zich te kunnen terugtrekken. Juist in een hoge dichtheid vereist dit zorgvuldig vormgegeven overgangen tussen het private en het collectieve domein.

Vanzelfsprekende duurzaamheid

Hoewel er geen sterke nadruk op wordt gelegd, speelt duurzaamheid een belangrijke rol. Er wordt ontworpen met speciale aandacht voor verantwoorde ecologie en hoge duurzaamheid. Vreemd is dat niet, omdat een Baugruppe-lid, anders dan een anonieme koper, de afweging tussen investering en opbrengsten kan en moet maken. De leden zijn bereid bij aanvang hoge investeringen in duurzaamheid te doen. Het duurzaamheidaspect is geen zichtbaar visitekaartje naar buiten toe, maar dient vooral de portemonnee van de bewoners. Het project E3 van Kaden Klingbeil is zeer energiezuinig en duurzaam gebouwd in hout, maar dat is aan de witgestuukte gevel niet af te lezen: met een gevelafwerking van stuc sluit die juist aan op de omringende bebouwing. De isolatiegraad houdt de energiekosten zeer laag: een woning van ongeveer 140 m^2 kost voor het stoken van verwarming minder dan 500 euro per jaar.

Berlijnse Baugruppen als kwaliteitskatalysatoren

Hoe relevant zijn Baugruppen voor de ontwikkeling van de stad en het stedelijk leven? De grote aandacht van de laatste tijd voor Bau-

housing programme that don't fit in the house, or that people would prefer not to have in their own house, for example the celebration of a birthday or anniversary, or receiving guests. The transitions from public via collective to private are designed meticulously and with care. In addition, 'meeting and greeting' is not a dogma, but a possibility.

A good example of this can be seen in the Zelterstrasse project by Zanderroth Architekten. The residents have three external spaces at their disposal, which fit in with their specific wishes at a particular moment. On the ground floor, there is an outdoor area that borders on the communal indoor garden. In addition, each house has a balcony or patio that offers complete privacy. On the roof terrace, people can commune with their direct neighbours. These spatial qualities are well-tuned to the residents' requirements: the conviviality of the communal aspect, but also being able to withdraw. A high-density situation, in particular, demands carefully designed transitions between private and collective domains.

Self-Evident Sustainability

Although there is no strong emphasis placed upon it, sustainability plays an important role. In the design, special attention is paid to responsible ecology and high sustainability. There is nothing strange about this, because a Baugruppe member, unlike an anonymous buyer, can and must make a comparative assessment of investment and yield. The members are prepared to make significant investments in sustainability from the outset. The sustainability aspect is not a visible showpiece for the outside world; its main purpose is to serve the wallets of the residents. The E3 project by Kaden Klingbeil is extremely energy-efficient and built durably in wood, but that cannot be seen from the white stucco façade: with its plaster front it fits in well with the surrounding buildings. The level of insulation keeps the energy costs very low: heating for a house of approximately 140 m^2 costs less than 500 euros per year.

Berlin Baugruppen as Quality Catalysts

How relevant are Baugruppen for the development of the city and urban life? The close attention being paid to Baugruppen recently in both Germany and the Netherlands contrasts to some extent with the number of homes being built in Baugruppen. In Berlin, around 100 projects with a total of 1,300 houses were built in Baugruppen between 2002 and 2008.[7] Compared to the entire housing stock of the city, that is less than 0.1 per cent. Critics of Baugruppen-building, particularly in the Netherlands, place a good deal of emphasis on this aspect. But that totally ignores the effect of Baugruppen: the prospect of (new) quality in the housing sector. This prospect has been long kept hidden in the Netherlands and Germany by the quantitative veil that lay over the task of building. Anyone who thinks that in the Dutch 'polder' culture of consensus that a dominant party is always required to provide sufficient quality and unity, gets to see successful alternatives in the Berlin models illustrated here. Generic qualities are most certainly possible: good natural light, high storey heights, generous exterior areas, an entrance hall where you can also park a baby buggy or a mobility scooter, spaciousness, attention paid to privacy and good design. Qualities that can be appreciated by everyone, not just by architects or commissioning clients.

In addition to the urban design and architectural qualities, building for Baugruppen generates new inspiration for the current architectural practice. Baugruppen start up several processes that can influence the architectural profession. They demonstrate that quality in the design and detail is still possible, in spite of volume housing and standardization. The money that is saved by carrying out many aspects of the development oneself is put into thinking up design solutions for which the

Vor der Stadt + Mittendrin/Hoffmannstrasse

Architect: Keinert Büsching Architekten
Gerealiseerd: 2011
Aantal woningen: 35
Collectief programma: tuin
Overig programma: kantoorruimte
Architect: Keinert Büsching Architekten
Construction: 2011
Number of houses: 35
Collective programme: garden
Other programme: office space

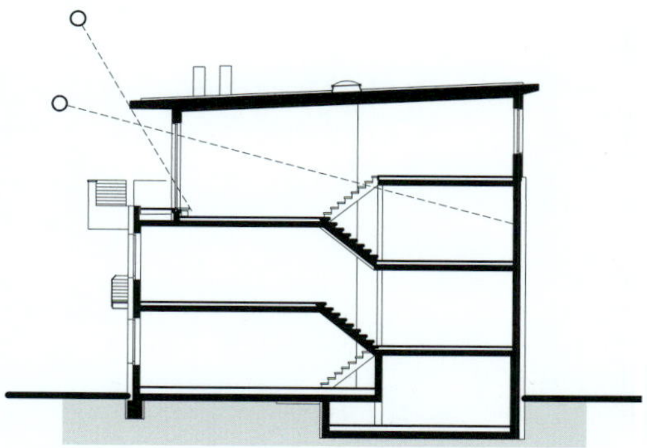

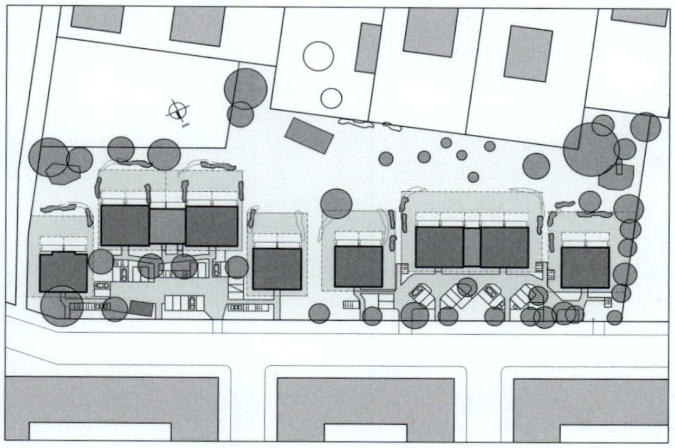

Plattegronden bovenste woningen
Floor plans of top apartments

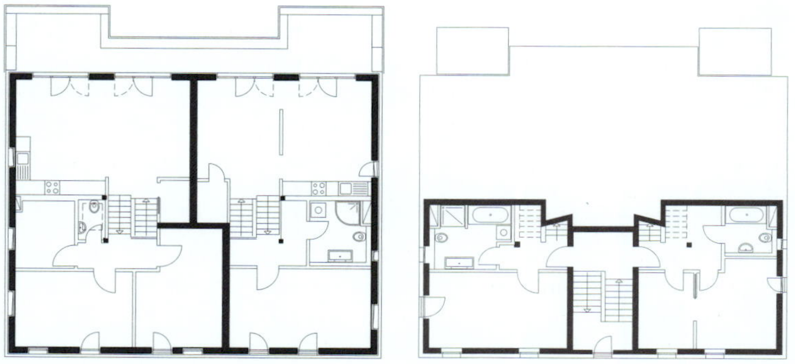

gruppen in zowel Duitsland als Nederland staat enigszins in contrast met de aantallen woningen die in Baugruppen worden gebouwd. In Berlijn zijn tussen 2002 en 2008 rond de 100 projecten met in totaal 1.300 woningen in Baugruppen gebouwd.[7] Ten opzichte van de gehele woningvoorraad van de stad is dit nog niet 0,1 procent. Critici van het Baugruppen-bouwen, vooral in Nederland, benadrukken dit aspect nogal eens. Daardoor wordt volstrekt voorbij gegaan aan wat Baugruppen teweeg brengen: het zicht op (nieuwe) kwaliteit in de woningbouw. Dit zicht is zowel in Nederland als Duitsland lang verborgen geweest door de kwantitatieve sluier die over de bouwopgave lag. Wie denkt dat in de Nederlandse poldercultuur altijd een dominante partij nodig is om het uiteindelijke resultaat voldoende kwaliteit en eenheid te geven, krijgt door de hier getoonde Berlijnse voorbeelden succesvolle alternatieven te zien. Generieke kwaliteiten zijn wel degelijk mogelijk: een goede lichtinval, hoge verdiepingshoogten, royale buitenruimten, een entreehal waar je ook een kinderwagen of scootmobiel kunt parkeren, ruimtelijkheid, aandacht voor privacy en goede vormgeving. Kwaliteiten die door iedereen worden gewaardeerd, niet alleen door architecten of opdrachtgevers.

Naast de stedenbouwkundige en architectonische kwaliteiten levert het bouwen voor Baugruppen nieuwe inspiratie voor de huidige architectenpraktijk op. Baugruppen zetten een aantal processen in gang die het vak van architect kunnen beïnvloeden. Ze laten zien dat kwaliteit in ontwerp en detail nog steeds mogelijk is, ondanks de massawoningbouw en standaardisatie. Het geld dat bespaard wordt door veel aspecten van de ontwikkeling zelf te doen, wordt gestoken in het uitdenken van ontwerpoplossingen waarvoor een doorsnee projectontwikkelaar geen tijd of geld heeft. De aandacht voor het ontwerp lijkt groter dan bij gestandaardiseerde bouwmethoden en grote opgaven. De ontwerpen zijn custom-made, zonder dat dit naar buiten toe uitgedragen hoeft te worden.

Baugruppen kenmerken zich door een bijna ideale combinatie van gunstige financiering, opvallende en goed doordachte plattegronden, mooie details, serene architectuur en slimme stedenbouwkundige innovaties. Ze bieden daarmee een impuls aan de architectenpraktijk.

average property developer has no time or money. The attention paid to the design appears to be greater than for standardized building methods and large assignments. The designs are custom-made, without the need to propagate that information to the outside world.

Baugruppen are characterized by an almost ideal combination of advantageous financing, striking and well thought-out floor plans, attractive details, serene architecture and clever urban design innovations. So they are actually providing an impulse to the practice of architects.

Noten

1 Stefan Krämer en Gerd Kühn, *Städte und Baugemeinschaften* (Hamburg/ Stuttgart: Wüstenrot Stiftung Ludwigsburg en Karl Krämer Verlag, 2009).
2 DAZ/Kristien Ring, *auf.einander. bauen. Baugruppen in der Stadt* (Berlijn: Jovis Verlag, 2007).
3 Annet Ritsema, Nynke Jutten et al., 'Ruimte voor de Tussenmaat; ontwerpend onderzoek naar de ruimtelijke uitwerking van de veranderende woningvraag', *Lay-Out*, nr. 21 (Rotterdam: Stimuleringsfonds voor Architectuur, december 2012).
4 Florian Köhl, Geteilte Autorschaft, 'Die Baugruppe als erweiterte Architekturpraxis', *Arch+* (maart 2011), 201-202.
5 Ibid.
6 Joost Tennekes en Arjan Harbers, *Grootschalige of kleinschalige verstedelijking? Een institutionele analyse van de totstandkoming van woonwijken in Nederland, Vlaanderen en Noordrijn-Westfalen* (Den Haag: Planbureau voor de Leefomgeving Den Haag, 2012), PBL-publicatienummer 550059001.
7 Op. cit. (noot 2).

Notes

1 Stefan Krämer and Gerd Kühn, *Städte und Baugemeinschaften* (Hamburg/ Stuttgart: Wüstenrot Stiftung Ludwigsburg and Karl Krämer Verlag, 2009).
2 DAZ/Kristien Ring, *auf.einander. bauen. Baugruppen in der Stadt* (Berlin: Jovis Verlag, 2007).
3 Annet Ritsema, Nynke Jutten et al., 'Ruimte voor de Tussenmaat; ontwerpend onderzoek naar de ruimtelijke uitwerking van de veranderende woningvraag', *Lay-Out*, no. 21 (Rotterdam: Stimuleringsfonds voor Architectuur, December 2012).
4 Florian Köhl, Geteilte Autorschaft, 'Die Baugruppe als erweiterte Architekturpraxis', *Arch+* (March 2011), 201-202.
5 Ibid.
6 Joost Tennekes and Arjan Harbers, *Grootschalige of kleinschalige verstedelijking? Een institutionele analyse van de totstandkoming van woonwijken in Nederland, Vlaanderen en Noordrijn-Westfalen* (The Hague: PBL Netherlands Environmental Assessment Agency The Hague, 2012), PBL publication number 550059001.
7 DAZ/Ring, *auf.einander.bauen*, op. cit. (note 2).

Eric Frijters & Olv Klijn

Relaxed particulier opdrachtgeverschap
Relaxed Private Commissioning

Interview met/with **Frank van Beek en**/and **Frank Veen, Lingotto**

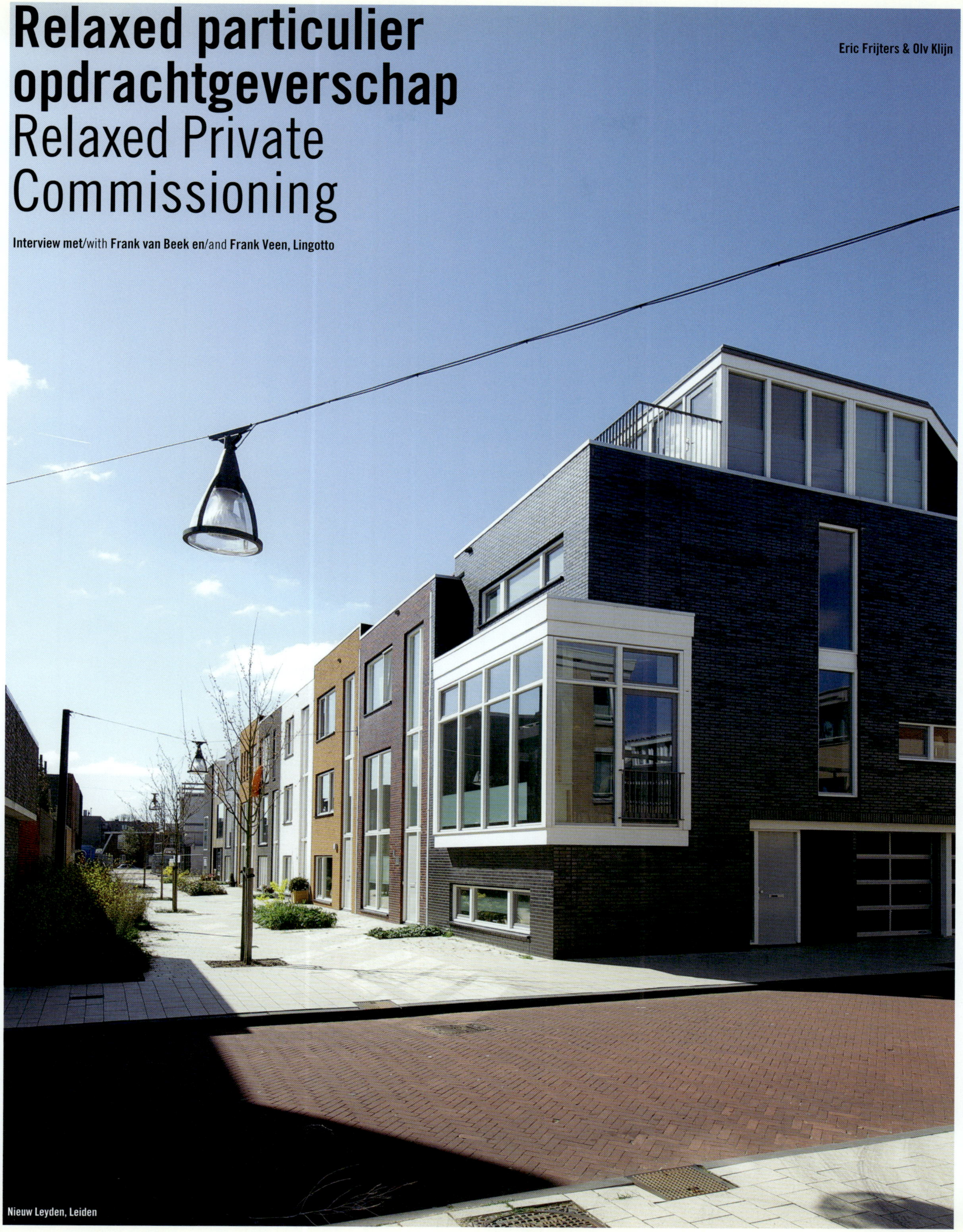

Nieuw Leyden, Leiden

Tot enkele jaren geleden was het in Nederland traditie dat ontwikkelende partijen vrij generieke producten realiseerden en de aandacht vooral op productie lag. Natuurlijk was er ook een markt die dat toe stond. Het maakte weinig uit wat er geproduceerd werd, alles werd verkocht. Hoewel er in de architectuur al sinds de jaren 1970 met enige regelmaat belangstelling werd geuit om de inbreng van bewoners bij het woningontwerp te vergroten, was het enthousiasme bij ontwikkelende partijen gering. In die situatie is nu verandering gekomen. Geholpen door de crisis, maar ook als gevolg van een al langer lopend proces van toenemende mondigheid van consumenten, wordt de positie van de eindgebruiker sterker. De afgelopen jaren is hierdoor ook vanuit de kant van ontwikkelaars de interesse toegenomen om de wensen van eindgebruikers als vertrekpunt te nemen in plaats van als laatste toevoeging aan hun werk.

Lingotto kan als voorbeeld dienen van een ontwikkelaar die de afgelopen tien jaar in verschillende projecten nieuwe mogelijkheden heeft verkend. Sinds zijn ontstaan in 2000 heeft Lingotto diverse woningbouwprojecten gerealiseerd, hoofdzakelijk nieuwbouw. Pas de laatste vijf jaar richt het bedrijf zich nadrukkelijker op herontwikkeling van schoolgebouwen of kantoren tot woningen. Door de crisis blijkt dit een steeds actueler thema te worden waarbij het steeds belangrijker wordt onderscheidende concepten te ontwikkelen, De inbreng van de eindgebruiker is daarbij essentieel.

Wat kenmerkt het werkterrein van Lingotto?

Wij richten ons primair op de stedelijke omgeving. We doen dus bijna geen projecten in uitbreidingsgebieden, behalve op IJburg [Amsterdam]. Onze projecten kenmerken zich vaak door een mix van functies, omdat ze volgens ons daardoor interessanter worden. En we zijn zorgvuldig met het formaat. We willen onze projecten graag in de hand houden en werken liever aan drie kleinere dan één groot project waarmee we tien jaar bezig zijn. Deze houding sluit niet geheel toevallig aan bij de mogelijkheden van de huidige tijd. We proberen met onze manier van werken en de projecten die wij doen namelijk passende antwoorden te vinden op de wensen van mensen.

Wat was jullie eerste kennismaking met particulier initiatief, of anders gezegd: wat was de eerste poging hier iets mee te doen?

Ongeveer tien jaar geleden kwam in Nederland het idee van de netwerkorganisatie en de netwerkmaatschappij op. We vroegen ons af of wij niet op een vergelijkbare manier mensen bij elkaar zouden kunnen brengen om gebouwen te maken. Uiteindelijk lukte het ons toen [in 2002, red.] niet om daar een goed verdienmodel voor te bedenken. Het bedienen van een groep kost namelijk heel veel tijd. Ook wij liepen dus al snel tegen het probleem op wat veel netwerkorganisaties ervaren: de onderlinge communicatie is zo tijdverslindend dat je bijna alleen bezig bent met afstemmen in plaats van met stappen zetten. Met andere woorden: een proces waarin iedereen inbreng en invloed op het eindresultaat heeft, is voor ons alleen rendabel als wij ons als adviseurs opstellen en – om het heel zwart/wit te zeggen – op basis van het principe 'uurtje factuurtje' werken. Voor particulieren is dat niet op te brengen.

Het eerste project met een sluitende aanpak was *Ultimulti* op het zuidelijk deel van Steigereiland [IJburg]. De start ligt intussen zeven jaar achter ons, maar het is een belangrijk project geweest voor de ontwikkeling van een aanpak die we ook nu nog hanteren. Ultimulti is zoals wij het omschrijven: particulier opdrachtgeverschap zonder stress. Binnen de drie extreme mogelijkheden van volledig particulier opdrachtgeverschap, collectief particulier opdrachtgeverschap en seriematig ontwikkelen hebben wij gezocht naar een tussenvorm.

Until a few years ago, it was common practice in the Netherlands for developers to deliver generic products and give most of their attention to production. Of course, there was also a market that accepted this. It made little difference what was produced, for everything sold. Although architects had been expressing an interest in increasing residents' input in the design of housing with a certain degree of regularity ever since the 1970s, there was little enthusiasm among developers. Helped by the crisis, but also as the consequence of a process of increasing consumer articulation that had begun prior to that, the end-user's position has grown stronger. In the past years, developers have also shown an increased interest in taking the end-users' wishes as the starting point, instead of as finishing touches to the work.

Lingotto is an example of a developer that has explored new possibilities in various projects over the last ten years. Since its beginnings in 2000, Lingotto has realized diverse housing projects, primarily new-build. As of five years ago, the company began focusing more expressly on converting school buildings and offices into residential buildings. Because of the crisis, this is increasingly coming into vogue, and it is becoming more and more important to develop distinctive concepts in this regard. The input of the end-user is essential here.

What characterizes Lingotto's sphere of activity?

We primarily focus on urban settings. So we hardly do any projects in expansion areas, except for IJburg in Amsterdam. Our projects are often characterized by a mix of functions, because we feel this makes them more interesting. And we are careful about their size. We like to keep a hand on our projects and prefer to work on three smaller ones than on a single large project that occupies us for ten years. It's not entirely coincidental that this attitude ties in with the possibilities that are available these days. You see, with our way of working and the projects we do, we try to find appropriate answers for what people want.

What was your first acquaintance with private initiative, that is to say, what was your first attempt to do something with this?

Around ten years ago, the idea of the network organization and the network society took hold in the Netherlands. We wondered whether we couldn't bring people together in a

Lokaal Zuid, herbestemming van een school tot appartementen, Amsterdam
Lokaal Zuid, conversion of a school building into apartments Amsterdam

Consumenten hadden al heel lang keuzevrijheid in de afwerking van hun woning: wil je een dure of goedkope badkamer c.q. keuken? Maar wat er niet was is vrijheid in vormgeving, in architectuur en volume. Die vrijheid konden consumenten alleen krijgen, wanneer ze ook in staat waren zelf alle risico's te dragen. Nadenkend over een tussenvorm kwam bij ons het beeld op van bouwen met legoblokjes. Met lego kun je heel veel maken, maar de bouwstenen waaruit iets bestaat staan vooraf vast. Dat idee hebben we vervolgens uitgewerkt, want veruit de meeste huizenzoekers willen wel invloed op het ontwerp van hun huis, maar ze willen bovenal gemak.

Er zijn intussen allerlei subcategorieën van particulier en collectief opdrachtgeverschap aan het ontstaan. Waarin verschilt jullie aanpak van die van anderen?

Als je heel strikt kijkt liggen bij collectief particulier opdrachtgeverschap alle risico's bij het collectief, dus bij de mensen zelf. Als de leden van een collectief vertrouwen in elkaar hebben en vooraf zouden durven investeren, dan is een ontwikkelaar niet echt nodig en heeft het collectief vooral een professionele procesbegeleider nodig, een beetje zoals Hein de Haan al jaren met groepen samenwerkt. Behalve een grote kans op onenigheid binnen het collectief is het niet denkbeeldig dat gedurende het proces een van de deelnemers moet besluiten uit te stappen. Dat levert vaak grote problemen op. Iedereen in het collectief kan immers vaak zijn eigen woning net financieren, maar als er een of twee extra woningen gezamenlijk moet worden gefinancierd, dan wordt het een ander verhaal. Omdat wij als bedrijf meer financiële armslag hebben, kunnen wij een dergelijke uitval wel opvangen.

Wat wij vooral doen is niet zoeken naar bestaande collectieven met een bepaalde wens, maar proberen mensen samen te brengen rondom een project waarin wij zelf geloven. Al in een vroeg stadium werken wij zo aan het opbouwen van een totaal ander soort collectief. Niet een collectief met een gezamenlijke wens, maar een collectief met een gezamenlijk project. De deelnemers aan zo'n collectief tekenen met ons een contract en als wij erin slagen het project te realiseren, dan krijgen ze een koopcontract voorgelegd en worden ze onze kopers. Ze nemen dus eigenlijk een koopoptie die ze ook weer zonder toestemming mogen doorverkopen. Dat betekent dat mensen echt een verbintenis met ons aangaan. Maar het betekent ook dat ze erkennen dat wij als ontwikkelende partij eindverantwoordelijkheid hebben. Wij zijn verantwoordelijk voor het casco, de buitenkant, voor het proces en voor de vergunningen; in de woning zelf zijn kopers volledig vrij. Gedurende het hele proces overleggen we intensief met de toekomstige bewoners over verschillende opties, maar uiteindelijk beslissen wij.

Dat klinkt heel laagdrempelig, is het dat ook?

Dat klopt, wij bouwen langzaam commitment op. Mensen moeten in het begin een aanbetaling doen, maar als wij ons niet aan de afspraken houden of iemands omstandigheden wijzigen dan kunnen ze dat bedrag volledig terugkrijgen. Het risico voor kopers is dus feitelijk nul. Wat ook helpt is dat we alles opengooien; kopers krijgen dus ook inzicht in alle kosten. Hoe lager de kosten hoe groter de kans dat mensen zullen kopen, dus hoe groter de kans dat het project werkelijk doorgaat. Ook voor ons is dat een extra stimulans om de kosten zo laag mogelijk te houden.

Wat levert deze aanpak precies op?

Belangrijk verschil met het gebruikelijke proces is dat wij alle risico's dragen tot op het moment van levering. Kopers hebben houvast, ze kennen de kosten en ze hebben zicht op het proces. Als wij dat niet in de klauwen houden, als het te

similar manner to make housing. In the end, though, we were unable to come up with a good earnings model back then [in 2002, eds.]. Working with a group takes a great deal of time, you see. So we very quickly ran into the same problem that many network organizations have: communicating takes so much time that you are almost always busy tuning in instead of taking action. In other words, a process in which everyone has an input and can influence the final result is only cost-effective for us if we set ourselves up as advisors and, to put it bluntly, get paid by the hour. For private individuals, that's prohibitive.

The first project with a balanced approach was Ultimulti, on the southern part of Steigereiland in IJburg. Its start is now seven years behind us, but it was an important project for the development of an approach that we are still using. Ultimulti, we like to say, is private commissioning without stress. Within the scope of the three extreme possibilities of totally private commissioning, collective private commissioning and standard development, we looked for a form that is somewhere in the middle. Consumers have had freedom of choice about the finishing of their homes for a long time: Do you want an expensive or cheap bathroom or kitchen? But what they didn't have was freedom of choice concerning the design, architecture or volume. Consumers could only obtain that freedom if they were also capable of bearing all the risks. When we were trying to come up with a middle form, we thought of building with Lego blocks. You can make a lot of things with Lego, but the building blocks are predetermined. So we developed that idea further, because although the vast majority of house seekers do want to have an influence on the design of their home, they above all want it to be easy.

In the meantime, all sorts of subcategories of private and collective commissioning have come into being. In what ways does your approach differ from those?

If you look at it very strictly, with collective private commissioning, all of the risks are borne by the collective – in other words by the people themselves. In fact, if the members of a collective trust one another and dare to invest in advance, then a developer is not really necessary and what the collective needs most of all is a professional project supervisor, sort of like how Hein de Haan has been working with groups for years. Apart from a good chance that there will be disagreements within the collective, it's not unimaginable that one of the participants will end up dropping out during the process. That often causes big problems. After all, usually everyone in the collective can just manage to finance their own dwelling, but if one or two extra dwellings have to be collectively financed, then it becomes a totally different story. Because we are a company and have more financial elbowroom, we can cushion that burden.

Rather than seeking out existing collectives that have a certain set of wishes, what we most of all try to do is attract people for a project that we believe in ourselves. Already at a very early stage we work at building up a totally different kind of collective. Not a collective that has a common set of wishes, but a collective that has a common project. The participants of such a collective sign a contract with us and if we succeed in realizing the project, then they are presented with a deed of purchase and become our buyers. So in fact they take an option to buy, which they also may resell without asking permission. This means that people really enter into an agreement with us. But it also means that they recognize that we as the developing party have the final responsibility. We are responsible for the shell, the exterior, the process and the permits; within the dwelling itself, however, the buyers are

lang duurt, het te duur wordt of mensen krijgen de financiering niet rond, dan stappen ze er gewoon gratis uit.

In de eerste plaats levert dit betrokkenheid op. In het geval van *Lokaal Zuid*, een herbestemming van een school tot casco appartementen, zaten de mensen al bij ons aan tafel voordat we überhaupt een ontwerp hadden. Nu het project begint te lopen, worden we elke dag gebeld door die mensen met vragen als: gaan we iets met zonnecollectoren doen, wat voor type energie gaan we toepassen? Dat kost wel veel tijd, maar het is ook wat waard om kopers te hebben, die zo bij een project betrokken zijn. Dat geeft ons weer zekerheid en ook dat is heel belangrijk.

Maar levert deze vorm van ontwikkeling ook iets op in maatschappelijke zin, is het een toevoeging voor de buurt?

Het is lastig om te bepalen wat de meerwaarde is als het gaat over maatschappelijke waarde of impulsen voor de sociale context. In het geval van Lokaal Zuid is die meerwaarde gering, omdat dit al een goede buurt is. Natuurlijk kun je beweren dat hierdoor een markant schoolgebouw behouden is gebleven, maar dat was anders waarschijnlijk ook wel gebeurd.

Onze aanpak van collectief particulier opdrachtgeverschap, zowel in nieuwbouw als herbestemmingsprojecten, is echter juist interessant in buurten waar het nog niet op orde is. Wat je dan namelijk kunt bereiken is dat je de juiste pioniers aantrekt. Mensen die bereid zijn aan te pakken en die zich committeren aan een bepaalde locatie of een project. Je kunt dan plekken lostrekken door ontwikkeling, wat op een reguliere manier niet mogelijk zou zijn geweest. Kijk bijvoorbeeld naar het project Nieuw Leyden. Leiden-Noord was jarenlang een hele moeilijke wijk die nu een totaal andere ambitie en een heel nieuw imago heeft gekregen. Dat is gelukt doordat mensen de kans kregen hier hun droom waar te maken.

Het succes van Nieuw Leyden is waarschijnlijk niet alleen te danken aan particulier initiatief, maar ook aan de schaal van het project. Door het samenbrengen van zoveel kritische massa doet de bestaande context er minder toe. Maar zijn er ook plekken te bedenken waar een dergelijke vorm van gentrification misschien meer het karakter van acupunctuur zou kunnen krijgen?

Amsterdam-Zuidoost is zo'n gebied. Iedereen weet dat het daar aan het veranderen is en het zou heel interessant zijn om met behulp van particulier opdrachtgeverschap hier delen te herontwikkelen. Of het nu met sloop-nieuwbouw is of met strippen en doorgaan op de casco's, dat maakt niet uit. Het zou beslist helpen om het wonen te introduceren in gebieden waar dat nu nog niet het geval is.

Wat zijn de belangrijkste condities om zo'n project te laten slagen?

Het belangrijkste om kopers bij een project betrokken te krijgen, is structurering. Dat betekent dat je moet werken met een hele duidelijke ruimtelijke structuur. Bij een oud schoolgebouw zijn dat bijvoorbeeld de lokalen die duidelijk de ruimte van een woning inkaderen, maar het kan ook abstracter, zoals de kolomstructuur bij kantoorgebouwen. Als ontwikkelaar moet je binnen zo'n structuur een aantal dingen vooraf vastleggen, bijvoorbeeld waar stamleidingen moeten komen. Vervolgens kun je mensen binnen die structuur de vrijheid geven om te bepalen hoeveel traveeën ze voor hun woning willen hebben.

En de woningen? Als we nu een middel hebben om mensen zeggenschap te geven over een eigen woning, krijg je dan ook een ander soort woningen?

Ja, het levert wel andere woningen op, dat wil zeggen: het levert vaak persoonlijke ontwerpen op doordat iedereen met

completely free. During the entire process, we consult intensively with the future residents about various options, but we are the ones who ultimately make the decisions.

It all sounds very low-threshold; is that true?

That's right, we build up commitment slowly. People often make a down payment at the beginning, but if we don't live up to our agreements or if someone's circumstances change, then they can get their investment back. So in fact, for buyers there is zero risk. What also helps is that we keep everything transparent; buyers can see all the costs. The lower the costs, the greater the chance that people will buy; thus the greater the chance that the project will actually go ahead. It's also an extra stimulus for us to keep the costs as low as possible.

What exactly is the benefit of this approach?

The important difference from the usual process is that we bear all the risks until the moment of delivery. Buyers have something to hold onto, they know the costs and they have insight into the process. If we let it get out of hand, if it takes too long, if it becomes too expensive or if people are unable to obtain the financing, then they simply step out, free of charge.

In the first place, this gets people involved. In the case of Lokaal Zuid, a reallocation of a school into unfinished apartments, people were sitting at our table before we even had a design. Now that the project is beginning to run, we get calls from people every day with questions like: Can we do something with solar panels, what kind of energy are we going to use? That takes a lot of time, but it's also worth something to have buyers who are so involved in a project. It gives us confidence and that's very important.

But does this way of developing also have some sort of social benefit, does it improve the neighbourhood?

It's difficult to determine what the added value is when it comes to social value or incentives for the local context. With Lokaal Zuid, the added value is minimal, because it already was a good neighbourhood. Of course you can maintain that a prominent school building has been preserved as a result, but that probably would have occurred anyway.

However, our collective private commissioning approach, both in new buildings and reallocation projects, is particularly interesting in neighbourhoods that have not yet been redeveloped. Because what you can achieve in that case is that you attract the right pioneers, people who are prepared to tackle things and commit themselves to a particular location or project. Then you can pull places out of the doldrums through development, which would not have been possible in a regular way. Look at the Nieuw Leyden project, for instance. For years, Leiden-Noord was a very problematic district that now has a totally different ambition and a completely new image. It was successful because people got the chance to realize their dreams there.

Probably the success of Nieuw Leyden is not only thanks to private initiative, but also to the scale of the project. By bringing together so much critical mass, the existing context becomes less important. But might there also be places where such a form of gentrification could work more like acupuncture?

The office area of Amsterdam-Zuidoost is one such area. Everyone knows things are changing there, and it would be very interesting to redevelop parts of it with the help of private commissioning. It makes no difference whether that is demolition and new construction, or stripping the

zijn eigen interieurarchitect komt. Maar als wij één les geleerd hebben, dan is die wel dat particulieren vaak een erg traditionele opvatting hebben over wonen. Ze willen toch gewoon vaak veel kamertjes, terwijl zo'n schoolgebouw of een oud kantoorgebouw juist ook mogelijkheden biedt voor ongewone dingen. Het is dus waarschijnlijk ook geen stom idee om in volgende projecten onze kopers eens een aantal uren te laten sparren met onze architecten, zodat werkelijk alle kansen van het gebouw en alle wensen van de toekomstige bewoners benut worden.

buildings and continuing from there. It would definitely help to introduce housing in areas where there isn't any yet.

What are the most important criteria for having such a project be a success?

The most important criterion for involving buyers in a project is structure. This means that you must work with a very clear spatial structure. With an old school building, for example, that is the classrooms, which provide a clear framework for the space of a dwelling, but it can also be more abstract, such as the structural columns of an office building. As a developer, you have to determine certain things in the interior of such a structure in advance, like where the trunk lines should go, for example. After that you can give people the freedom to determine how many bays they want for their home.

And the dwellings themselves? Now that we have a means of giving people a say in the home they buy, do you also get a different kind of dwelling?

Yes, it does result in different kinds of dwellings, or rather, it often results in personal designs, because everyone brings in their own interior architect. But if there's one lesson we've learned, it's that private parties often have a very traditional conception of a dwelling. They often simply want lots of little rooms, whereas a school building or an old office building offers a great many possibilities for unusual things. So with the next projects it probably wouldn't be a bad idea to have our buyers spend a couple of hours sparring with our architects, so that we can really make the most of all of the building's possibilities and all of the future residents' wishes.

Steigereiland, Amsterdam

‘Er groeit een generatie op die geen één voorziening kan delen’

‘A Generation Is Growing up That Can’t Even Share a Single Facility’

Joosje van Geest

Interview met/with **Hein de Haan, CASA**

Het Kameel, Vlaardingen
CASA Architekten, 1986

Architect Hein de Haan (1943) is sinds de jaren 1980 betrokken bij tal van woningbouwprojecten die vanuit collectief particulier opdrachtgeverschap (CPO) tot stand zijn gekomen. 'Vaak vragen mensen mij hoe het moet en dan geef ik ze allerlei documentatie mee.' De Haan is een zendeling van het CPO. Vanuit het bureau CASA (Coöperatief Architectenbureau voor de Stadsvernieuwing in Amsterdam) verwierf hij landelijke bekendheid met het nieuwbouwcomplex Het Kameel (1984-1986), een geheel van 28 woon-werkhuizen in Vlaardingen dat binnen de woningwetsfeer gerealiseerd werd. 'Het is een van de meest zuivere CPO-projecten omdat het initiatief volledig bij de groep bewoners lag. Er werd pas een woningbouwvereniging gezocht toen de aanbesteding begon. De corporatie was *not amused* dat ze pas in zo'n laat stadium betrokken werd,' glimlacht De Haan.

Tijdens een bezoek aan de Vrijburcht op IJburg (Amsterdam), zijn meest recente CPO-project, waar hijzelf ook woont en werkt, spraken we met de nestor van het collectieve bouwen in Nederland over collectief opdrachtgeverschap, Nederlandse regelgeving en de huidige beperkingen.

Waaraan moet volgens u een CPO-project voldoen om het succesvol en geslaagd te kunnen noemen?

Als mensen een huis naar hun wens kunnen krijgen tegen een uiterst scherpe prijs, liefst een flink stuk onder de marktprijs, is particulier opdrachtgeverschap zinvol. Interessant van Collectief Particulier Opdrachtgeverschap is dat binnen een CPO-blok niet alleen wonen, maar ook andere functies kunnen worden ondergebracht zoals kantoren, een theaterzaal of horeca. Dat gaat op een haast vanzelfsprekende manier, omdat mensen deze functies zelf aandragen; daar hoef je als architect eigenlijk niet eens je best voor te doen, die vraag is er gewoon. Probleem is echter dat de vraag naar menging van functies in een bouwblok in onze maatschappij nauwelijks wordt beantwoord. Je kunt in de stad alleen maar appartementen kopen, zelfs al neem je heel veel geld mee. Veel mensen kunnen daarom niet kopen wat ze nodig hebben of wat ze zouden willen hebben. Bijvoorbeeld: een woning met een aparte kantoorruimte of een woning met een gezamenlijke studio, een zwembad of een toneelzaal.

Het kan natuurlijk zijn dat mensen in een collectief niet willen meebetalen aan bepaalde collectieve voorzieningen, maar het geestige is dat er juist vaak meerdere ZZP-ers in zo'n collectief zitten. Zij ontmoeten elkaar tijdens de voorbereiding en blijken vergelijkbare wensen te hebben. Buitengewoon interessant wordt het als het CPO-gebouw al een netwerk is geworden, voordat het gebouwd is. Het extra programma ontstaat dan al in een vroeg stadium.

Wat zijn de voordelen van CPO voor de stad?

Het grote voordeel van CPO is het programma dat het te bieden heeft aan de stad. Elk gemeenteraadslid dat hier op de Vrijburcht komt, begint over de esthetiek te praten, over de buitenkant. Het is natuurlijk gewoon een duf IJburg-blok, een bakstenen doos. Maar ik schrik daar niet van, het gaat mij helemaal niet om het stadsbehang. Het punt dat hier gemaakt wordt is het programma. In dit blok is een scala aan gemengde stedelijke activiteiten ondergebracht, zodat het iets betekent voor de omgeving. Zo'n blok heeft echt iets te melden in de stad.

Ik heb alle programmawensen verzameld en zoveel mogelijk in het gebouw ondergebracht. Onder de 52 woningen zijn tien woon-werkwoningen en daarnaast zijn er nog zes aparte werkruimten in Vrijburcht. Diverse theatermakers stelden zich een eigen theater- en filmzaal voor; deze zaal is inderdaad gerealiseerd en blijkt nu de enige op Steigereiland te zijn. De activiteiten worden druk bezocht. Direct naast de theaterzaal

Since the 1980s, architect Hein de Haan (b. 1943) has been involved in countless housing projects based on collective private commissioning, or CPC. 'People often ask me how to go about it, and I hand them all sorts of information.' De Haan is a missionary for CPC. Working out of CASA (Coöperatief Architectenbureau voor de Stadsvernieuwing in Amsterdam), a cooperative architecture firm specialized in urban development, he earned national recognition with Het Kameel (1984-1986), a new building complex comprised of 28 residential/work units in Vlaardingen realized within the sphere of the housing act. 'This is one of the most true-to-form CPC projects because the initiative came entirely from the future residents. They didn't start looking for a housing corporation until it was being put out to tender. The corporation was not amused at being called in at such a late stage,' smiles De Haan.

Visiting the Vrijburcht, his most recent CPC project in Amsterdam's IJburg district, where he also lives and works himself, we spoke with the doyen of collective building in the Netherlands about collective commissioning, Dutch regulations and current limitations.

What criteria does a CPC project have to meet in order for it to be called a success?

Private commissioning makes sense If people can get a house they want for an extremely competitive price, preferably a lot lower than the market price. The interesting thing about collective private commissioning is that you don't necessarily have to make a block of buildings entirely residential, but can also include other functions such as offices, a theatre, cafés or restaurants. This happens almost naturally, because people propose it themselves; as an architect you don't even have to try your best to include such things, the demand is simply there. The problem, however, is that this demand for mixed functions in a residential block is hardly ever met in our society. In the city you can only buy apartments, even if you have lots of money. That's why many people can't buy what they need or what they would like to have, for example: a residence with a separate office space or a residence with a shared studio, swimming pool or theatre auditorium.

Of course the people in a collective might not want to help pay for certain communal facilities, but what's nice about such collectives is that there are often a number of freelancers in them. They meet each other during the preparatory stages and discover they have similar interests. When the future residents of a CPC project form a network before the building is constructed, it gets extremely interesting. Then the extra programme comes together at a very early stage.

What are the advantages of CPC for the city?

The great advantage of CPC is the programme it has to offer to the rest of the city. Every city council member who comes here to the Vrijburcht starts talking about the aesthetics, about the exterior. Of course, it's a dull IJburg block, a brick box. But I'm not bothered by that, I'm not talking about the urban wallpaper at all. The point I'm making here is the programme. A range of mixed urban activities has been accommodated in this block, and so it means something for the neighbourhood. A block like this really adds something to the city.

I made a list of everyone's desires for the programme and included as many of those as possible. Among the 52 dwellings in Vrijburcht, there are ten residential/work units, and in addition to that, there are six individual workspaces. Several theatre makers suggested adding an auditorium for theatre and film, which was indeed realized, and now it turns out to be the only one on Steigereiland. The activities attract a

B01 Amsterdam
CASA Architekten, 1997

is een gastenverblijf ondergebracht met een kleine keuken die bij optredens als schmink- en verkleedruimte wordt gebruikt. Bewoners kunnen het gastenverblijf gebruiken voor logees. Andere programmaonderdelen zijn een café-restaurant, een kinderopvang, een woongroep voor zes licht geestelijk gehandicapten met verzorging, een werkplaats, een kas, een zwemplatform en een haven met zeilschool. In het project Nautilus op het Zeeburgereiland waar we nu aan werken maken we een ruimte aan de straat voor exposities, waar je ook klanten en/of relaties kunt ontvangen. Ook komt hier een volledig gelijkvloerse woning op maat voor een gezin dat een gehandicapt kind kreeg.

Niet alles kan gemeenschappelijk betaald worden natuurlijk, en soms moet je onderdelen commercieel maken zoals het café-restaurant en de kinderopvang die zich in de Vrijburcht bevinden. Waar we met veel moeite in slaagden, is de aanleg van een steiger. Terwijl het eiland nota bene Steigereiland heet, ondervonden we toch tegenwerking bij de aanleg hiervan! Een buurvrouw van Steigereiland heeft een zeilschool bij onze haven en bewoners vanuit de hele omgeving stappen vanaf deze steiger in een bootje. Ook het zwemplatform trekt op warme dagen veel kinderen uit de buurt.

Dus CPO maakt een gevarieerd programma in een woonwijk mogelijk en draagt bij aan sociale cohesie. Kan dat ook in een achterstandswijk werken?

De voordelen van het CPO is dat je buiten je voordeur veel samen kunt regelen. Je kent elkaar al. Bovendien heeft de sociale cohesie effect op de rest van de wijk omdat bijvoorbeeld het theater en de zeilschool ook andere bewoners aantrekken. Toch is mijn ervaring dat een collectief in een achterstandswijk vaak een aparte groep blijft. In veel gevallen mengen de nieuwe bewoners niet met de oorspronkelijke bewoners en blijft er grote afstand naar de buurt.

Je kunt je afvragen of het directe contact bij CPO-projecten tussen de toekomstige gebruikers en de architect tot vernieuwende architectuur leidt. Werkt een opdrachtgeverscollectief inderdaad de ontwikkeling van nieuwe gebouw- en woningtypen in de hand?

Je kunt met CPO niet alleen een rijker programma in de stad onderbrengen, maar je biedt bovendien onderdak aan inkomensgroepen en manieren van leven waar de gewone, reguliere woningbouw helemaal niet mee bezig is. Neem de woon-werkwoning: een eenvoudige koopwoning met twee voordeuren zodat woning en kantoor elk een eigen ingang hebben en het kantoor over een eigen inschrijfadres beschikt. Ook de maisonnette is een prima type om in te richten als woning met een aparte werkverdieping. Maar de woningbouwverenigingen hebben op een gegeven moment bedacht dat ze geen maisonnettes meer willen en dus komen ze er gewoonweg niet.

Het CPO is bij uitstek gericht op ZZP-ers, kunstenaars en op iedereen met een btw-boekhouding. Die mensen, kleine zelfstandigen in de creatieve sector, moet je ook faciliteren met een betaalbare koopwoning. Er leven in Amsterdam veel ZZP-ers. De traditionele gezinnen (twee ouders plus kinderen) vormen slechts 20 procent van de vraag, maar daar richt zich wel alle nieuwbouw op. Ik doe niets anders dan vraaggericht bouwen door het programma te bespreken met de aanstaande bewoners.

Dus de vernieuwing zit hem vooral in het gevarieerde programma en in de lage woningprijzen?

Ja, dat klopt, vernieuwend in de CPO-architectuur is het rijke programma. Je krijgt een heel gevarieerd programma; bovendien kun je tijdens de voorbereiding al inspelen op

great many people. Right next to the auditorium are guest quarters with a small kitchen that serves as a makeup and dressing room during performances. Residents can use the guest quarters to accommodate visitors. Other parts of the programme are a café-restaurant, a nursery, assisted living quarters for six people with mild intellectual disability, a workshop, a greenhouse, a swimming platform and a harbour with a sailing school. In the Nautilus project on Zeeburgereiland, which we are working on now, we are making a space on the ground floor for exhibitions, where you can also receive clients and/or relations. A residence entirely at street level will also be especially built for one family with a handicapped child.

Not everything can be paid for collectively, of course, and sometimes you have to make parts of a building commercial, like the café-restaurant and the nursery in the Vrijburcht. What we accomplished only with great difficulty was to build a pier. Even though this island is called Steigereiland (pier island), mind you, there was a lot of resistance to its being built! A woman living near Steigereiland has a sailing school in our harbour and people from the whole area step onto a boat from this pier. On hot days, the swimming platform also attracts a lot of children from the neighbourhood.

So CPC makes a varied programme possible in a residential district and contributes to social cohesion. Can this also work in a depressed area?

The advantages of CPC are that you can organize a great many things together with the people in your block. You already know each other. Moreover, the social cohesion has an effect on the rest of the neighbourhood, because for instance the theatre and the sailing school attract other residents. But in my experience, a collective in a depressed area often remains a separate group. In many cases, the new residents do not mingle with the original inhabitants and a great distance remains between them and the rest of the neighbourhood.

You might wonder if the direct contact in CPC projects between the future users and the architect leads to innovative architecture. Does private commissioning indeed stimulate the development of new types of housing and construction?

With CPC, you not only can introduce a richer programme in the city, but you can also offer accommodation to income groups and forms of living that normal, regular housing developers do not take into consideration at all. Take the residential/work combination: a simple owner-occupied property with two front doors so that the home and the office each have a separate entrance and the office can be registered at its own address. The maisonette also can be easily laid out as a home with a work space on a separate level. But at a certain point, the housing corporations decided that they didn't want maisonettes anymore and so now they simply aren't being built.

The CPC is perfect for freelancers, artists and anyone with VAT bookkeeping. These people with independent businesses in the creative sector should also be facilitated with affordable owner-occupied property. Amsterdam is full of self-employed people. Traditional families (two parents plus children) make up only 20 per cent of the demand, but all of the new housing construction is focused on them. All I do is build to meet demand, by discussing the programme with the future residents.

So the innovative mainly lies in the varied programme and the low cost of the dwellings?

Yes, that's right, the rich programme is what's most innovative about CPC architecture. You end up with a highly varied programme; what's more, you can respond to individual

individuele wensen. Voor de gevels kies ik gewoon baksteen, omdat die duurzaam is en weinig onderhoud vergt. Het moet er natuurlijk goed uitzien, maar dat spreekt vanzelf in ons vak, daar hoef je niet zo lang mee bezig te zijn. Het gaat mij er veel meer om de mensen een goed antwoord te geven, door de maatschappelijke vraag boven water te halen en die nauwkeurig te volgen.

Maakt de afwezigheid van de projectontwikkelaar zo'n groot verschil in de koopprijs of zijn er nog andere middelen om de prijs te drukken?

Ik werk het liefst zonder projectleiders en managers die de bewoners begeleiden. Er zitten weliswaar veel uren in de aanloop van het project, maar dat komt mede omdat we alle bobo's eruit gooien en dus alles zelf doen. Liever ook geen baas die loopt te zeiken en zegt: nee Hein, geen maisonnettes, dat neemt de markt niet op!

Verder maken de deelnemers gebruik van het Koopgarantmodel, een landelijk systeem waarbij de bewoner de woning met korting koopt. Dat wil zeggen: je koopt een woning van bijvoorbeeld twee ton, maar de woningbouwvereniging koopt een kwart daarvan. De corporatie heeft immers toegang tot zeer lage rentefondsen. De bewoner hoeft dat kwart risico dus niet te lopen en leent anderhalve ton bij de bank. Als het huis verkocht wordt krijgt de woningbouwvereniging weer een kwart van de verkoopprijs terug. De lage prijs geldt 15 jaar om de woning toegankelijk te houden voor de doelgroep. In de loop van die periode wordt je geacht het bedrag aan de corporatie af te lossen. Bij dit koopmodel ligt er ook een fikse korting op de grondprijs. Dat is een van de middelen om goedkope woningen te bouwen binnen het particulier opdrachtgeverschap. De samenstelling van het collectief moet bij Koopgarant bestaan uit inkomens tot anderhalf maal modaal en een kwart van de deelnemers mag twee maal modaal verdienen. En daar zit precies de groep die ik bedien. Want waar zitten in Amsterdam de mensen die een huisje willen kopen? Tussen de sociale huur en de vrije markt in. Dat is een gigantisch gat waar niemand levert, helemaal niemand.

Het Koopgarantmodel is dus een middel om ook voor die mensen een koopwoning te bouwen?

Ja, ik hoef helemaal geen reclame te maken, want ze komen op me afgerend. Nergens kunnen ze voor de prijs van twee ton een woning krijgen. Reclame, makelaars, het hoeft allemaal niet. Je levert iets waar vraag naar is.

Het lijkt erop dat CPO de woonvorm van de toekomst is en misschien wel een van de oplossingen voor de huidige crisis in de woningmarkt?

We gaan steeds meer van aanbodgestuurd naar vraaggestuurd bouwen. En dat betekent vrije kavels en CPO. En wie daar nog niet achter is komt er wel achter. Bottom-up ontwikkelen dus. De vrije kavels met particuliere woningen zijn incidenteel leuk, maar als bouwsteen voor de stad echter onvoldoende. In grote aantallen krijg je suburbs in lage dichtheden zonder werkgelegenheid, met weinig voorzieningen en vrijwel zonder openbaar vervoer. Bovendien is de productie per particuliere woning onnodig kostbaar en onhandig, in tegenstelling tot CPO waar de woning al gauw onder de marktprijs uitkomt. Maar het beetje nieuwbouw dat we jaarlijks toevoegen trekt de bouw niet uit het slop.

En zijn er wel voldoende kavels?

Nee, want de traditionele ontwikkelaars hebben allemaal grond gereserveerd, maar ze bouwen niet. Er is zand genoeg, maar je kunt er niet bouwen. Eenzaam ligt de grond te wachten, er liggen allemaal aanbetalingen en claims op. Juridisch is

wishes during the preparatory phase. For the façades, I use ordinary brick, because that's durable and requires little maintenance. It has to look good, naturally, but in our profession that goes without saying, you don't have to put too much time into that. I'm much more interested in coming up with a good answer for people by bringing the social demand to the fore and following it conscientiously.

Does the absence of a project developer make such a big difference in the purchase price, or are there other ways of keeping the price down?

I prefer to work without project directors or managers who counsel the residents. It's true that a lot of hours go into the preparatory phase, but that's because we throw out all the big shots and do everything ourselves. And I'd rather not have a boss carrying on all the time, saying: No Hein, no maisonettes, there's not a market for that!

Apart from that, the participants use the *Koopgarant* (purchase guarantor) model, a nationwide system whereby residents buy a dwelling with a discount. That is, you buy a dwelling for 200,000 euros, for instance, but the housing corporation purchases 25 per cent of it. The corporation has access to funds offering very low interest rates, you see. So the resident avoids 25 per cent of the risk and borrows 150,000 from the bank. If the house is sold, the housing corporation gets 25 per cent of the sales price. The lower price holds good for 15 years in order to keep housing accessible for the target group. Over the course of that period, you are expected to pay that amount back to the corporation. In this purchase model, there is also a hefty discount on the price of the land. That's one of the ways of building cheap housing with CPC. Koopgarant requires the collective to be mostly comprised of people who earn up to one and a half times the average income, and a quarter of the participants may earn twice as much. And that's precisely the group that I serve. Because what is the position of the majority of people in Amsterdam who want to buy a house? Between social housing and the free market. That's a gigantic hole that nobody is filling, nobody at all.

So the Koopgarant model is a way of building owner-occupied housing for these people too?

Yes, I don't have to do any advertising at all, they come running to me. You can't get a home for the price of 200,000 anywhere. Advertising, real estate agents, none of that's necessary. You're supplying something that's in demand.

It sounds like CPC is the housing type of the future, and could it also be one of the solutions for the present crisis in the housing market?

We are moving increasingly from supply-driven to demand-driven building. And that means separate lots and CPC. And those who haven't yet realized it will find out. Bottom-up development, in other words. An occasional private home on a separate lot is nice, but that won't suffice as the basic building block of the city. You end up with a great many low-density suburbs without employment, very few services and almost no public transport. What's more, production per private home is unnecessarily expensive and inconvenient, in contrast to CPC, where a dwelling soon enough comes out under the market price. But the small amount of housing that we are adding each year won't pull the housing market out of the doldrums.

Are there enough building lots, in fact?

No, because the traditional developers have all reserved land for themselves, but they aren't building. There is plenty of sand, but you can't build on it. The land is just sitting there

die grond van iemand, meestal van een ontwikkelaar, maar er gebeurt niets mee. Bedenk eens wat een grote tegenstelling dat is met het grondbeleid in de zeventiende eeuw. Toen verviel de grond, als er een jaar lang niets gebeurde, zonder meer terug aan de gemeente.

Ziet u nog andere oplossingen voor de bouwcrisis?

De enorme woningvoorraad zou eens moeten worden aangepakt. Die kan veel energiezuiniger worden gemaakt. Dat betekent investeren en daar zal een hogere huur voor nodig zijn. Als je daarbij kunt aantonen dat de besparing op de energierekening hoger is dan het bedrag van de huurverhoging, is er voldoende draagvlak voor deze aanpak. Technisch en financieel is dit goed te doen, maar beleidsmatig is Nederland niet slim genoeg om het voor elkaar te krijgen.

Zo geloven onze autoriteiten nog steeds in grootschalige sloop, terwijl deze aanpak in Nieuw West niet alleen tot maatschappelijke ontwrichting heeft geleid, maar bovendien tot een verlies van 100 miljoen euro in 15 jaar prutsen. Nederland is het enige land in Europa waar gebouwen niet rendabel stroom aan het net kunnen leveren! Dat hebben we om duistere redenen tot het individuele huishouden beperkt. Amsterdam gebruikt gedwongen winkelnering om CPO-groepen op te zadelen met een totaal verouderde wijkverwarming, waardoor we al jaren ervaring met innovatieve oplossingen voor energiebesparing (geothermisch, zonneboilers) mislopen.

Zou CPO een oplossing kunnen zijn voor de overmatige leegstand van kantoren?

In ieder geval zouden leegstaande gebouwen goed als woonruimte kunnen dienen. Probleem is dat de traditionele projectontwikkelaars en corporaties tegenwoordig als organisatie heel erg duur zijn. Wij hebben daarom in 2006 Urban Resort opgericht dat fungeert als de ontbrekende schakel tussen het grote aanbod van leegstaande werkruimte in en om Amsterdam, en kunstenaars, ambachtslieden en (door)-startende ondernemers in de culturele en creatieve sector die juist op zoek zijn naar betaalbare werkruimte. Wij verhuren bijvoorbeeld het Volkskrantgebouw en het Acdagebouw aan kunstenaars namens de eigenaren de Stadgenoot en de Alliantie. Zij kunnen dat zelf niet omdat ze te duur zijn. Dus wij gaan er nu met Urban Resort tussen zitten en verhuren door aan kunstenaars en creatieve ondernemers.

We zijn momenteel ook bezig met een woningproject in een leegstaand kantoor aan de Hogehilweg, in Amstel III. We willen er woon-werkwoningen creëren met een rijk programma, want als je hier alleen woningen ontwikkelt krijg je op den duur hetzelfde probleem als met de kantoren; je moet juist mengen. Er ligt een enorme infrastructuur: metro, spoor, autoweg; een toplocatie kortom. En die wordt maar 5 tot 8 uur gebruikt. Dus beginnen we met intensiveren naar 7 tot 24 uur. Het huidige bestemmingsplan zegt echter: 100 procent kantoren. Het wordt wel gewijzigd naar wonen, maar dat duurt 26 weken.

Zouden de traditionele projectontwikkelaars dan wel CPO-projecten kunnen uitvoeren?

De corporaties zijn ooit opgericht om betaalbare woningen te verhuren aan mensen met een kleine beurs, maar de organisaties zijn tegenwoordig te duur om die taak nog efficiënt te doen. Elke juridische vraag en elk technisch probleem wordt bijvoorbeeld uitbesteed. Er zit niemand meer in de directie met een gedegen kennis van het bouwen. Er zitten hoofdzakelijk financieel deskundigen die geen idee van de bouw of de stad hebben. Ze kunnen 'marktconform' zeggen, maar de stedelijke vernieuwing organiseren kunnen ze niet. Goedkoop de gebouwen beheren, kunnen ze ook niet. Terwijl daar nou net de samenleving om vraagt.

waiting, and there are all sorts of down payments and claims on it. Legally, the land is owned by somebody, usually a developer, but nothing happens with it. Just think of what a great contrast this is with the land policy of the seventeenth century. At that time, if nothing was done with the land for a year, it automatically went back to the city.

Do you see other solutions for the housing crisis?

The enormous supply of existing housing has to be addressed. It can be made much more energy-efficient. That means investing, which will necessitate higher rents. If you can show that the savings on energy bills are higher than the increase in rents, then there will be enough support for this approach. Technologically and financially, this is a good thing to do, but the Netherlands is not clever enough to make it work in terms of policy.

To give you an example, the Dutch authorities still believe in large-scale demolition, whereas in Nieuw West this approach not only resulted in social upheaval, but also a loss of 100 million euros after 15 years of messing around. The Netherlands is the only country in Europe where buildings cannot sell surplus energy to the net! For some obscure reason or other, we have limited that possibility to individual households. Amsterdam uses a truck system to saddle CPC groups with a totally outdated district heating system, so that for years we have been missing out on innovative solutions for conserving energy like geothermal and solar boilers.

Could CPC be a solution for the excessive vacancy of offices?

In any case, vacant buildings can serve very well as living spaces. The problem is that traditional project developers and corporations are very expensive as organizations nowadays. That's why in 2006 we set up Urban Resort, which functions as the missing link between the large supply of empty workspace in and around Amsterdam, and artists, artisans and starting (or restarting) entrepreneurs in the cultural and creative sector, who are specifically looking for affordable workspace. For instance, we rent the Volkskrant building and the Acda building to artists on behalf of the owners, Stadgenoot and Alliantie. They can't do this themselves because they are too expensive. So with Urban Resort, we now are the middleman and rent to artists and entrepreneurs in the creative sector.

Right now we are also busy with a housing project in a vacant office on the Hogehilweg, on the Amstel III terrain. We want to create residential/work spaces there with a varied programme, because if you only develop housing on this terrain, you end up with the same problem as with offices; you have to mix. The area has an extensive infrastructure: metro, railway, highway – a top location, in short. And it's only used 5 to 8 hours a day. So we're starting by intensifying that to 7 to 24 hours. However, the current zoning says: 100 per cent offices. It is being changed to residential, but that will take 26 weeks.

Would it be possible for traditional project developers to realize CPC projects?

The corporations were originally established to rent affordable housing to people without much money, but nowadays the organizations are too expensive to carry out that task efficiently. Every legal question and every technical problem is contracted out, for example. Nobody in management has a solid knowledge of building anymore. It's mainly comprised of financial experts who haven't a clue about housing construction or the city. They know how to say 'competitive', but they can't organize urban development. They can't run their buildings cheaply, either. Whereas that's precisely what society wants.

As a CPC collective, you in fact only need an architect, and if you have enough critical mass (40 to 50 households),

Flyer voor het Nautilusproject Amsterdam
Promotion for the Nautilus Project Amsterdam

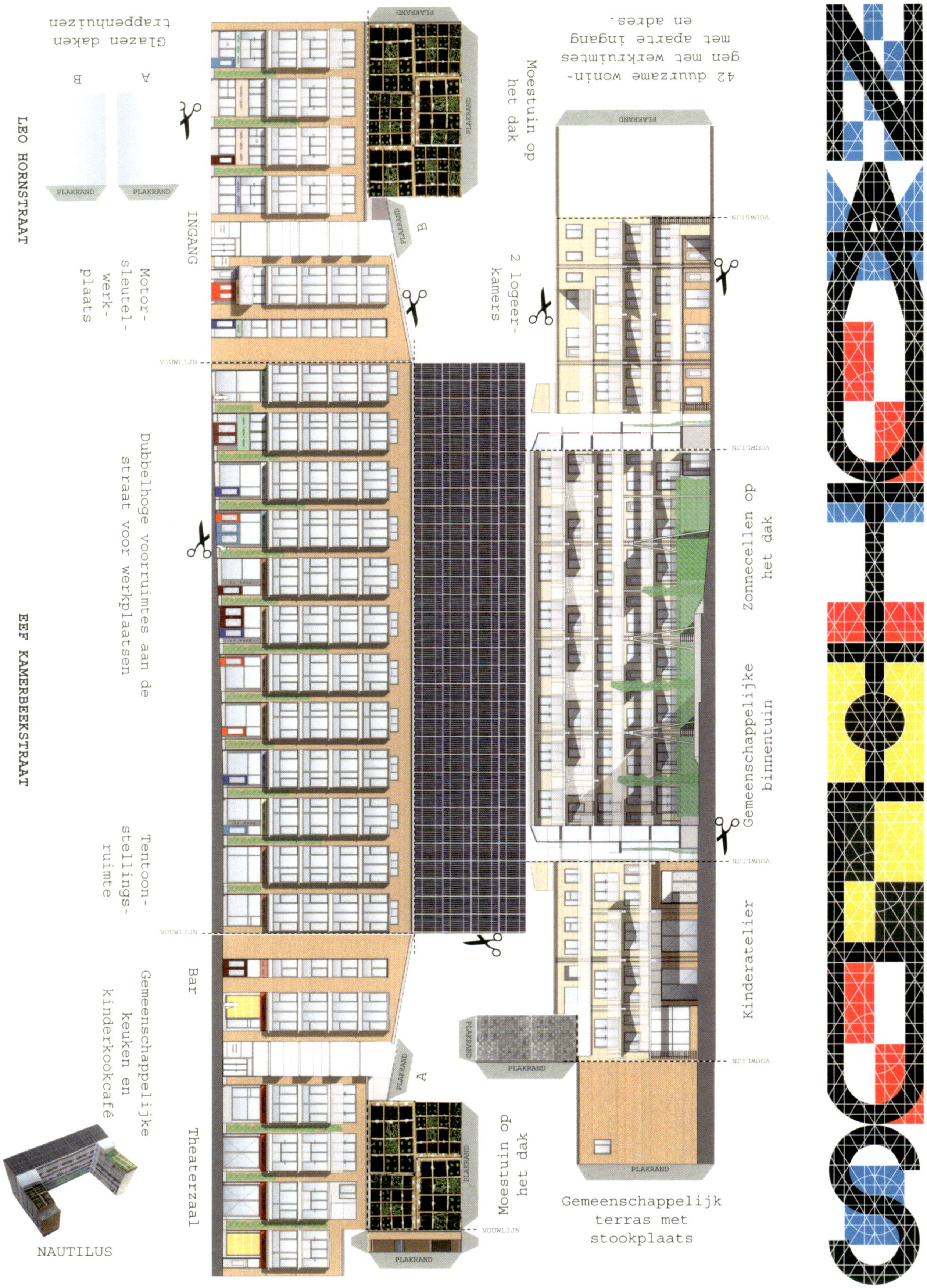

NAUTILUS

Nautilus is de naam van een in 2014 op te leveren woon-werkpand op het Zeeburger-eiland. Dit gebouw komt tot stand door middel van Collectief Particulier Opdrachtgeverschap. De architect en mede-initiatiefnemer is Hein de Haan.

Het streven is om 42 woningen met werkruimtes te realiseren voor huishoudens met een inkomen van 1 tot 1,5 maal modaal. Voor deze doelgroep is een koopwoning normaliter onbereikbaar, maar door de MGE-regeling van de gemeente en door middel van CPO te bezuinigen op ontwikkel- en stichtingskosten kunnen de woningen binnen Nautilus wèl betaalbaar worden: een woning van 100m2 kost € 200.000,-.

Nautilus wordt een zo duurzaam mogelijk gebouw. Naast particuliere ruimtes die allemaal op maat zijn gemaakt zijn er veel gedeelde functies zoals een gemeenschappelijke tuin, een gedeeld dakterras met moestuin en een bar. Er komen logeerkamers en een motorsleutelwerkplaats. Het project voorziet ook in meer publieke functies zoals een kinderatelier, een theaterzaal met keuken en een tentoonstellingsruimte.

Nautilus is georganiseerd als een stichting met een bestuur. Geinteresseerden zijn op volgorde van inschrijving deelnemer geworden en vervolgens zijn in het project alle 42 woningen verdeeld en ingedeeld. Er wordt een wachtlijst bijgehouden voor het geval van uitval. Er is een geinspireerde groep deelnemers ontstaan die participeert in werkgroepen en mee-beslist tijdens maandelijkse deelnemers-bijeenkomsten. Zo is het bovenstaande collectieve programma ontstaan.

De eerste paal gaat als het goed is in oktober 2013 de grond in. Het doel is om door middel van gemengde programmering, voorzieningen en cultuur een rijk stedelijk leefmilieu voor de bewoners én omwonenden mogelijk te maken op Zeeburger-eiland.

www.zeeburgereiland.nl

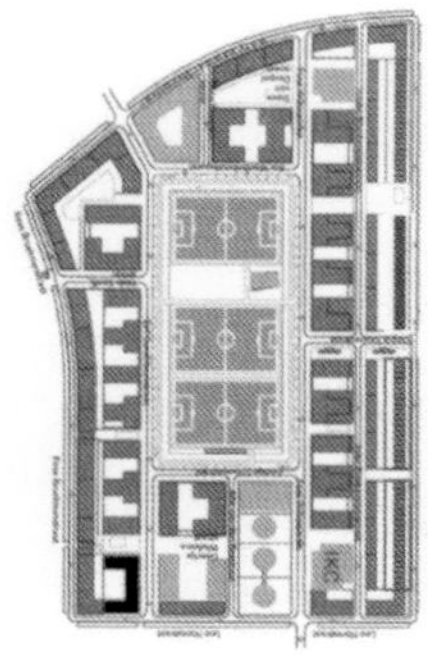

RI-Oost

Zeeburger-eiland

Meer informatie:
www.nautilus-amsterdam.nl

Als CPO-collectief heb je eigenlijk alleen een architect nodig en als je voldoende kritische massa hebt (40 tot 50 huishoudens), kan de woningprijs wat vierkante meterprijs betreft ook op het niveau van de cataloguswoning uitkomen. Individueel lukt dat nooit; je hebt dan een architect, aannemer, heier, enz. per individu nodig. De voordelen komen voort uit de aantallen.

Hoe is die rol van de architect binnen een CPO-project en hoe zou die zich idealiter moeten opstellen?

Dienstbaar en medewerkend. Bewoners hameren vanzelf op kwaliteit. Tegenwoordig laten we als architecten ook steeds meer los. Vroeger bepaalden we bijvoorbeeld de kleur van de tegels. Daar ben ik helemaal mee opgehouden. Voor de keuken is er een bedrag en de bewoner zoekt het zelf uit. Mensen kunnen prima bepalen of ze onder of boven dat budget willen aanschaffen. Alles waarin de bewoner wil afwijken van het hoogwaardige standaardpakket dat de materialencommissie heeft geselecteerd, regelt hij zelf met de bouwer. Je moet zelf de aannemer betalen om afwijkingen te realiseren.

We doen als architect heel veel, maar dit soort dingen heb ik nou juist van mijn bordje geveegd. De aannemer doet het bovendien graag, want die krijgt een percentage en gaat met de deelnemer naar de showroom, enz. Wij zorgen wel dat die badkamer groot genoeg is, maar de inrichting laten we aan de bewoner over.

Het lijkt erop dat met CPO de ideeën van John Habraken over de drager en de inbouw, over een collectieve structuur met flexibele, individuele invullingen, mogelijk wordt. Hoe ziet u dat?

Hier in de Vrijburcht zit inderdaad wel wat 'Habraken', omdat ik maar twee overspanningsmaten heb toegepast. Daarbinnen zitten meerdere woningtypen, met daarbinnen weer gigantisch veel variaties. Je wijkt kortom heel erg af van de oorspronkelijke plattegrond om iedereen een woning op maat te kunnen geven. Maar Habraken is nog veel radicaler. Hij maakt een hele strenge scheiding. En dan zou je gewoon een huis per strekkende meter kopen. In Moskou staat het meest zuivere voorbeeld van een woongebouw dat overeenkomt met de ideeën van Habraken. Het Catamaran House in Moskou van architect Vladimir Plotkin uit 2000 is een buitengewoon interessant voorbeeld. Het is een soort verticale *gated community*, heel Russisch, voor rijke bewoners die in een flat willen wonen. Sommige miljonairs kopen bijvoorbeeld 400 m^2 en laten dat geheel in de gewenste stijl inrichten. De architect van de ruwbouwfase kent de bewoners niet van te voren; in die fase wordt een deel van een verdieping gekocht die later met een eigen architect wordt ingedeeld en in stijl afgebouwd.

Wat zijn eventuele nadelen van CPO?

Tja, wat zou het nadeel kunnen zijn? Er zijn vooroordelen tegen CPO, dat het bijvoorbeeld veel langer duurt. Maar dat is niet waar. Als het proces eenmaal op gang is, duurt het net zo lang als een gewoon huis. De voorbereiding kost wel tijd, omdat je met iedereen moet praten. Als architect heb je duidelijk de *lead.* In de Vrijburcht nam ik zelf als architect het initiatief. Maar eigenlijk doet het er niet toe wie het initiatief neemt; het gaat om de maximale zeggenschap van de deelnemers, die moet gegarandeerd zijn. Dan is het ook helemaal niet raar om ze op weg te helpen; juist in de aanloopfase zijn CPO-groepen kwetsbaar. En elke architect is het afgelopen jaar een CPO-specialist geworden. De kavelmarkten staan vol met architecten.

Moet je als CPO-architect goed met conflicten om kunnen gaan?

the price of each residence in terms of square metres can end up at the level of the catalogue home. Individuals could never manage that, because each would need their own architect, building contractor, pile driver, etcetera. The advantages come from numbers.

What is the role of the architect in a CPC project, and what kind of an attitude should he or she ideally have?

Service-oriented and cooperative. Residents insist on quality as a matter of course. Nowadays we architects also give a lot more out of hand. We used to choose the colour of the tiles, for example. There is a certain amount of money for the kitchen, and the homeowners choose what they want themselves. People are perfectly capable of determining whether they want to stay under that budget or go above it. Every deviation from the high-quality standard package selected by the materials committee has to be arranged with the builder by the residents themselves. You have to pay the builder on your own in order to have changes made.

As an architect we do a lot, but I have cleared this kind of thing off my plate. Anyway, the builder is happy to do it, because he gets a percentage and takes the participant to the showroom, etcetera. We make sure that the bathroom is large enough, but we leave the fittings up to the residents.

It looks like John Habraken's ideas about the outer shell and the division of the infill, about a collective structure with flexible, individual units, becomes possible with CPC. What's your view of this?

Here in the Vrijburcht, there is indeed a bit of 'Habraken', because I only used two span sizes. Within them are several different types of dwellings, which in turn are tremendously varied in their interiors. In short, you can deviate a whole lot from the original floor plan, in order to give everyone the exact home they want. But Habraken is even more extreme. He makes a very strict division. And then you would simply be able to buy a house by the metre. The clearest example of housing that conforms to Habraken's ideas is in Moscow. The Catamaran House in Moscow, designed by architect Vladimir Plotkin in 2000, is an extremely interesting example. It is a kind of vertical gated community. Very Russian, for rich people who want to live in a flat. Some millionaires will buy 400 m^2, for example, and have it designed in the style they want. The architect of the rough construction phase does not know the residents ahead of time; during that phase, a resident will buy part of a storey, the layout of which is later designed by their own architect and completed in that style.

What are the possible drawbacks of CPC?

Well, what could be a drawback? There are prejudices against CPC, for instance that it takes a lot longer. But that's not true. Once the process gets started, it takes just as long as a normal house. The preparatory period does take time, because you have to talk with everybody. As an architect, you clearly play a leading role. In the Vrijburcht I took the initiative myself as an architect. But actually it doesn't matter who takes the initiative; it all comes down to making sure that the participants have as great a say in the matter as possible. So it's not at all strange to help them get started; CPC groups are particularly vulnerable in the preparatory phase. And every architect has become a CPC specialist this past year. The building lot markets are full of architects.

As a CPC architect, do you have to be good at solving conflicts?

Now, that's the nice thing about designing; you can solve a lot of conflicts spatially. Often you can give each of the parties 80 per cent of what they want. Building is not so

Nou, dat is het leuke van ontwerpen: veel conflicten kun je ruimtelijk oplossen. Vaak kan je verschillende partijen voor 80 procent gelijk geven. Bouwen is niet zo moeilijk. Voorschriften zijn lastig en elke vereenvoudiging daarin die de overheid doorvoert is meegenomen.

Hoe collectief gezind zijn we eigenlijk in Nederland?

Tja, in de huidige studentenwoningen is bijvoorbeeld per persoon een keuken, toilet en badkamer aangelegd. Dat is toch helemaal knots. Er groeit een hele generatie op die geen voorzieningen kan delen. Wel gefeliciteerd Nederland! Aan deze grote groep en vele anderen zou je allerlei interessante samenlevingsvormen kunnen bieden. Natuurlijk kunnen er ook conflicten ontstaan, maar dat is leerzaam. Als je daar nooit tegen aanloopt, word je toch een raar soort maatschappelijk persoon. Collectief particulier opdrachtgeverschap is niet alleen een middel om goedkope woningen naar eigen wens te kunnen bouwen, maar biedt ook kansen voor sociale duurzaamheid en dat is waar het mij om gaat.

Wat is uw belangrijkste inspiratiebron?

Ik ben erg gecharmeerd van de Mosuo-minderheid rond het Lugu Lake in de Chinese Himalaya. Ze bouwen daar al duizenden jaren gezamenlijk hun woningen, op 2.700 meter hoogte. Er bestaan geen gezinnen; iedereen blijft wonen in het huis van de moeder. De broers van de moeder vervullen de vaderrol in de opvoeding. De vader zelf logeert alleen 's nachts bij zijn geliefde zolang de relatie duurt. Als het uit gaat is dat net zo verdrietig als bij ons, maar de gevolgen voor de kinderen en de gemeenschap zijn nihil. Daar kunnen wij met ons relationeel gepruts hier veel van leren. De leefgroepen bestaan uit ongeveer 25 tot 30 personen per familie. Ik ben daar kind aan huis. Niet omdat m'n moeder daar woont. Maar sinds we daar een biogasinstallatie hebben gebouwd, word ik door hen beschouwd als lid van de gemeenschap en kan de relatie niet meer stuk!

difficult. Regulations are a nuisance, and every simplification that the government makes is welcome.

How collectively-minded are we here in the Netherlands, in fact?

Well, today's student housing, for example, has been built with a kitchen, toilet and bathroom for each person. That's completely idiotic. An entire generation is growing up that can't share any facilities. Hats off, Holland! You could offer all sorts of interesting forms of communal living to this large group, and to many other people as well. That can also lead to conflicts, naturally, but you learn from such things. If you never run into it, you become a strange kind of social person. Collective private commissioning is not only a means of building cheap housing that is tailored to people's own desires, but it also offers opportunities for social durability, and that's what interests me.

What is your most important source of inspiration?

I find the Mosuo minority who live around the Lugu Lake in the Chinese Himalayas very charming. They have been building their houses collectively for thousands of years, at an elevation of 2,700 m. There are no families as such; everybody lives in the house of their mother. The mother's brothers assume the father role in bringing up the children. The father himself only sleeps there with his lover as long as the relationship lasts. When they break up, it's just as distressing as it is with us, but the consequences for the children and the community are zero. We could learn a lot from that here, with all of our messed-up relationships. Each communal living group has about 25 to 30 people in it. I'm like one of the family there. Not because my mother lives around Lugu Lake, but since we built a biogas installation there, I am considered a member of the community, and we're friends for life!

Lugu meer in China
Lugu Lake in China

Woningen van de Mosuo
Mosuo houses

Interieur woning Thalmatt 1, jaren '70
Interior of one of the Thalmatt dwellings, 1970s

Plandocumentatie Samen bouwen

Plan Documentation Building Together

Dick van Gameren, Annenies Kraaij, Pierijn van der Putt

Met bijdragen van/With contributions by:

Frederique van Andel, Olv Klijn, Vincent Kompier, Eva Storgaard, Karin Theunissen

Tekeningen/Drawings:

Guido Greijdanus, Robbert Guis, Cederick Ingen-Housz, Carlyn Simoen

Harmoniehof, Amsterdam (NL), 1919-1922 – J.C. van Epen (i.s.m. *in collaboration with* M.J.E. Lippits)
Usonia, Pleasantville (NY, USA), 1947-1952 – Frank Lloyd Wright en anderen *and others*
Thalmatt 1, Herrenschwanden (CH), 1967-1974 – Atelier 5
Calle de Arturo Soria, Madrid (ES), 1976-1978 – Bayon, Aroca, Bisquert y Martin
Egelwier, Leusden (NL), 1975-1982 – Hans Ruijssenaars
WindSong Cohousing, Langley (BC, Canada), 1998 – dys architecture
Miss Sargfabrik, Wenen *Vienna* (AT), 1998-2000 – BKK-3
Egebakken, Nødebo (DK), 2002-2004 – Tegnestuen Vandkunsten
Vrijburcht, Amsterdam (NL), 2005-2007 – CASA architecten
Zelterstrasse, Berlijn *Berlin* (DE), 2008-2010 – Zanderroth Architekten
Elandshof, Amsterdam (NL), 2004-2012 – Bastiaan Jongerius architecten

Collective Private Commissions

The plan documentation of this eighth edition of *DASH* includes 11 projects that were realized on the basis of collective private commissions. Spread over Europe and North America, the projects provide a panoramic overview of the last 100 years. It shows the results of people's private initiatives to build their own homes together with associates. The projects often avoid standard housing production in a number of different ways. The motives of the initiators are extremely diverse and never straightforward. Romantic ideals of a life in the countryside can go hand-in-hand with the notion of achieving financial advantage by working as partners.

In chronological order of completion, the documentation encompasses the following projects:

Harmoniehof, Amsterdam, the Netherlands, 1919-1922
– J.C. van Epen (in collaboration with M.J.E. Lippits)
Usonia, Pleasantville, NY, USA, 1947-1952
– Frank Lloyd Wright and others
Thalmatt 1, Herrenschwanden, Switzerland, 1967-1974
– Atelier 5 (Erwin Fritz, Samuel Gerber, Rolf Hesterberg, Hans Hostettler and Alfredo Pini)
Calle de Arturo Soria, Madrid, Spain, 1976-1978
– Bayon, Aroca, Bisquert y Martin
Egelwier, Leusden, the Netherlands, 1975-1982
– Hans Ruijssenaars
WindSong Cohousing, Langley, Canada, 1998
– Davidson, Yuen, Simpson architecture (dys architecture)
Miss Sargfabrik, Vienna, Austria, 1998-2000
– BKK-3
Egebakken, Nødebo, Denmark, 2002-2004
– Tegnestuen Vandkunsten
Vrijburcht, Amsterdam, the Netherlands, 2005-2007
– CASA architecten
Zelterstrasse, Berlijn-Prenzlauerberg, Germany, 2008-2010
– Zanderroth Architekten
Elandshof, Amsterdam, the Netherlands, 2004-2012
– Bastiaan Jongerius architecten

The selection was largely determined by the question whether collective private commissioning also leads to new housing typologies. These could relate to the floor plans of the houses themselves, but also to the inclusion of communal facilities or unusual collective external and internal spaces. In order to realize the best-matched house for the future occupants, various strategies are apparently possible: 1) significant variation in types of houses, designed in advance; 2) a structure that makes it possible to elaborate each house individually; and 3) the development of types that can be adapted afterwards by the residents.

For the first variant, the Harmoniehof and the Vrijburcht, both in Amsterdam, are exemplary. The Harmoniehof came into being as a result of the opportunity provided to private individuals in the National Housing Act of 1902 to establish their own cooperatives. The initiative taken by a few senior civil servants to provide better houses for themselves and other kindred spirits turned out to be so successful in the 1910s and 1920s that it led to follow-up projects. The Harmoniehof represents a milestone in this development in housing architecture in the Netherlands. Some 100 years on, the established housing corporations are the ones that facilitate initiatives like this. The Vrijburcht in IJburg in Amsterdam is a good example of this.

Plans that allow the members of the collective each to realize their own interpretation of the individual dwelling (variant 2), differ more significantly from standard housing than those in the first category. Examples are Thalmatt 1 near Bern, where Atelier 5 elaborated on a number of principles from its famous design for the nearby Siedlung Halen to create an even more compact, extremely differentiated complex of terrace houses, and the residential complex Arturo Soria in Madrid, which is a fine demonstration of Habraken's concept of support and infill. A remarkable Dutch example of this strategy are the 11 houses in the Egelwier in Leusden.

An example of variant 3 is provided by Egebakken in Nødebo, where each house was made to measure during the design, but where adaptations and extensions could be realized at a later stage.

Miss Sargfabrik in Vienna, Zelterstrasse in Berlin and the Elandshof in Amsterdam provide housing types in centrally located urban areas, types that are hardly to be found at all or are lacking altogether. The two projects from North America are perhaps the most driven by ideals. WindSong in Canada places a great deal of collectivity in the housing block and the residential setting compared to the traditional and apparently unavoidable reality of the detached, individual house. In contrast, Pleasantville in the state of New York is based on the ideal of one's own, detached house, and can be seen as a reaction to the forced communality of living in apartment buildings in the city.

In order to provide insight into the plans and make comparison possible, the projects have been redrawn in a uniform style. To begin with, the urban design of the project has been sketched in a wider context. The difference between living space, private exterior space, communal interior and exterior space and public space is portrayed in the usual *DASH* way. For each plan, all the building levels have been drawn in their entirety, with one or more cross sections, apart from the relatively large Harmoniehof; here, the most common house types are illustrated separately.

Axonometric projections show the three-dimensional composition of the project, with the position of the communal areas and facilities. Where relevant, the communal space has been drawn in a second projection as a connecting exterior or interior space.

The drawings of the Harmoniehof are based on the drawings in the municipal archives of the City of Amsterdam. The houses in Usonia Pleasantville are drawn as the realized situation, which deviates from the floor plans drawn by Wright himself and shown in virtually every publication. The other projects are based on the drawings by the architecture firms in question.

For this edition of *DASH*, photo reportages have been made of several older projects: Harmoniehof, Pleasantville, Thalmatt, Egelwier and Miss Sargfabrik. For Arturo Soria, WindSong, Egebakken, Vrijburcht, Zelterstrasse and Elandshof, photography by residents and designers has been used.

Collectief particulier opdrachtgeverschap

In de plandocumentatie van deze achtste uitgave van DASH zijn 11 projecten opgenomen die tot stand kwamen op basis van collectief particulier opdrachtgeverschap. Verspreid over Europa en Noord-Amerika bieden de projecten een panoramisch overzicht over de afgelopen 100 jaar. Het betreft de resultaten van particuliere initiatieven om samen met medestanders eigen woningen te bouwen. De projecten onttrekken zich vaak op uiteenlopende manieren aan de gebruikelijke productie van woningen. De motieven van de initiatiefnemers lopen sterk uiteen en zijn nooit eenduidig. Romantische idealen van een leven in de vrije natuur kunnen hand in hand gaan met de gedachte door samenwerking financieel voordeel te behalen.

In chronologische volgorde van voltooiing omvat de documentatie de volgende projecten:

Harmoniehof, Amsterdam, Nederland, 1919-1922
– J.C. van Epen (i.s.m. M.J.E. Lippits)
Usonia, Pleasantville, New York, VS, 1947-1952
– Frank Lloyd Wright en anderen
Thalmatt 1, Herrenschwanden, Zwitserland, 1967-1974
– Atelier 5 (Erwin Fritz, Samuel Gerber, Rolf Hesterberg, Hans Hostettler en Alfredo Pini)
Calle de Arturo Soria, Madrid, Spanje, 1976-1978
– Bayon, Aroca, Bisquert y Martin
Egelwier, Leusden, Nederland, 1975-1982
– Hans Ruijssenaars
WindSong Cohousing, Langley, Canada, 1998
– dys architecture
Miss Sargfabrik, Wenen, Oostenrijk, 1998-2000
– BKK-3
Egebakken, Nødebo, Denemarken, 2002-2004
– Tegnestuen Vandkunsten
Vrijburcht, Amsterdam, Nederland, 2005-2007
– CASA architecten
Zelterstrasse, Berlijn-Prenzlauerberg, Duitsland, 2008-2010 – Zanderroth Architekten
Elandshof, Amsterdam, Nederland, 2004-2012
– Bastiaan Jongerius architecten

De selectie is voornamelijk bepaald door de vraag of collectief particulier opdrachtgeverschap ook leidt tot nieuwe typologieën voor de woningbouw. Het kan hierbij gaan om de plattegronden van de woningen zelf, maar ook om de opname van gemeenschappelijke voorzieningen of bijzondere collectieve buiten- en binnenruimten. Om voor toekomstige bewoners een zo passend mogelijk huis te realiseren, blijken verschillende strategieën mogelijk: 1. een op voorhand ontworpen, grote variatie in woningtypen, 2. een structuur die het mogelijk maakt elke woning individueel uit te werken en 3. de ontwikkeling van typen die naderhand door de bewoners kunnen worden aangepast.

Voor de eerste variant zijn de Harmoniehof en de Vrijburcht, beide in Amsterdam, exemplarisch. De Harmoniehof is ontstaan uit de kans die de Woningwet van 1902 particulieren bood om eigen coöperaties op te richten. Het initiatief van enkele hogere ambtenaren om zo voor zichzelf en gelijkgestemden in betere woningen te voorzien, bleek in de jaren 1910 en 1920 zo succesvol dat het leidde tot vervolgprojecten. Van deze ontwikkeling is de Harmoniehof een hoogtepunt in de Nederlandse woningbouwarchitectuur geworden. Een kleine 100 jaar later zijn het gevestigde woningcorporaties die dergelijke initiatieven faciliteren. De Vrijburcht op IJburg in Amsterdam is hiervan een goed voorbeeld.

De plannen die leden van een collectief de mogelijkheid bieden zelf te interpreteren hoe de individuele woning eruit komt te zien (variant 2), verschillen sterker van de gemiddelde woningbouw dan die uit de eerste categorie. Voorbeelden hiervan zijn Thalmatt 1 bij Bern, waarin Atelier 5 een aantal principes van zijn beroemde ontwerp voor het nabijgelegen Siedlung Halen uitwerkt in een nog compacter, extreem gedifferentieerd complex van terraswoningen, en het woningcomplex Arturo Soria in Madrid dat een prachtige demonstratie is van Habraken's drager-inbouw gedachte. Een bijzonder Nederlands voorbeeld van deze strategie zijn de 11 woningen aan de Egelwier in Leusden.

Egebakken in Nødebo is een voorbeeld van variant 3: tijdens het ontwerp is elke woning op maat uitgewerkt, maar waar naderhand aanpassingen en uitbreidingen gerealiseerd kunnen worden.

Miss Sargfabrik in Wenen, Zelterstrasse in Berlijn en de Elandshof in Amsterdam bieden woningtypen in centraal gelegen stadsgebieden waar die niet of nauwelijks worden aangetroffen. De twee projecten uit Noord-Amerika zijn wellicht het meest gedreven door idealen. WindSong in Canada stelt een grote mate van collectiviteit in woongebouw en woonomgeving tegenover de traditionele en schijnbaar onvermijdelijke realiteit van het vrijstaande, individuele huis. Pleasantville in de staat New York baseert zich daarentegen juist wel op het ideaal van het eigen, vrijstaande huis, en kan gezien worden als reactie op de gedwongen collectiviteit van het wonen in appartemenetengebouwen in de stad.

Om de plannen inzichtelijk en vergelijkbaar te maken, zijn de projecten opnieuw getekend in een uniforme stijl. Allereerst is de stedenbouwkundige opzet van het project getekend in een wijdere context. Op de voor DASH gebruikelijke wijze wordt het verschil tussen woonruimte, privé buitenruimte, collectieve binnen- en buitenruimte en het openbare gebied in beeld gebracht. Voor elk plan zijn alle bouwlagen, met een of meerdere doorsneden, volledig getekend, met uitzondering van de relatief grote Harmoniehof; hier zijn de meest voorkomende woningtypen apart weergegeven.

Axonometrische projecties laten de driedimensionale opbouw van het project zien, met de positie van de collectieve ruimten en voorzieningen. Waar relevant is in een tweede projectie de collectieve (tussen)ruimte getekend als verbindende buiten- of binnenruimte.

De tekeningen van de Harmoniehof zijn gebaseerd op de tekeningen in het archief van de gemeente Amsterdam. De woningen in Usonia Pleasantville zijn getekend naar de uitgevoerde situatie, die afwijkt van de door Wright zelf getekende en in vrijwel alle publicaties weergegeven plattegronden. De overige projecten zijn gebaseerd op tekeningen van de betreffende architectenbureaus.

Voor dit nummer van DASH zijn fotoreportages gemaakt van een aantal oudere projecten: Harmoniehof, Pleasantville, Thalmatt, Egelwier en Miss Sargfabrik. Voor Arturo Soria, WindSong, Egebakken, Vrijburcht, Zelterstrasse en Elandshof is gebruik gemaakt van fotografie van bewoners en ontwerpers.

Harmoniehof Amsterdam

J.C. van Epen

Harmoniehof: Amsterdam, Nederland/the Netherlands
Architect: J.C. van Epen (i.s.m./ in collaboration with M.J.E. Lippits)
Opdrachtgever/Client: de Amsterdamsche Coöperatieve Woonvereeniging 'Samenwerking'
Bouw/Construction: 1919-1922

Aantal woningen/Number of dwellings: 204 (196 beneden- en bovenwoningen, 8 twee-onder-een-kapwoningen/ground-floor and upper-storey flats, 8 semi-detached houses)
Collectieve functies/Collective functions: plantsoen/public garden

Bronnen/Sources:
Juliette Roding, *J.C. van Epen (1880-1960)* (Rotterdam: Stichting Bonas, 1999).
Vladimir Stissi, *Amsterdam, het mekka van de volkshuisvesting. Sociale woningbouw 1909-1942* (Rotterdam: Uitgeverij 010, 2007).
http://www.samenwerking.org/over_samenwerking/historie/de_woningwet.aspx.

Harmoniehof, noordzijde
Harmoniehof, north side

De Woningwet van1902 had tot doel de meest schrijnende misstanden in de volkshuisvesting op te heffen, vooral die van het armste deel van de bevolking. Dat betekende echter niet dat er bij de beter gesitueerden geen verbetering gewenst was. Om die reden werd in 1908 de Amsterdamsche Coöperatieve Woonvereeniging 'Samenwerking' opgericht, een woningbouwcorporatie voor de hogere ambtenarij.

De eerste twee projecten die 'Samenwerking' realiseerde (in 1910 en 1913, beide van architect Lippits) waren bescheiden van omvang. De zogenoemde 'derde bouw', gereedgekomen tussen 1919-1922 naar ontwerp van architecten Lippits en Van Epen, was veel groter. Hij telde circa 800 woningen ondergebracht in zes stadsblokken. De bebouwing rond de Harmoniehof, van Van Epen, vormt het hart van deze derde bouw.

Het project van Van Epen bestaat uit twee stadsblokken en acht twee-onder-een-kapwoningen rond een plantsoen. De oost-west georiënteerde bouwblokken zijn lang en smal: 180 x 40 m. De binnenruimte, gebruikt als privétuin voor de begane-grondwoningen, is slechts 12 m breed. Ter compensatie ligt tussen de twee bouwblokken een langwerpige groenstrook, aan beide uiteinden afgesloten door vier kloeke twee-onder-een-kap-stadswoningen. Omzoomd door een stalen hek ligt hier de feitelijke Harmoniehof: een plantsoen met gras, groene borders en een centrale waterpartij, met op de hoeken vier forse bomen. Buiten het hek bieden twee houten banken, met hun rug naar de straat en de huizen gekeerd, zicht op deze hof.

De twee lange bouwblokken en twee-onder-een-kapwoningen van Van Epen vallen op door hun schuine kappen met dakpannen en de relatief geringe hoogte van drie lagen (plus kap). De gevelwanden langs de hof zijn in rood metselwerk uitgevoerd; ze vertonen een regelmatige afwisseling van erkers en deur- en raamopeningen. Van Epen heeft twee verschillende modulen toegepast van vijf beuken breed waarin vier woningen op verschillende manieren zijn gestapeld. In de ene ligt de slaapverdieping van één van de benedenwoningen schuin boven de begane-grondverdieping, ingeklemd tussen de woonverdieping van de twee bovenwoningen. In een andere terugkerende module delen twee grondgebonden woningen een middenbeuk waarin hun drie slaapkamers bóven elkaar zijn geschakeld, met een trap verbonden.

Doordat de aannemer zich tussentijds terugtrok, heeft de 'Samenwerking' de derde bouw grotendeels in eigen beheer moeten realiseren. De vereniging was echter zeker niet alleen een financieringsmaatschappij of projectontwikkelaar. De 'Samenwerking' dichtte zich ook een voorbeeldfunctie toe. Ze bestreed actief aantasting van de architectuur en was nauw betrokken bij de inrichting van de openbare ruimte, tot aan het schilderwerk van de transformatorhuisjes toe.

Na de derde bouw zijn nog (deel)blokken gerealiseerd door de architecten Staal, Slothouwer en Van den Nieuwen Amstel. In de crisis van de jaren 1930 kwam de ontwikkeling van nieuwbouw tot stilstand; ook na de oorlog realiseerde de 'Samenwerking' geen nieuwbouw meer. Maar de vereniging bestaat nog wel: als bewonersvereniging voor de huidige bewoners. (pvdp)

The aim of the Dutch Housing Act of 1902 was to relieve the worst failings in the public housing situation, particularly among the poorest section of the population. This did not mean, however, that improvements were not desired for those who were better situated. For this reason the 'Amsterdamsche Coöperatieve Woonvereeniging "Samenwerking"' ('collaboration') was founded in 1908. The initiators of this housing corporation were a small group of higher-level civil servants of the City of Amsterdam who intended to build their own homes.

The first two projects realized by 'Samenwerking' (in 1910 and 1913, both designed by architect M.J.E. Lippits) were of modest proportions. The 'third construction', completed between 1919 and 1922 and designed by architects Lippits and J.C. van Epen, was much larger. It numbered about 800 dwellings housed in six city blocks. The buildings around the Harmoniehof, by Van Epen, form the heart of this third project.

Van Epen's project consists of two city blocks and eight semi-detached houses arranged around a public garden. The housing blocks, oriented east-west, are long and narrow: 180 by 40 m. The inner space, used as private gardens for the ground-floor apartments, is a mere 12 m wide. As compensation there is an elongated green strip between the two building blocks, closed off at both ends by four substantial townhouses, each consisting of two semi-detached houses. This is the actual Harmoniehof, enclosed by a low steel fence: a public garden with grass, green borders and a central water feature, with four sizable trees at the corners. Outside the fence two wooden benches, with their backs to the street and the houses, look out onto this garden.

Van Epen's two long building blocks and townhouses are conspicuous for their pitched, tiled roofs and their relatively modest height of three storeys (plus attic). The façades lining the public courtyard are in red brick; they display a regular alternation of projecting oriels and flush door and window openings. Van Epen used two different modules, each five bays wide, within which four dwellings are stacked eccentrically. In one the sleeping level of one of the ground-floor apartments is off-set above the ground-floor level, wedged between the living levels of the two upper-storey apartments. In the other recurring module, two ground-floor apartments share a central bay in which their three bedrooms are ranged above one another, linked by a staircase.

Because the contractor pulled out mid-project, 'Samenwerking' had to complete much of the third phase on its own. The association, however, was not just a financing society or a project developer. 'Samenwerking' also took on a role-model function. It fought actively against the deterioration of architecture and was closely involved in the design of the public space, even including the painting of the electricity substations.

After the third construction, other blocks and partial blocks were realized by architects Staal, Slothouwer and Van den Nieuwen Amstel. During the economic crisis of the 1930s the development of new-build housing came to a standstill; even after the war 'Samenwerking' realized no more new construction. But the association still exists: as a residents association for the present residents. (pvdp)

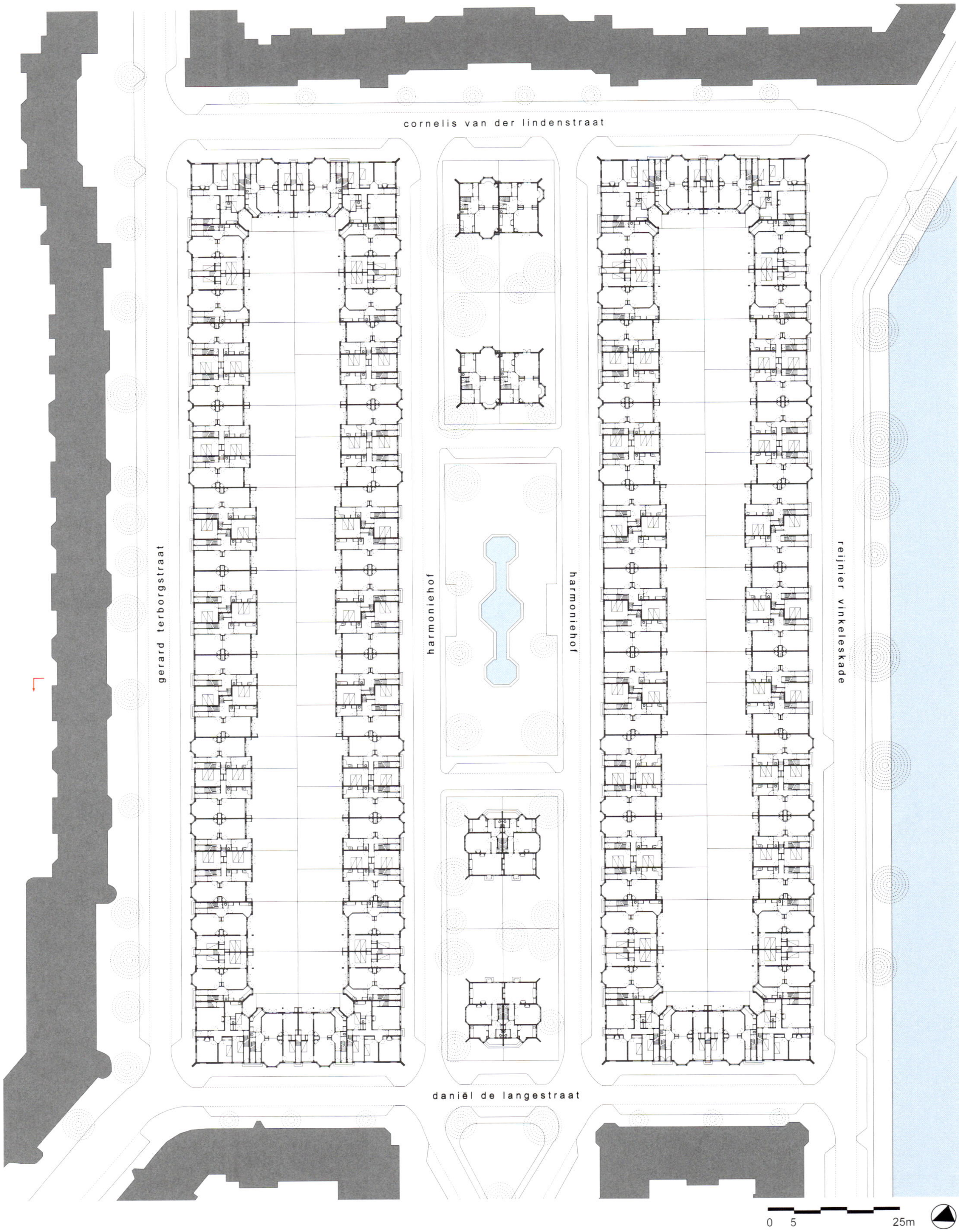
cornelis van der lindenstraat
gerard terborgstraat
harmoniehof
harmoniehof
reijnier vinkeleskade
daniël de langestraat
0 5 25m

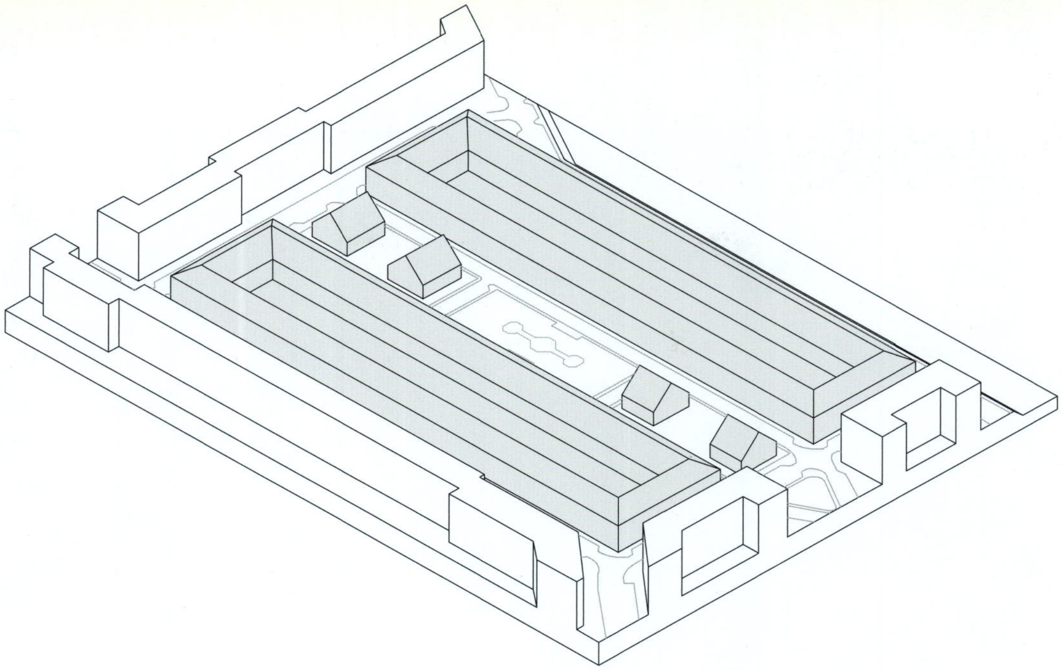

Plantsoen Harmoniehof
Public gardens Harmoniehof

Plattegronden van twee verschillende typen beneden- en bovenwoningen in de lange zijde van een woonblok
Floor plans of different types of ground floor and upstairs flats in the long side of the housing block.

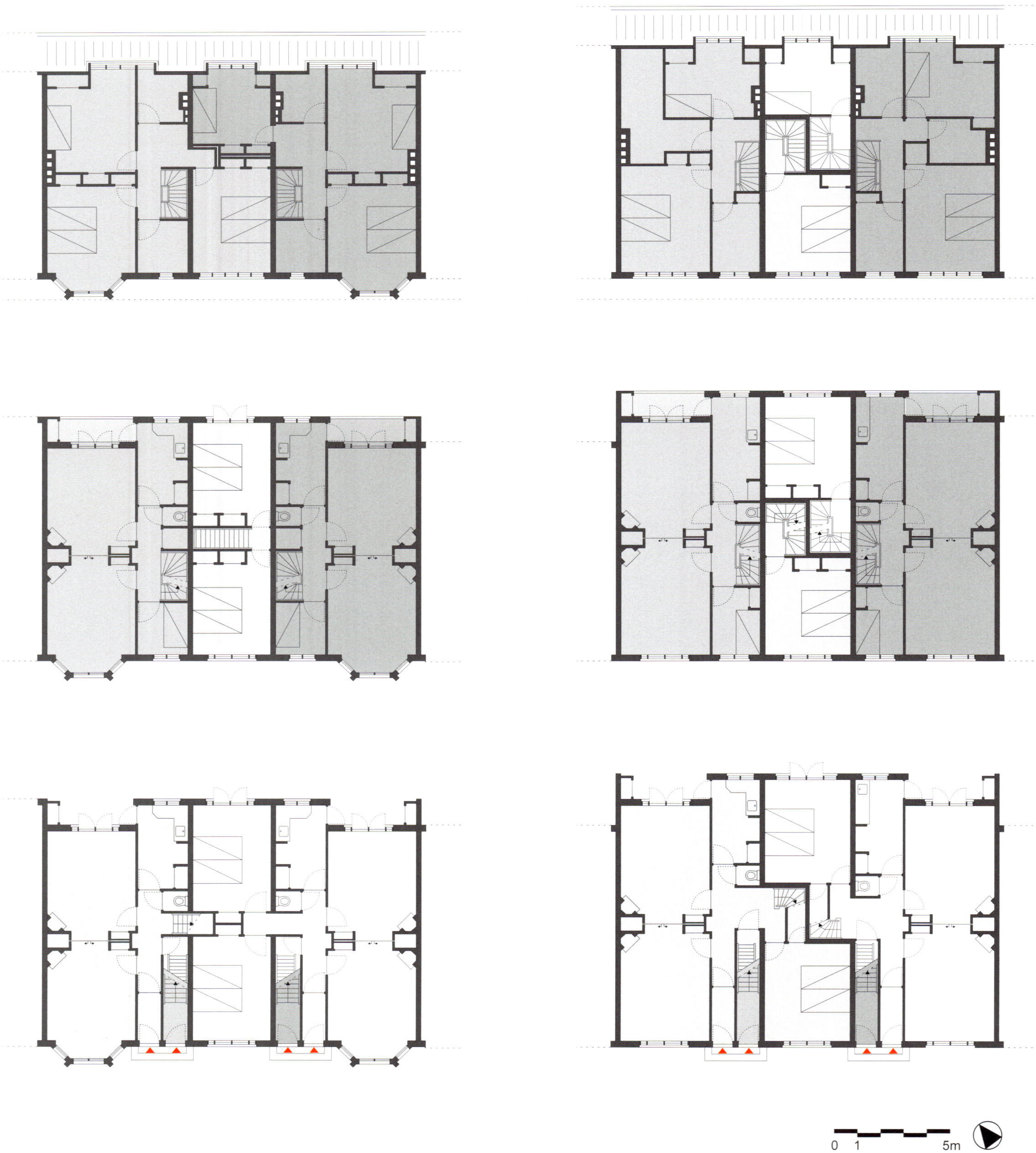

Plattegronden twee-onder-één-kapwoningen aan de noordzijde
Floor plans of the semi-detached houses on the north side

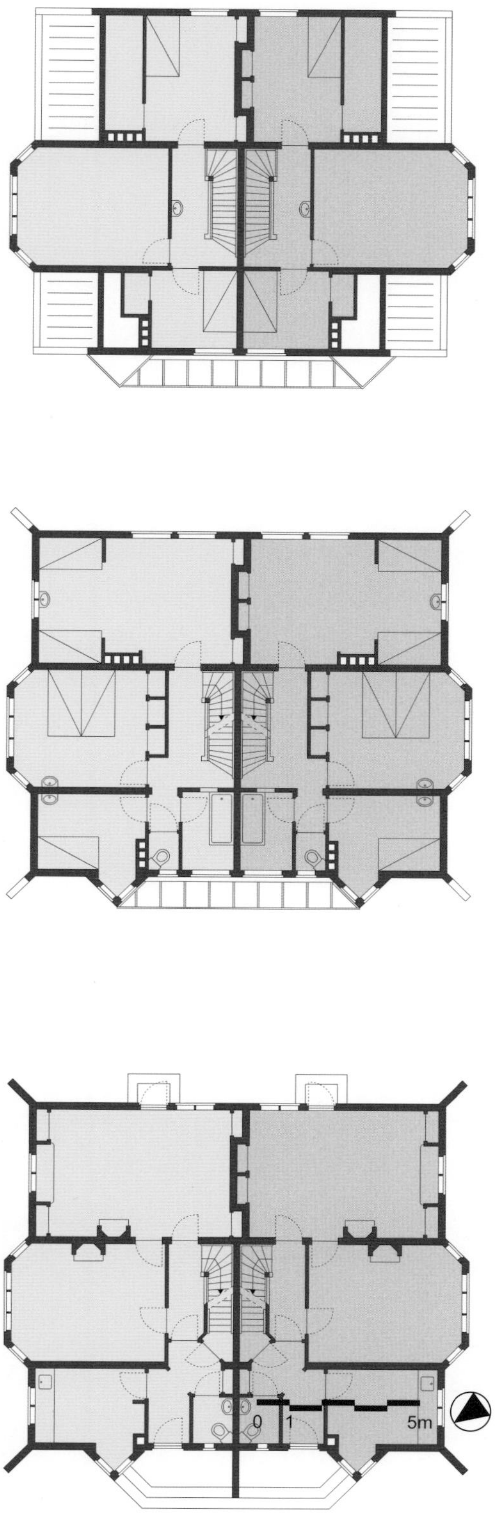

Prentbriefkaart Harmoniehof, 1935
Picture postcard Harmoniehof, 1935

Overdracht van de fontein in de Harmoniehof aan het bestuur van de Coöperatieve Woningbouwvereniging Samenwerking, 1925

Handing over the fountain in the Harmoniehof to the board of the Cooperative Housing Association Samenwerking, 1925

Vooroorlogs interieur
Pre-war interior

Twee-onder-één-kapwoningen met langskap, Cornelis van der Lindenstraat
Semi-detached houses with longitudinal roof, Cornelis van der Lindenstraat

Harmoniehof, noordzijde
Harmoniehof, north side

Hoek Reijnier Vinkeleskade/ Cornelis van der Lindenstraat
Corner Reijnier Vinkeleskade/ Cornelis van der Lindenstraat

Reijnier Vinkeleskade

Cornelis van der Lindenstraat, oostzijde
Cornelis van der Lindenstraat, east side

Usonia Pleasantville, New York

Frank Lloyd Wright

Usonia: Pleasantville, New York, USA
Architect: Frank Lloyd Wright en anderen/and others
Opdrachtgever/Client: Coöperatieve vereniging 'Usonia'/ 'Usonia' Cooperative Society
Ontwerp/Design: 1947-1952
Bouw/Construction: 1950-1952

Aantal woningen/Number of houses: 47 (waaronder 3 van F.L. Wright/ including 3 by Frank Lloyd Wright)
Collectief programma/Collective programme: speelplaatsen, een kinderboerderij, groentetuinen, een zwembad en een ontmoetingsruimte/ play areas, a children's farm, vegetable gardens, a swimming pool and a meeting area

Bronnen/Sources:
Roland Reisley, *Usonia. Building a community with Frank Lloyd Wright* (New York: Princeton Architectural Press, 2001).
John Sergeant, *Frank Lloyd Wright's Usonian Houses* (New York:Whitney Library of Design, 1976)
Bruce Brooks Pfeiffer, *Frank Lloyd Wright Selected Houses 7* (Tokyo, A.D.A. Edita,1991)

Kepler House

In de jaren 1940 van de vorige eeuw namen David en Priscilla Henken, twee jonge professionals die woonden en werkten op Manhattan, een initiatief om samen met gelijkgestemde generatiegenoten een coöperatieve woongemeenschap te stichten in de natuur, op afstand van het drukke en volle New York City. De inspiratie kwam voort uit de ideeën van Ralph Waldo Emerson en Henry David Thoreau, schrijver van *Walden, or Life in the Woods*, over de kracht van het individu en het eenvoudige leven in de natuur.

Een overzichtstentoonstelling in het MOMA van het werk van Frank Lloyd Wright bracht hen in contact met zijn visie en ontwerpen voor een ideaal ontwikkelingsmodel voor suburbaan Amerika – Broadacre City – en zijn ontwerpen voor betaalbare woningen: het Usonian House. In 1944 richtten zij een coöperatieve vereniging onder de naam 'Usonia' op, waarbij de leden met een maandelijkse inleg geld spaarden voor de bouw van eigen woningen buiten de stad. In 1947 verwierf de coöperatie een bebost terrein in Pleasantville in Westchester Country, zo'n 50 km ten noorden van New York.

Uiteraard werd Frank Lloyd Wright gevraagd een plan voor hen te ontwerpen. Hij baseerde zijn voorstel op eerdere ontwerpen voor coöperatieve woningbouw, Usonia 1 in Lansing, Michigan en twee projecten bij Kalamazoo, ook in Michigan. Het voorstel voor Usonia Pleasantville volgde het patroon van de laatste twee projecten. Cirkelvormige kavels vullen het beschikbare terrein, waarbij de restruimten tussen de cirkels zorgen dat de woningen van elkaar gescheiden blijven. Elke cirkel was precies 1 acre groot (4.047 m^2), met daarin plaats voor één woning, die gebaseerd zou zijn op het inmiddels zeer rijke repertoire van de Usonian huizen. De cirkels werden per vijf geclusterd, zodat er grote tussenruimten met onaangetast groen ontstonden. Hier was ruimte voor gemeenschappelijke activiteiten zoals de onvermijdelijke barbecue. Tussen de cirkels door werden kronkelende wegen getrokken die de idylle van een schijnbaar ongerepte natuur versterken. De coöperatie moest veel weerstand overwinnen, niet in de laatste plaats met betrekking tot de benodigde financiering. Zo werden naderhand, op verzoek van de bank, de kavels aangepast en uitgebreid met een deel van de 'rest'ruimten. De bewoners legden ook een aantal collectieve voorzieningen aan: speelplaatsen, een kinderboerderij, groentetuinen, een zwembad en een ontmoetingsruimte.

Uiteindelijk werden er 47 woningen gebouwd, waarvan slechts drie naar ontwerp van Frank Lloyd Wright zelf. De overige 44 huizen werden ontworpen door andere architecten, onder Wright's supervisie. De meeste ontwerpen kwamen van de hand van David Henken, die zelf in de leer was gegaan op Wright's Taliesin School. Wright's eerste huis, gerealiseerd in 1950, is het Sol Friedman House. Het Friedman-huis voegde een nieuwe variant toe aan de reeks Usonian huizen. Het heeft een plattegrond opgebouwd uit twee in elkaar grijpende cirkels, waarbij de kleinste cirkel een tweede laag heeft die als een balkon uitkraagt in de hogere woonruimte, die de volledige grote cirkel beslaat. Een grote keermuur verbindt het huis met een derde ronde figuur: een paddenstoeldak op een centrale kolom dat als carport fungeert. Wright noemde het huis zelf *toy hill*.

Het tweede huis, het Serlin House uit 1951, heeft een veel eenvoudiger, rechthoekige opzet die teruggrijpt op de eerste Usonians, of zoals Wright zelf aangaf, op

In the 1940s, David and Priscilla Henken, two young professionals who lived and worked in Manhattan, took the initiative to found a cooperative community in the countryside together with like-minded people, away from busy and densely populated New York City. Their inspiration stemmed from the ideas of Ralph Waldo Emerson and Henry David Thoreau, the author of *Walden, Or Life in the Woods*, about the power of the individual and the simple life outdoors. A retrospective of the work of Frank Lloyd Wright in the MOMA brought them into contact with his vision and designs for an ideal development model for suburban America – Broadacre City – and his designs for affordable housing: the Usonian Home. In 1944 they formed a cooperative under the name of 'Usonia', and the members saved money on a monthly basis to build their own homes outside the city. In 1947 the cooperative acquired a wooded tract of land in Pleasantville in Westchester Country, about 50 km north of New York.

Naturally, Frank Lloyd Wright was asked to design a plan for them. He based his proposal on earlier designs for cooperative housing: Usonia 1 in Lansing, Michigan and two projects near Kalamazoo, also in Michigan. The proposed plan for Usonia Pleasantville followed the pattern of the last two projects. Circular plots fill the available terrain, and the spaces left over between the circles ensure that the houses are separated from each other. Each circle was precisely 1 acre in size (4,047 m^2), with room for a single house, which would be based on the by now extremely rich repertoire of Usonian homes. The circles were clustered in groups of five, leaving a sixth circle unbuilt, thereby creating large intermediate spaces and an intact green landscape. There was space here for communal activities such as the inevitable barbecue. In between the circles, meandering roads were made that strengthened the idyllic picture of apparently unspoiled scenery. The cooperative had to overcome a great deal of resistance, in particular with regard to the necessary financing. For instance, at the request of the bank, the plots were later adjusted and extended with parts of the 'left-over' spaces. The residents also introduced several communal facilities: play areas, a children's farm, vegetable gardens, a swimming pool and a community building.

Ultimately 47 houses were built, of which only three were designed by Frank Lloyd Wright himself. The remaining 44 were designed by other architects, under Wright's supervision. Most of the designs were created by David Henken, who had himself become an apprentice at Wright's Taliesin School. Wright's first house, realized in 1950, was the Sol Friedman House. The Friedman house added a new variant to the Usonian House series. Its floor plan is composed of two intersecting circles, where the smaller of the two has a second floor that juts out like a balcony in the living space, which takes up the entire larger circle. A large retaining wall connects the house with a third round figure: a mushroom-like roof on a central column that functions as a carport. Wright's own name for the house was Toyhill.

The second house, the Serlin House from 1951, has a much simpler, rectangular layout that harks back to the first Usonians, or as Wright himself declared, to the 'fundamentalia' of the Usonian concept. The third house, the Reisley House from 1952, is based on a grid of equilateral triangles, an underlying principle that had already been investigated in an earlier series of Usonians. To begin with, a simple rhombic building volume was constructed that included all the functions. The hexagonal living room focuses on the outside world through large glass fronts between two three-cornered columns that support a huge roof overhang. Some years later, the house was extended with a 'tail' containing extra bedrooms

de 'fundamentalia' van het Usonian concept. Het derde huis, het Reisley House uit 1952, is gebaseerd op een raster van gelijkzijdige driehoeken, een uitgangspunt dat al in een reeks eerdere Usonians was onderzocht. Allereerst werd een enkelvoudig ruitvormig bouwvolume gebouwd waarin alle functies waren opgenomen. De zeshoekige woonkamer richt zich op de buitenwereld via grote glaspuien tussen twee driehoekige kolommen die een vervaarlijk dakoverstek ondersteunen. Enkele jaren later werd het huis uitgebreid met een 'staart' met extra slaapkamers en een speelkamer. Wright zelf sprak hier van het *polliwog* type (kikkervisje).

Het succes van deze uitzonderlijke onderneming blijkt uit het feit dat 50 jaar na de bouw nog meer dan de helft van de woningen werd bewoond door de oorspronkelijke bewoners. (dvg)

and a playroom. Wright used the term 'polliwog' (tadpole) tc describe this type.

The success of this unusual enterprise is clear from the fact that 50 years after construction, more than half of the homes were still inhabited by the original occupants. (dvg)

Usonia na orkaan Sandy, oktober 2012
Usonia after Hurricane Sandy, October 2012

Frank Lloyd Wright met David Henken tijdens de bouw van Usonia
Frank Lloyd Wright with David Henken during the construction of Usonia

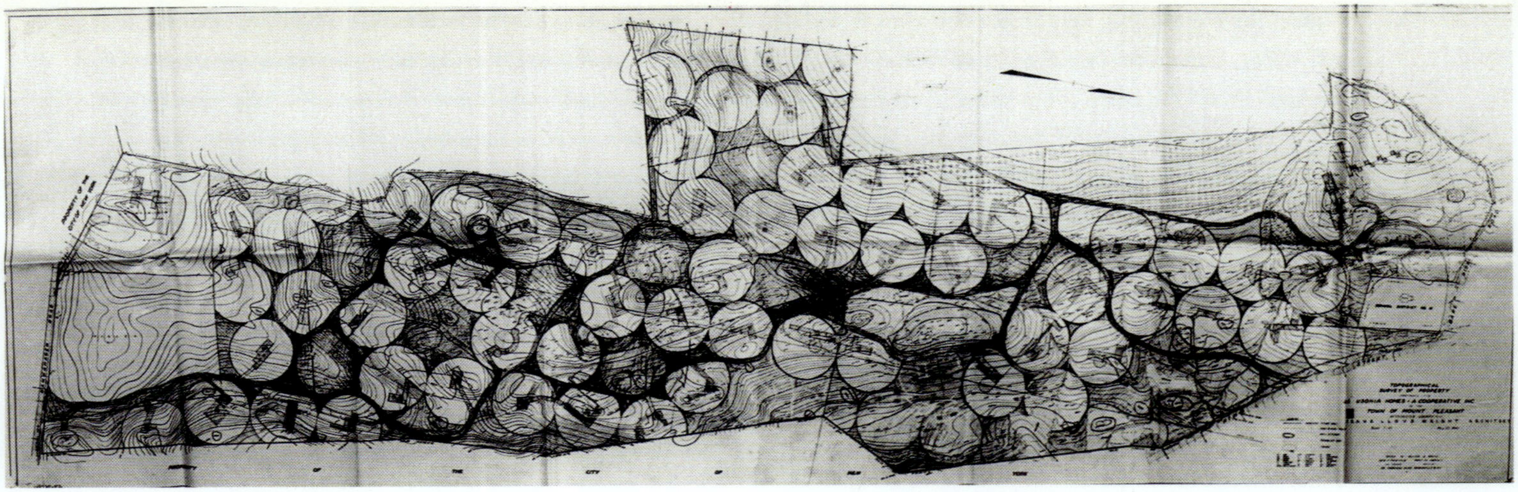

Eerste ontwerp voor Usonia
First design for Usonia

Tweede ontwerp met cirkelvormige kavels van 1 acre
Second design with circular 1-acre plots

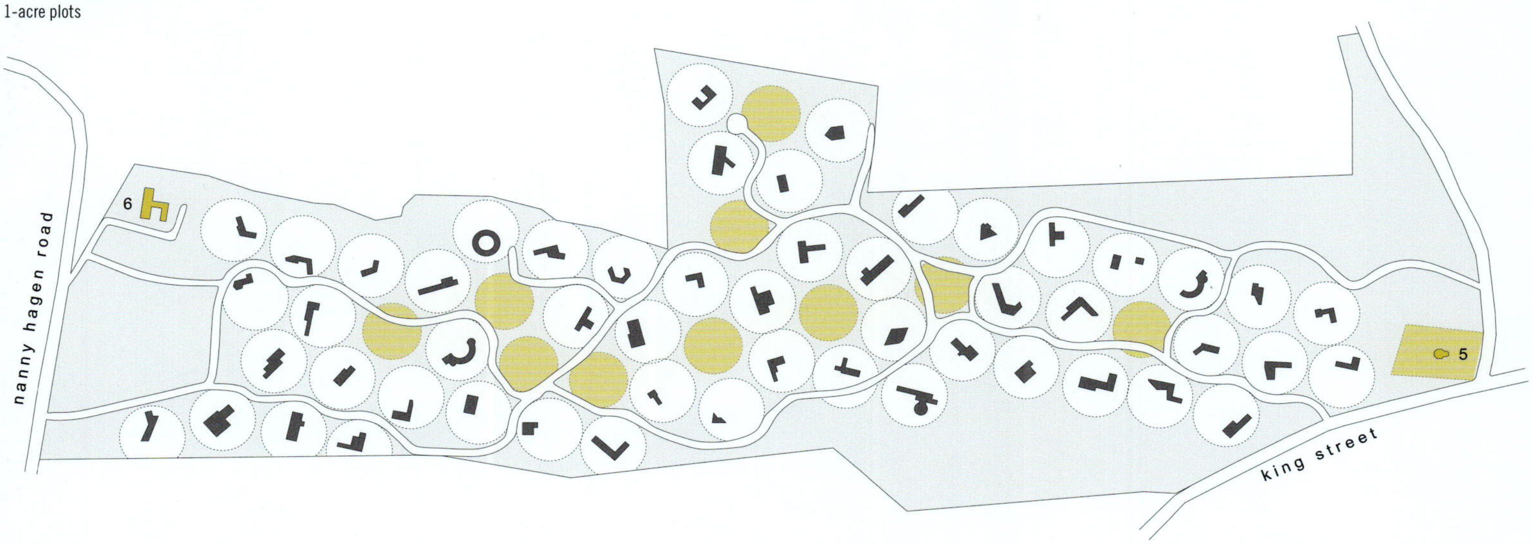

Uitgevoerde verkaveling
Implemented site layout

1 **Sol Friedman House**
2 **Reisley House**
3 **Edward Serlin House**
4 **Zwembad en tennisbanen** Swimming pool and tennis courts
5 **School**
6 **Boerderij** Farm

0 40 200m

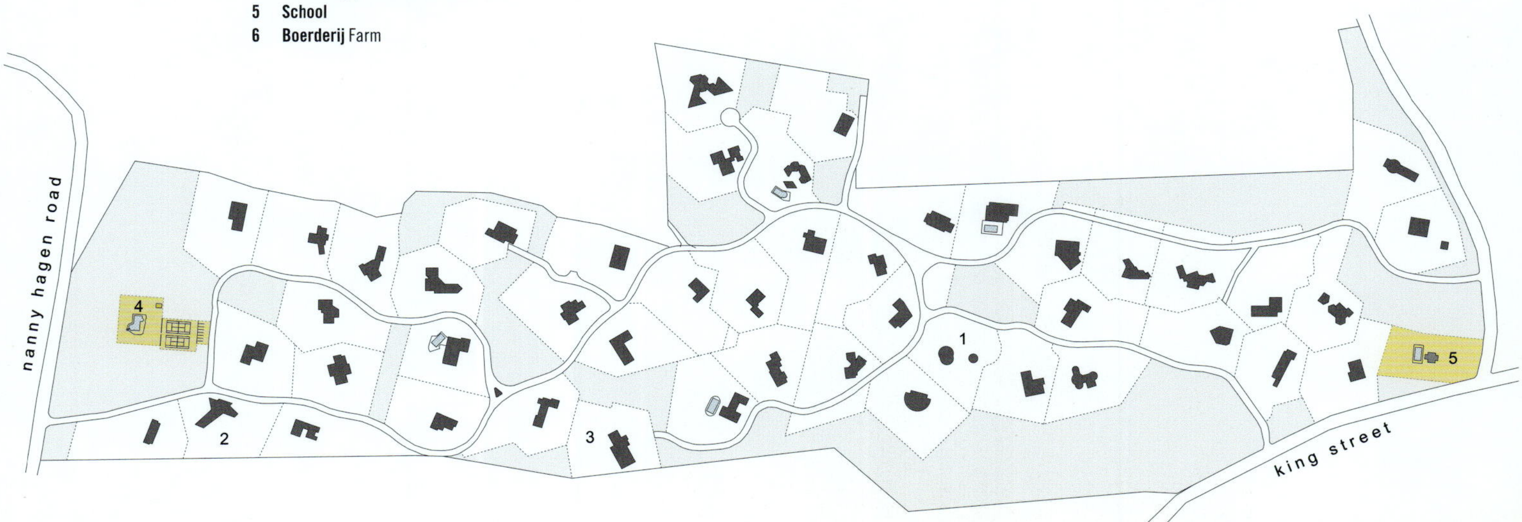

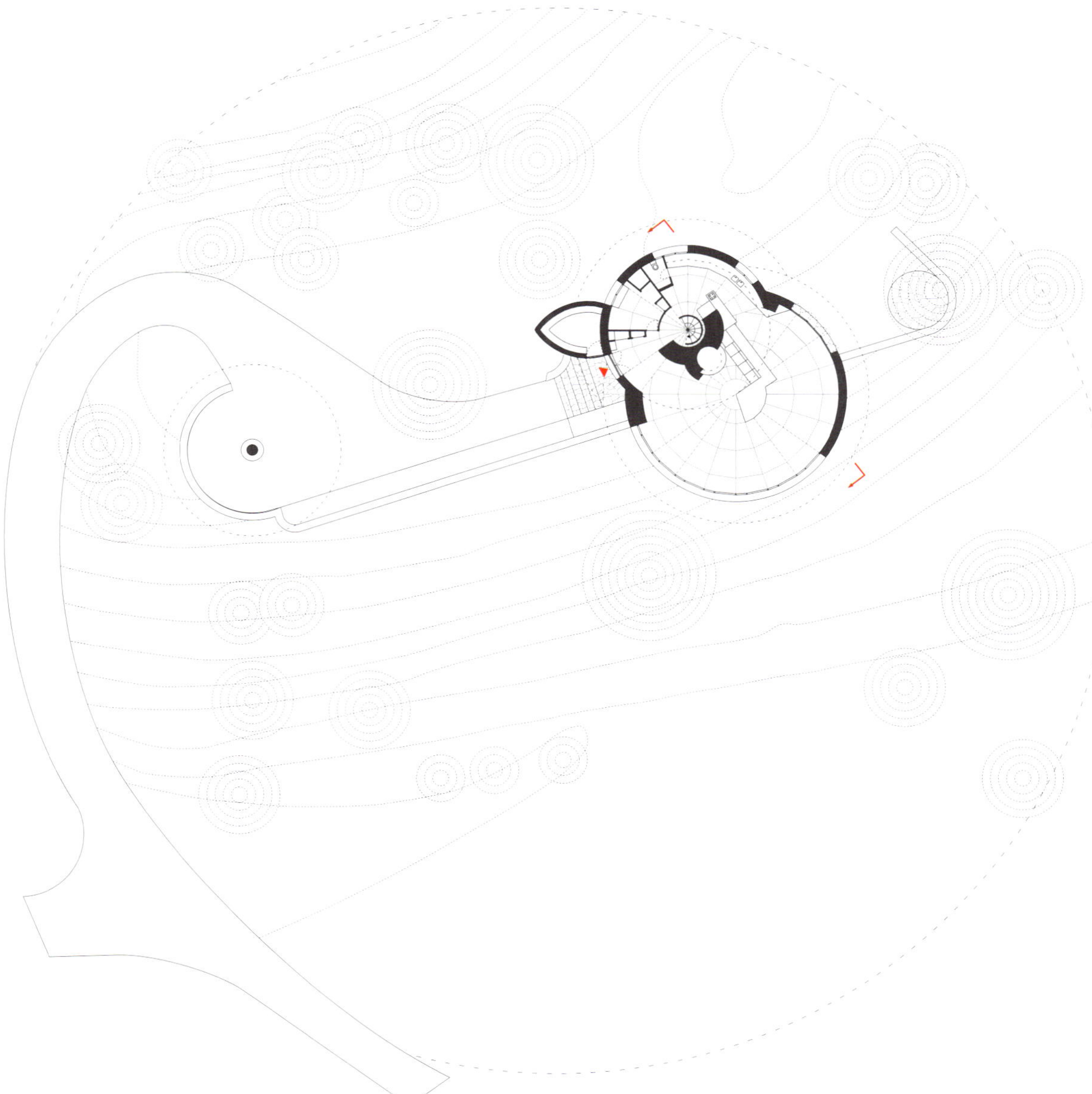

Plattegronden en doorsnede huis zoals uitgevoerd, getekend in de oorspronkelijke kavelvorm
Floor plans and section of the house as implemented, drawn in the original site form

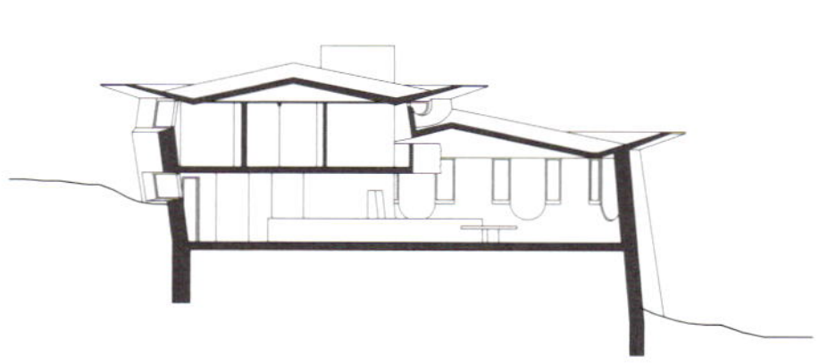

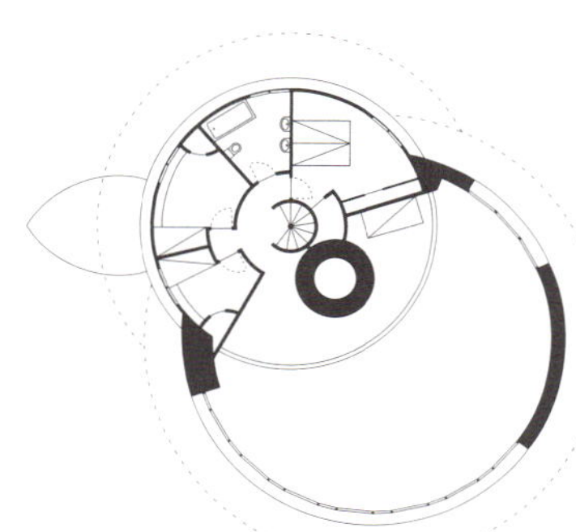

Huis vanuit het zuiden
View from the south

Woonkamer met haardhoek en entresol
Living room with fireplace and mezzanine

Huis met oprijlaan
House and access road

Woonkamer met haard
Living room with fireplace

Vanuit het westen
View from the West

Plattegrond en doorsnede van het Reisley House zoals uitgevoerd, getekend in de oorspronkelijke kavelvorm
Floor plan and section of the Reisley House as implemented, drawn in the original site form

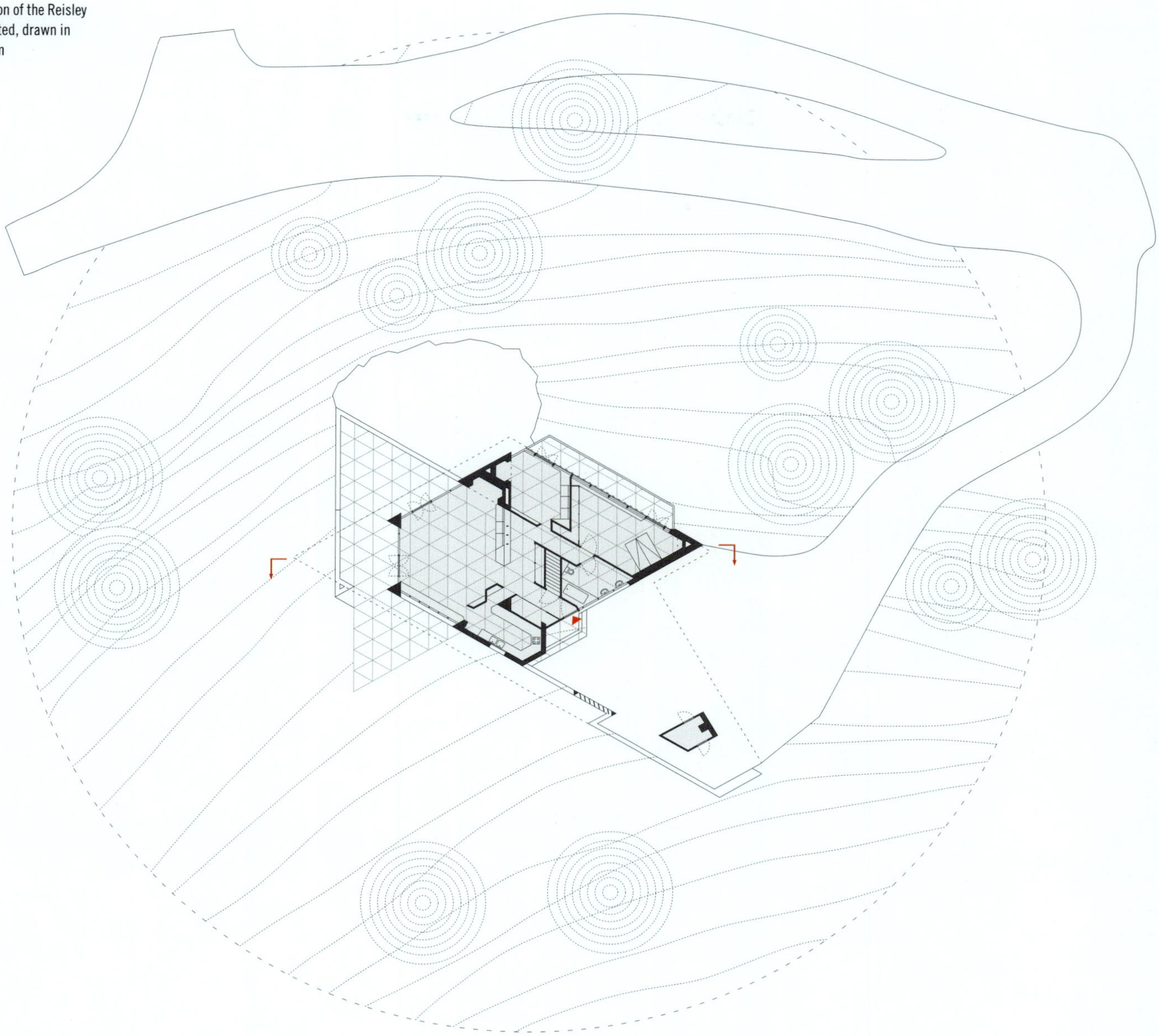

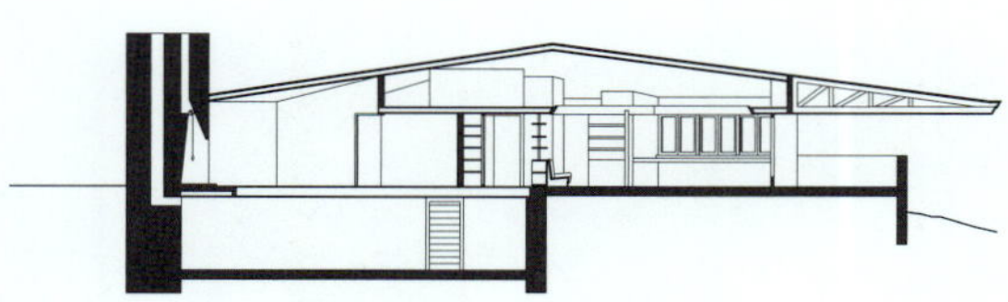

Plattegrond huidige situatie na uitbreiding met slaapkamervleugel
Floor plan of the current situation after the addition of the bedroom wing

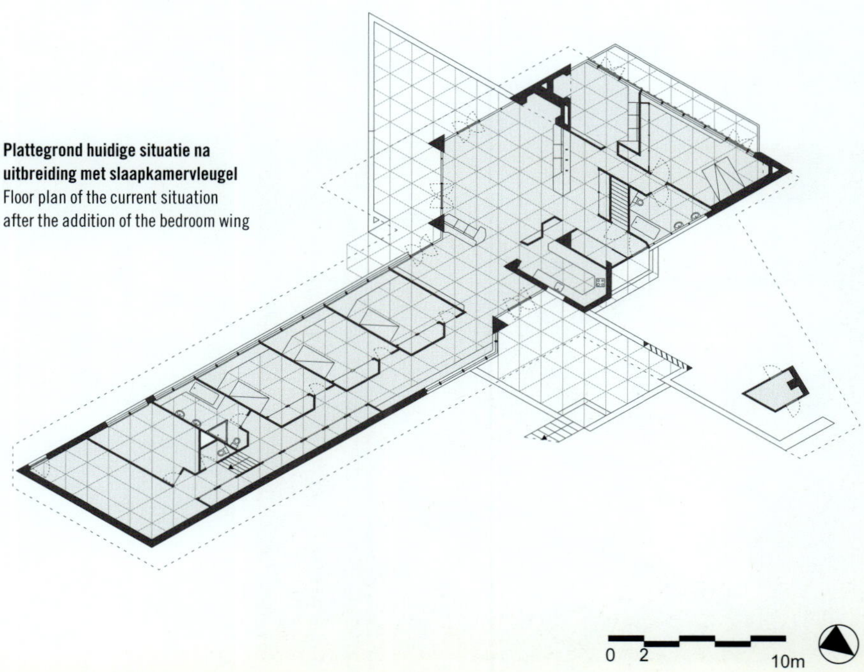

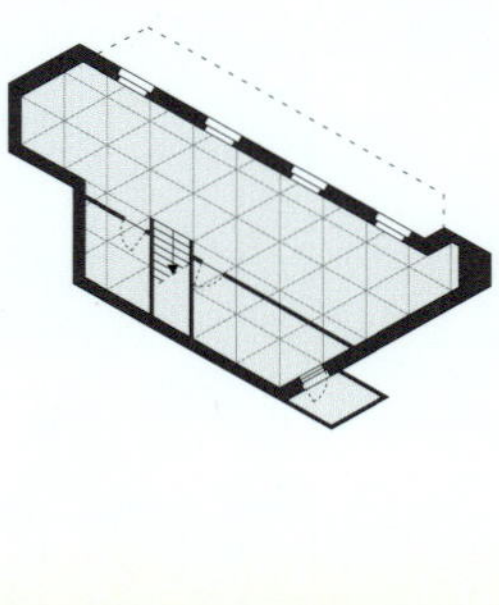

0 2
10m

Plattegrond en doorsnede van het eerste ontwerp.
Floor plan and section of the first design.

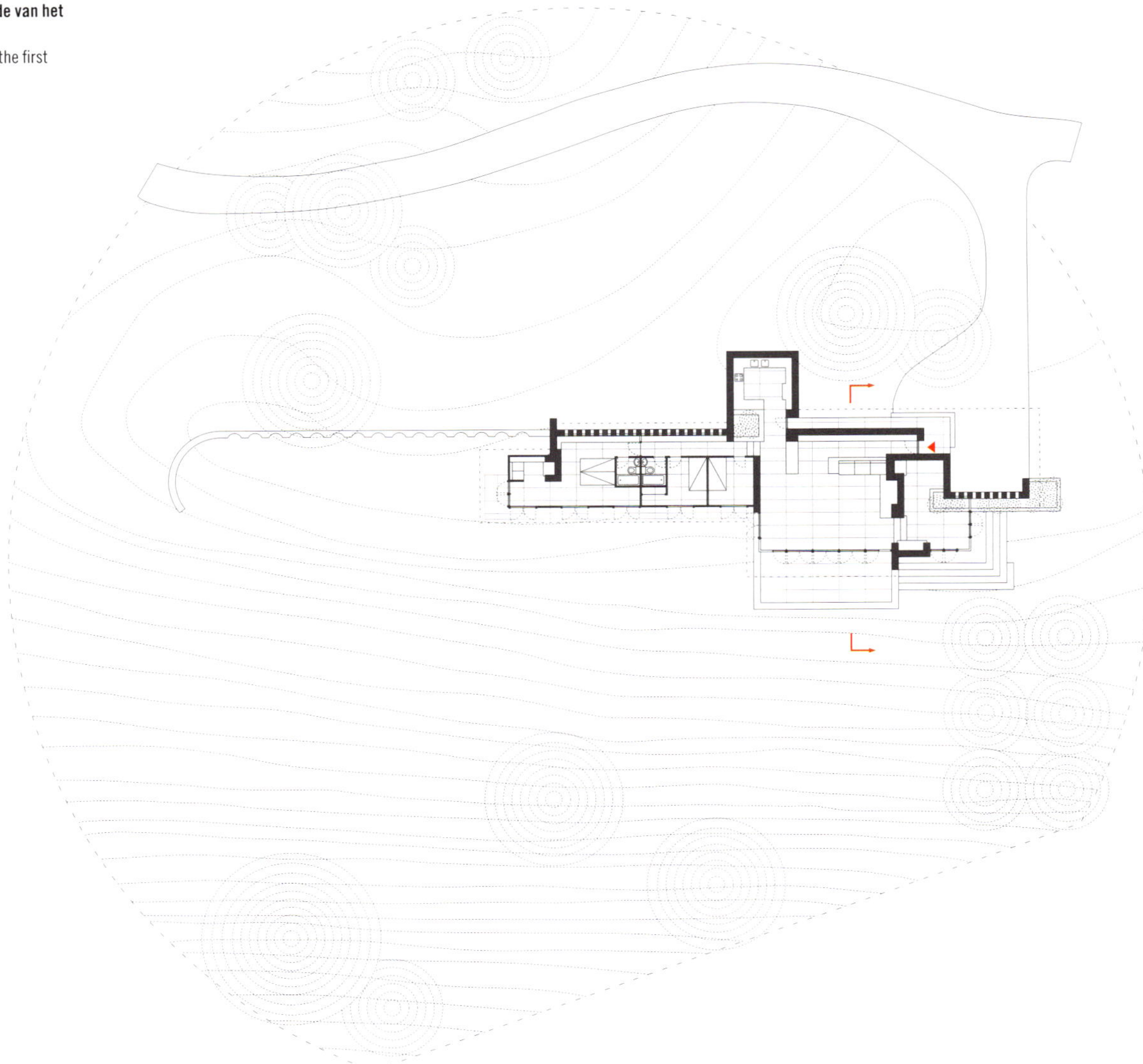

Plattegrond zoals uitgevoerd met aan de linkerzijde de latere uitbreiding
Floor plan as implemented with the later extension on the left-hand side

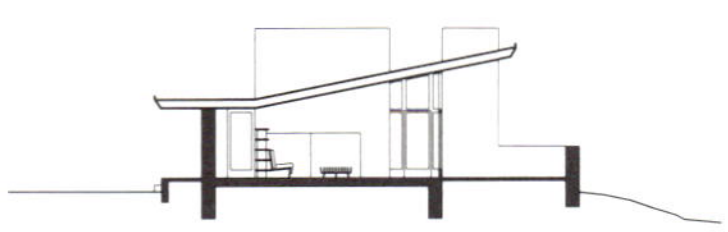

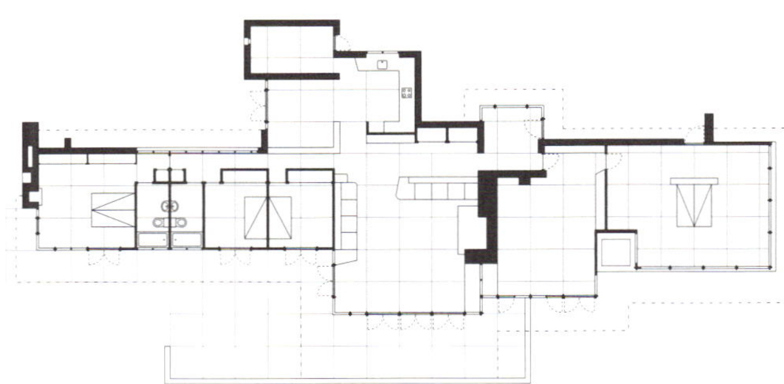

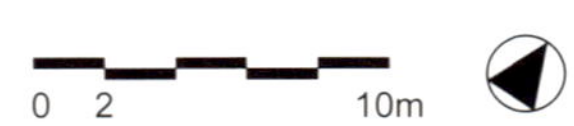

Zuidoostzijde
View from south-east

Latere uitbreiding
Later extension

Woonkamer met blik op achterliggende eetruimte
Living room with view towards diningroom

Kahn House, Aaron Resnick, 1962

Scheiner House, Warner & Leeds, 1955

Laurel Hill Drive

Glass House, Ted Bower, 1951

Ralph Miller House, David Henken, 1949

Thalmatt 1 Herrenschwanden

Atelier 5

Siedlung Thalmatt 1: Mettlenwaldweg, Herrenschwanden, Zwitserland/Switzerland
Architect: Atelier 5 (Erwin Fritz, Samuel Gerber, Rolf Hesterberg, Hans Hostettler en/and Alfredo Pini)
Opdrachtgever/Client: coöperatie van particulieren/private cooperative
Ontwerp/Design: 1967
Oplevering/Completion: 1974
Aantal woningen/Number of houses: 18

Collectief programma/Collective programme: overdekt parkeren, speelveld, gemeenschappelijke voetgangersstraat met terras/ covered car park, playing field, collective interior street with terrace

Bronnen/Sources:
Friedrich Achleitner, *Atelier 5* (Basel: Birkhaüser Verlag, 2000).
Atelier 5 (Zürich: Ammann Verlag, 1986).
Roland Gfeller-Corthésy, *Atelier 5 – Siedlungen und städtebauliche projekte* (Braunschweig/Wiesbaden: Verlag Vieweg, 1994).
Roger Sherwood, *Modern Housing Prototypes* (Cambridge, MA: Harvard University Press, 1978).
www. Housing Prototypes.org: project Thalmatt 1; Halen.

Noordzijde van het project met op de achtergrond het Berner Oberland
North side of the project with the Berner Oberland in the background

Woongemeenschap 'Thalmatt 1' ligt op dezelfde beboste heuvelrug ten noorden van Bern als de 15 jaar oudere, veel bekendere Siedlung Halen, en is als een direct vervolg op Halen te beschouwen. Beide projecten zijn ontworpen door het Zwitserse architectencollectief Atelier 5, dat zich ten doel stelde om 'prototypen voor nieuwe woonvormen' te ontwikkelen. Atelier 5 vatte de nieuwe woonvorm op als een directe dialoog met het werk van Le Corbusier, vooral diens Unité d'Habitation, waarvan een eerste exemplaar in 1951 was opgeleverd in Marseille. In plaats van het verticale woongebouw in de stad, onderzocht Atelier 5 de mogelijkheden van verdicht, stedelijk wonen op de grond in buitenstedelijk gebied. Siedlung Halen wordt algemeen beschouwd als prototype voor een 'verdichte laagbouwenclave'. Tegenover de rationele seriematigheid van Halen, die refereert aan de anonieme doelgroep van de 'massa-woningbouw', toont het meer uitbundige Thalmatt 1 de invloed van een groep opdrachtgever-bewoners uit de welvarende jaren 1970.

De kleine Siedlung Thalmatt 1 (18 woningen tegenover 78 in Siedlung Halen) werd ontworpen en gebouwd voor een collectief van 18 individuele opdrachtgevers. Ze waren volledig vrij in hun wensen wat betreft hun woning. De belangrijkste opgave voor de architecten was de realisering van een 'collectieve bouwvorm', ondanks de uiteindelijk grote verscheidenheid aan woningen en de onvoorspelbare dynamiek tijdens het ontwerpproces. Om een evenwicht te creëren tussen diversiteit en eenheid zijn drie middelen ingezet: een eenvoudig materiaalgebruik, een elementaire vormentaal en een sterke basisstructuur. Het materiaal van Thalmatt 1 bestaat overwegend uit grijze, in het werk gestorte beton. De totale, geconcentreerde bouwmassa is opgebouwd uit een veelheid aan rechthoekige elementen: verschuivende wooneenheden, daklichten, erkers en terrassen. Ook de taal van de architectuur refereert aan de Unité d'Habitation van Le Corbusier.

De basisstructuur bestaat uit een aaneengesloten reeks smalle beuken. De 18 woningen, die door deze structuur worden bepaald, liggen in twee rijen boven en achter elkaar, waarbij de bovenste rij, die in de bergwand is geschoven, over de onderste heenkijkt. Tussen de twee rijen woningen bevindt zich een straatje, waar de achterste woningen voor een deel overheen kragen, zodat er niet veel licht in valt. De doorsnede toont een complexe, naar beneden toe afnemende stapeling, waarbij de achterste rij woningen drie lagen heeft en de voorste rij twee. Aan het straatje liggen, behalve woningtoegangen, enerzijds de hobby- of bergruimten van de achterste rij, die in de bergwand zijn ingebouwd, en anderzijds de kleinere woon-, slaap- en werkkamers van de voorste rij. De woonruimten liggen meestal op de hogere verdiepingen, die minder door verkeersruimten worden doorsneden en meer licht en uitzicht hebben. Vanaf de terrassen aan de grote woonruimten leiden trappen naar de weer lager (op entreeniveau) gelegen tuinen. Ondanks de strakke structuur zijn de woningen bijzonder divers en ruimtelijk vormgegeven.

Onder het straatniveau ligt een open parkeergarage, die door een ruime hellingbaan met het straatje erboven is verbonden. Volgens de ontwerpers van Atelier 5 dient de weg van de auto naar de woning vloeiend te verlopen, terwijl de grens tussen de privéwoning en het collectieve gebied juist duidelijk moet worden afgebakend, zoals blijkt in de overgang tussen straatje en woningen. Ook

Residential community 'Thalmatt 1' is situated on the same wooded ridge of hills north of Bern as the 15-years-older, much better-known Siedlung Halen, and can be considered as a direct sequel to Halen. Both projects were designed by the Swiss architecture collective Atelier 5, whose aim was to develop 'prototypes for new forms of housing'. Atelier 5 interpreted the new form as a direct dialogue with the work of Le Corbusier, particularly his Unité d'Habitation, the first example of which was completed in Marseille in 1951. As an alternative to the vertical residential block in the city, Atelier 5 investigated the possibilities for dense, urban housing on the ground in an suburban area. Siedlung Halen is generally seen as belonging to the canon of prototypes for a 'compact low-rise enclave'. In contrast to the more rational design of Halen, which refers to an anonymous target group, the more exuberant Thalmatt 1 displays the influence of a group of client-occupants in the prosperous 1970s.

The small Siedlung Thalmatt 1 (18 houses compared to 78 in Siedlung Halen) was designed and built for a collective of clients who had complete freedom in drawing up the requirements for their homes. The most important task for the architects was the realization of a 'collective building form', despite the wide diversity of houses and the unpredictable dynamics during the design process. In order to create a balance between diversity and unity, three means were utilized: a simple use of materials, an elementary language of form and a strong basic structure. The material at Thalmatt 1 consists primarily of grey concrete cast *in situ*. The entire concentrated building mass is composed of a multiplicity of rectangular elements: shifting square units, skylights, bay windows and terraces. The architectural vocabulary refers clearly to Le Corbusier's Unité d'Habitation, in the same way that Siedlung Halen does.

The basic structure consists of a continuous series of narrow sections. The 18 houses, which are determined by this structure, are situated in two rows behind each other following the slope of the hill, with the top row looking out over the bottom row. In between the two rows of houses, there is a street from which the dwellings are accessed. The rearmost houses partly project over this lane, so that not much light enters. The cross section shows a complex stacking that reduces in size as it moves downwards: the back row of houses has three storeys and the front row has two. On the street level, besides house entrances, there are hobby or storage spaces for the houses in the back row, which is built into the hillside, and the smaller living rooms, bedrooms and work areas of the houses in the front row. The living spaces are usually on the higher floors, which are intersected less by circulation areas and enjoy more light and a better view. From the terraces beside the large living areas, stairs lead down to the gardens situated at entrance level. In spite of the rigid structure, the houses are particularly diverse and spacious.

Below street level there is an open parking garage, connected to the lane above by a wide ramp. According to Atelier 5, the route followed from the car to the house should be smooth, while the boundary between the private house and the communal area needs to be marked clearly, as can be seen here in the transition from the street to the houses. The houses themselves are also strictly separated, although just like their gardens, they fit together like jigsaw pieces.

In contrast to the angular, grey concrete architecture, there is always the lush green of the surrounding woods and the plants on the terraces and in the gardens: nature and culture go hand-in-hand at Thalmatt 1. (kt)

de woningen onderling zijn strikt gescheiden, zelfs al grijpen ze, evenals hun tuinen, als puzzelstukken in elkaar.

Rondom en naast de hoekige, grijze betonarchitectuur is er steeds het weelderige groen van de omringende bossen en de beplanting van de terrassen en de tuinen: natuur en cultuur omarmen elkaar in Thalmatt 1. (kt)

Gemeenschappelijke binnenstraat
Collective interior street

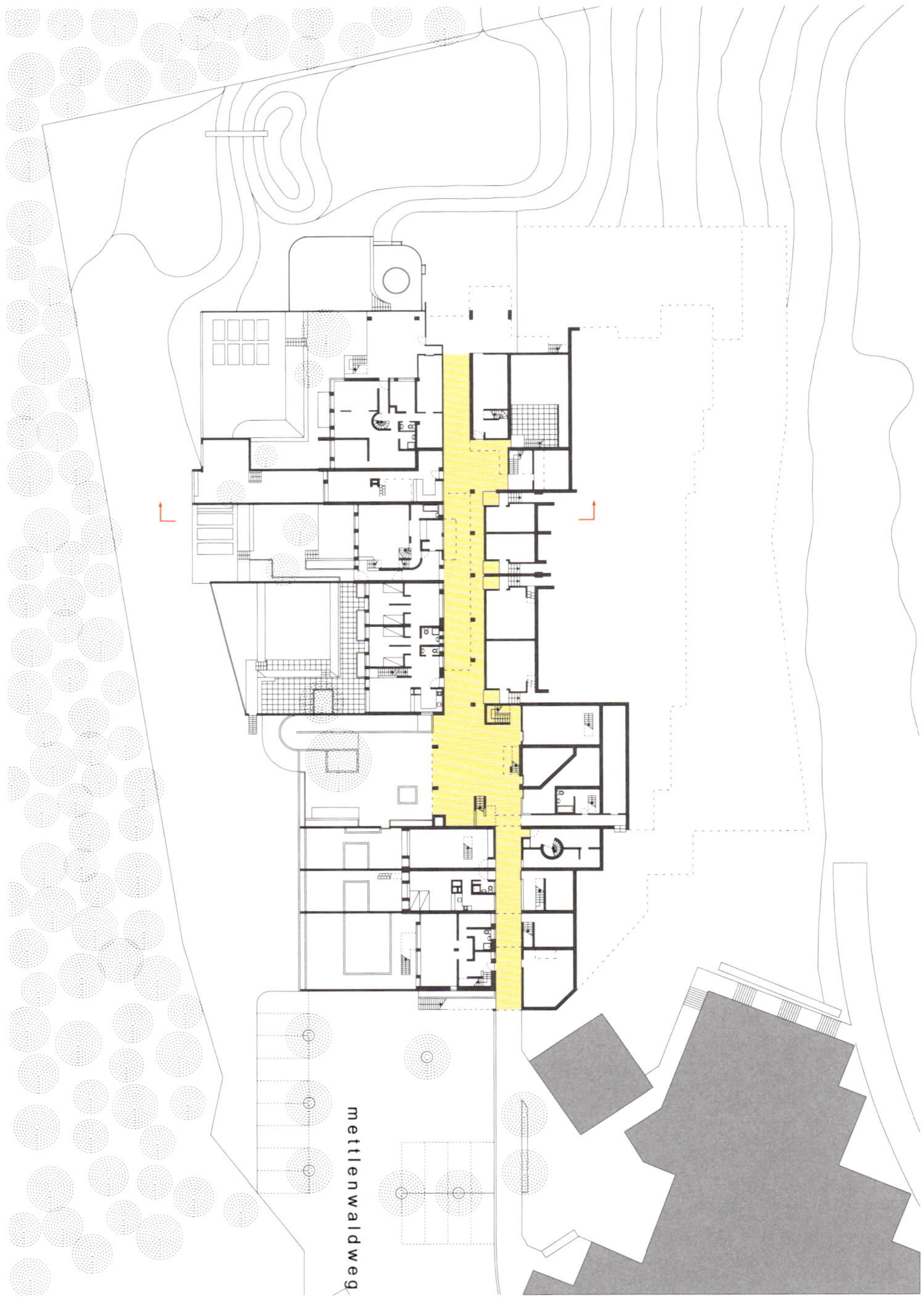

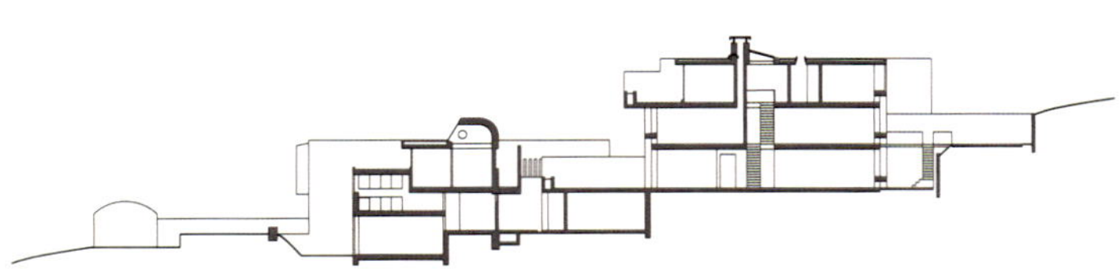

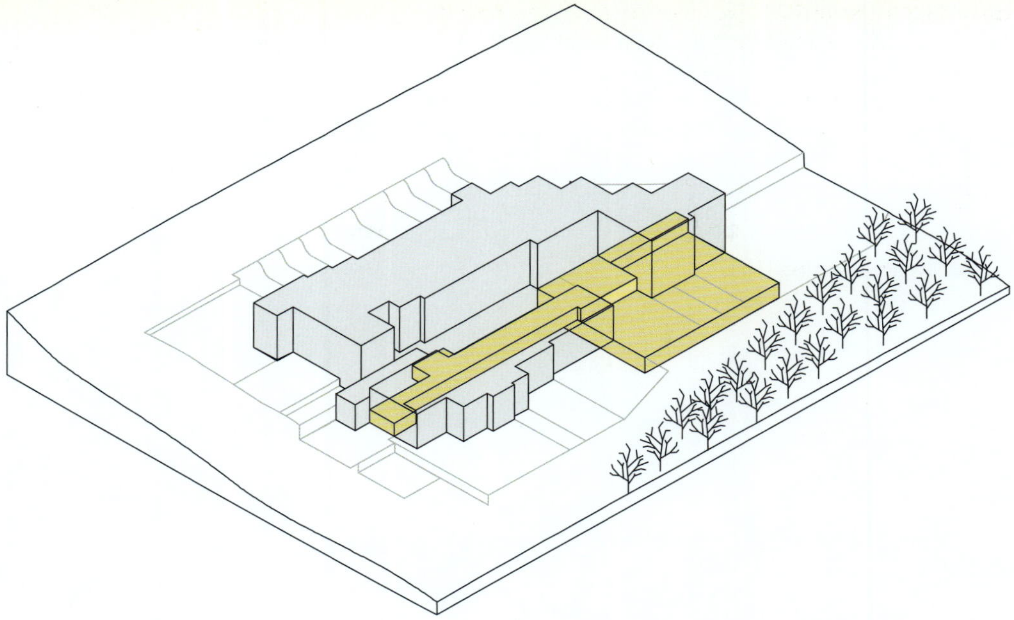

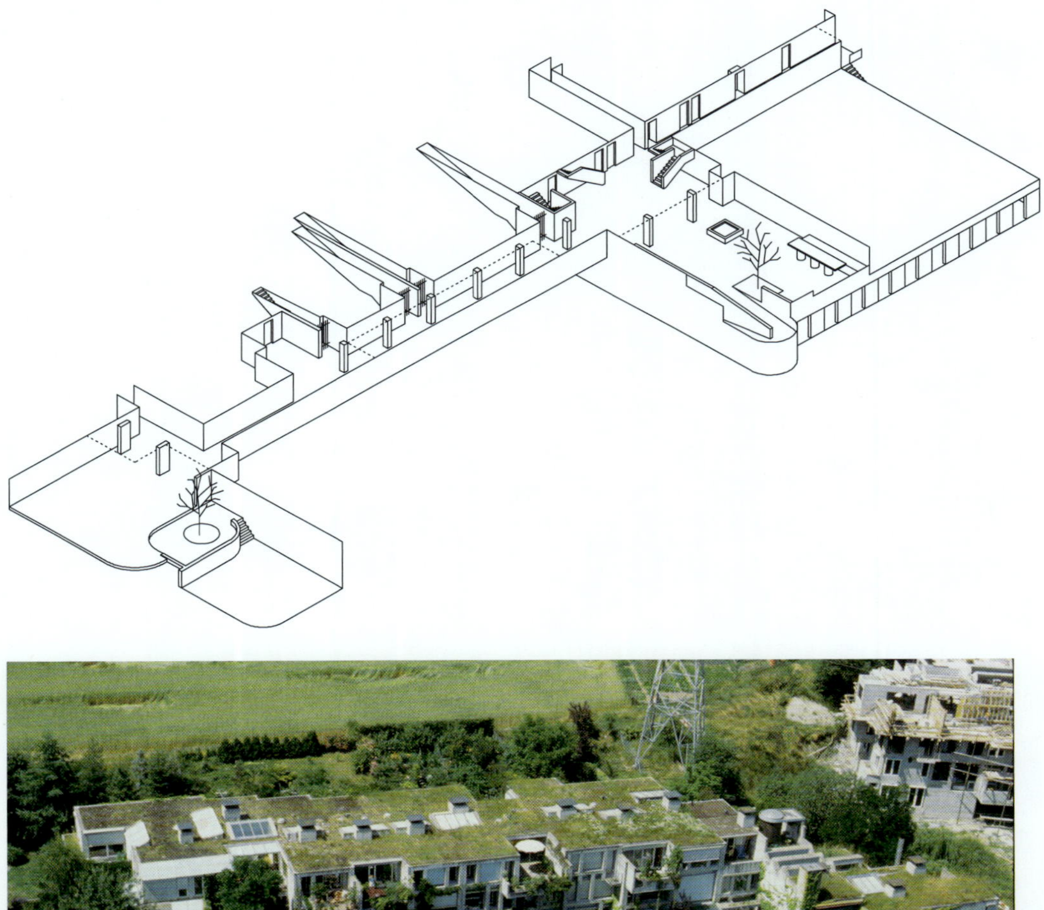

Luchtfoto tijdens de bouw van Thalmatt 2, begin jaren '80
Aerial photo during the construction of Thalmatt 2, early 1980s

Gemeenschappelijke binnenstraat
Collective interior street

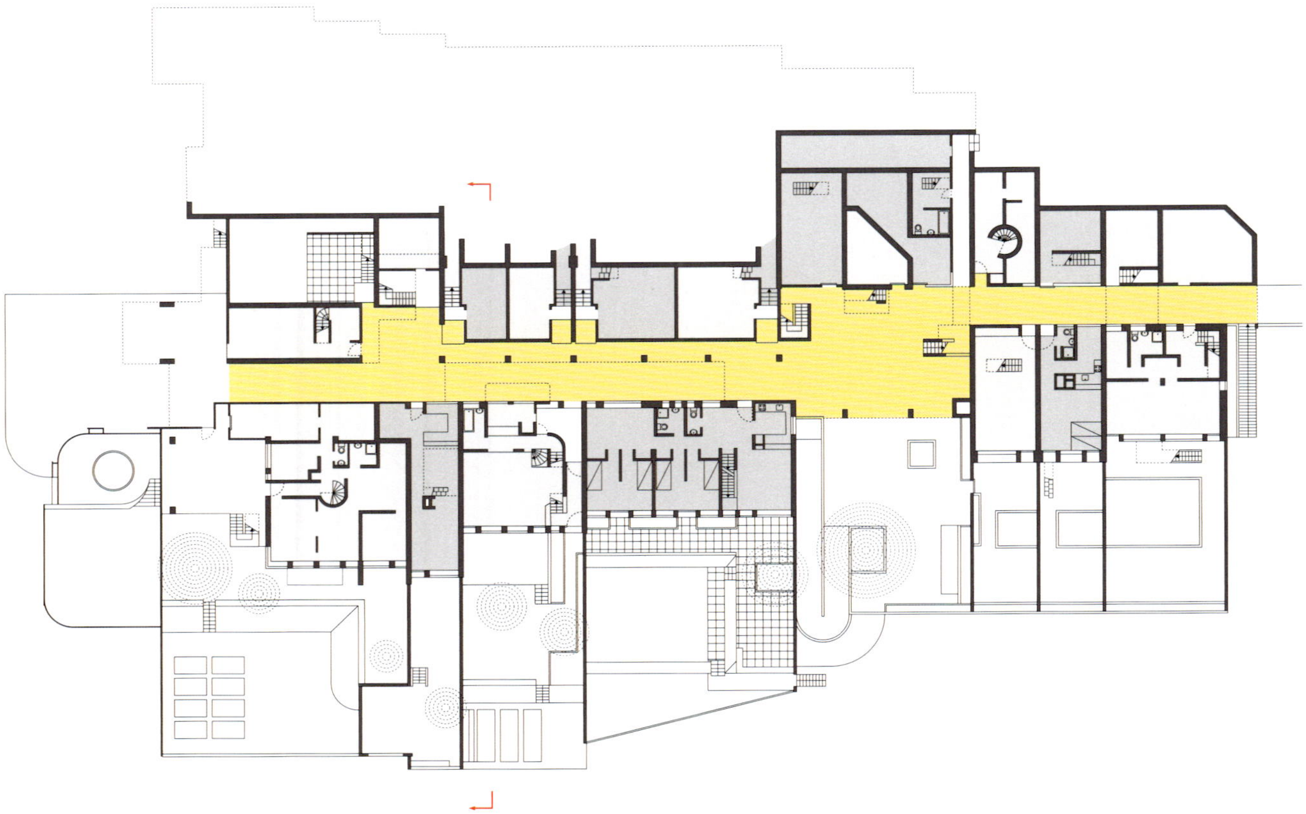

Eerste en tweede verdieping
First and second floor

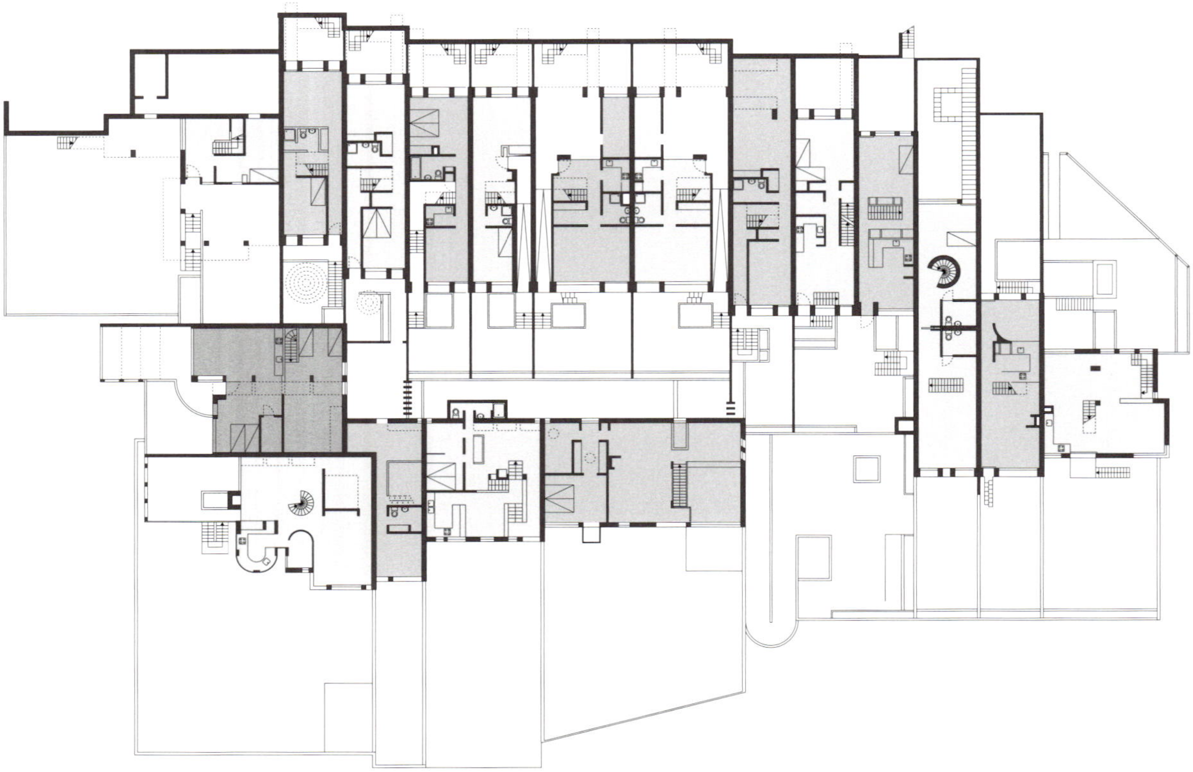

Derde en vierde verdieping
Third and fourth floor

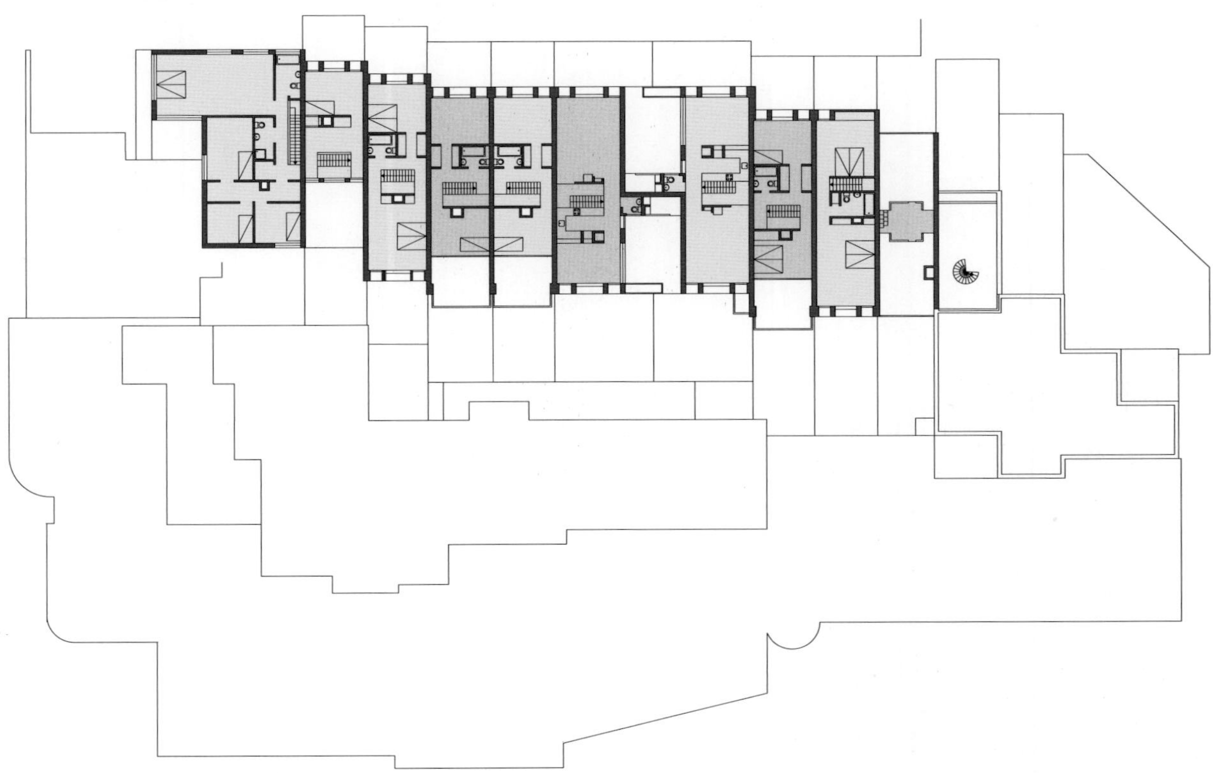

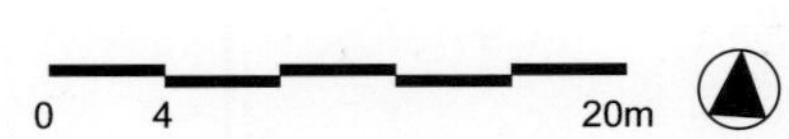

Westzijde
West side

Hellingbaan naar parkeergarage
Ramp to parking garage

Binnenstraat in oostelijke richting
Interior street facing east

Entreegebied met parkeergarage
Entrance area with parking garage

Zicht op het centrale gemeenschappelijke terras vanuit de overdekte binnenstraat
View of the central communal terrace from the covered interior street

Binnenstraat in westelijke richting
Interior street facing west

Interieur tussenwoning
Terraced house interior

Interieur hoekwoning zuidwesthoek
Corner house south-west interior

Calle de Arturo Soria Madrid

Bayon, Aroca, Bisquert y Martin

Calle de Arturo Soria:
Madrid, Spanje/Spain
Architect: Bayon, Aroca, Bisquert y Martin
Opdrachtgever/Client: coöperatie van particulieren/private cooperative
Bouw/Construction: 1976-1978
Aantal woningen/Number of houses: 21

Collectief programma/Collective programme: tuin, zwembad, portiersloge/garden, swimming pool, porter's lodge

Bron/Source:
Richard C. Levene, *Arquitectura española contemporanea, 1975/1990* (Madrid: El Croquis Editorial, 1989).

De Madrileense architect/constructeur Ricardo Aroca realiseerde in de jaren 1970 een aantal bijzondere wooncomplexen. Uitgangspunt was de idee van een verticale stellingkast waarin onafhankelijk van elkaar op maat gemaakte woningen geplaatst konden worden. Elke bouwlaag moest een vrij vloerveld bieden waar elke indeling mogelijk was. Hiertoe ontwikkelende Aroca een doorsnede waar een betonnen tafelconstructie een open maaiveld overspant. Op de tafel staat een staalskelet met vier tot vijf vloervelden boven elkaar.

Het gebouwencomplex Arturo Soria is, samen met het nabij gelegen project aan de Calle de Angel Munoz, te zien als een radicale, compromisloze uitwerking van de uitgangspunten van Aroca. Het vormt daarmee een van de mooiste voorbeelden van het principe van drager en inbouw in de woningbouw zoals John Habraken het begin jaren 1960 formuleerde. Arturo Soria bestaat uit drie bouwvolumes waarin woningen en kantoren zijn vermengd. Het middelste gebouw maakt een knik om een aantal grote dennen te sparen. De kop van dit gebouw bevat een aantal vrij indeelbare kantoorruimten; de staart – prachtig gelegen tussen de dennen – bevat appartementen die via twee stijgpunten bereikt worden. Het project werd ontworpen en gebouwd voor een coöperatief van opdrachtgevers. De in maat en indeling sterk variërende woningen werden ontworpen op basis van de wensen van de toekomstige bewoners.

De begane grond onder de woningen is opengehouden, met uitzondering van een portiersloge en de twee, in oranje en groen uitgevoerde portieken met de entrees. De open ruimte onder het blok loopt mee met het hoogteverschil van het terrein en verbindt de portieken met de tuin rondom het complex. In de tuin hebben de eigenaren een zwembad aan laten leggen. De grotere appartementen hebben plattegronden waarin door een strikte zonering onderscheid is gemaakt tussen een servicedeel (keuken en personeelsruimte) met eigen entree, het woongedeelte met een loggia als buitenruimte, en als derde de slaapkamers met badkamers. In een aantal woningen liggen slaapkamers en badkamers in een even strikte zonering gegroepeerd ter weerszijden van een grote speelhal.

Het staalskelet is zichtbaar gemaakt in de gevel, waarbij de steeds wisselende invulling met metselwerk en vensters of loggia's de variatie in de opzet van de appartementen demonstreert. Hiertegenover stellen zich de bandvensters in het bouwdeel met de kantoorruimten, die zonder variatie doorlopen. Onder het betonplafond komen alle leidingen en afvoeren van de bovenliggende woningen samen; door hun opvallende aanwezigheid versterken ze de dominante rol van de techniek in het ontwerp. (dvg)

Architect/engineer Ricardo Aroca from Madrid realized a number of unusual apartment buildings in the 1970s. The underlying principle was the idea of a vertical shelving rack on which made-to-measure houses could be placed, independently of each other. Each storey provides a free floor slab where every layout is possible. To achieve this, Aroca developed a section in which a concrete table construction spanned an open ground level. On the table, there is a steel frame with four to five floor slabs above each other.

The building, referred to as Arturo Soria, together with the nearby project on the Calle de Angel Munoz, can be seen as a radical, uncompromising elaboration of Aroca's basic principles. In so doing, it forms one of the most attractive examples of the principle of support and infill in housing, as John Habraken formulated in the early 1960s. Arturo Soria consists of three building volumes in which houses and offices are mixed. The middle building makes a bend to preserve a number of large pine trees. The head of this building contains several open plan office spaces; the tail – beautifully situated between the pines – contains apartments that can be reached via two staircases. The project was designed and built for a collective of clients. The houses, which differ significantly in size and layout, were designed on the basis of the requirements of the clients.

The ground floor under the houses has been left open, apart from a porter's lodge and the two porch entrances, executed in orange and green. The open space under the block follows the topographical variations of the terrain and connects the porches with the garden surrounding the complex. The garden contains a swimming pool. The larger apartments have floor plans where a strict division is made between a service part (kitchen and staff area) with its own entrance, the living section with a loggia as outside space, and thirdly the bedrooms with bathrooms. In some of the houses, bedrooms and bathrooms are grouped in a similarly strict zoning system on either side of a large play room.

The steel frame has been made visible in the façade, where the continually changing elaboration with brickwork and windows or loggias illustrates the variation in the design of the apartments. In contrast, the strip windows in the segment of the building with office spaces continue without variation. All the pipes, cables and drainage systems of the houses above come together under the concrete ceiling; their striking presence emphasizes the dominant role of technology in the design. (dvg)

1 **Portiers loge** Porter's lodge

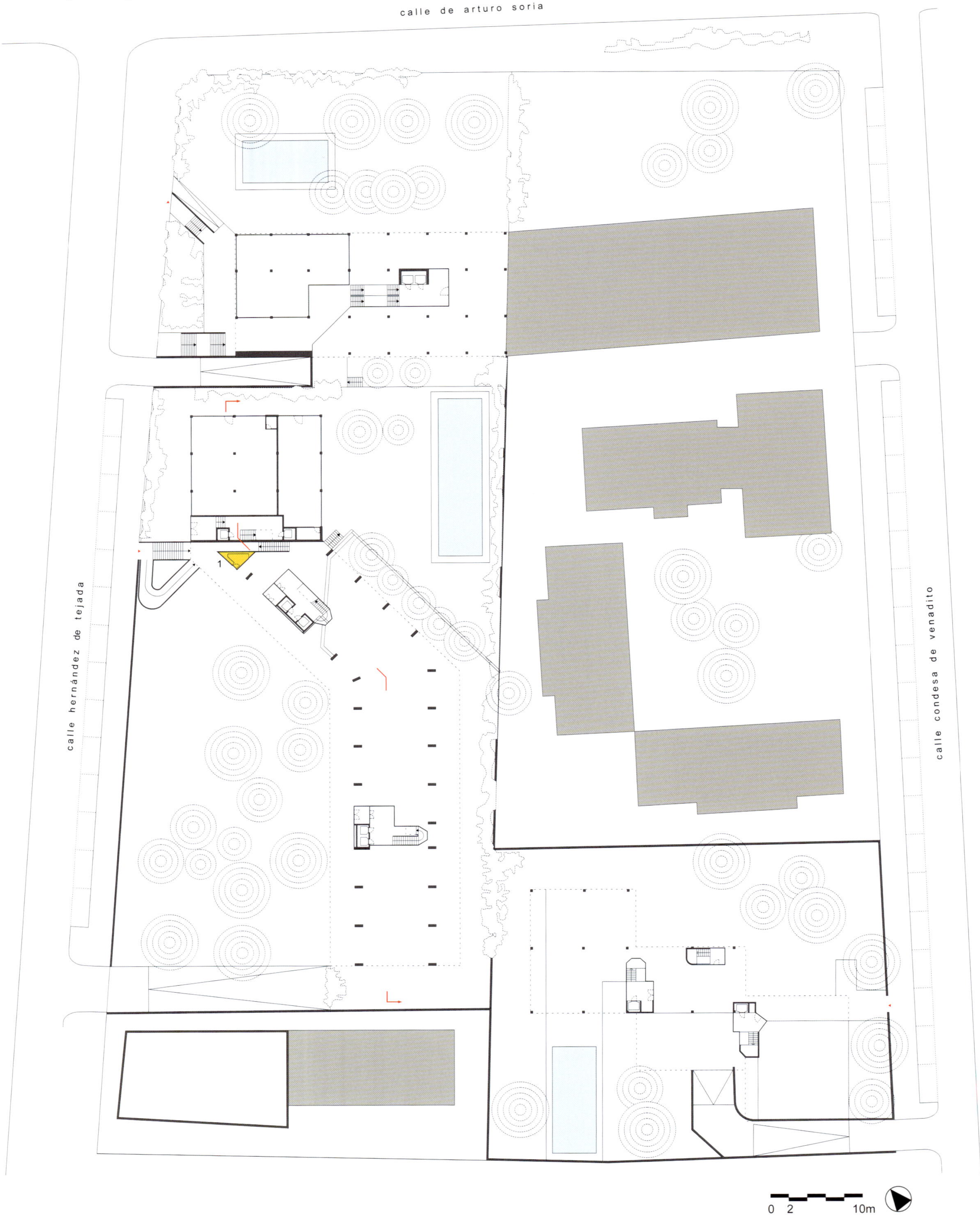

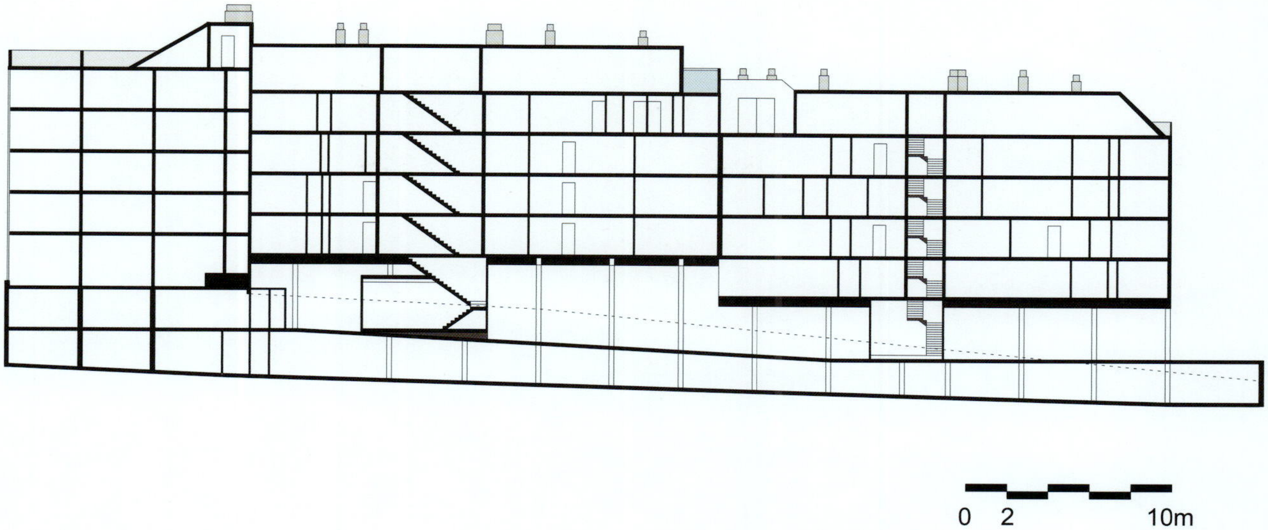

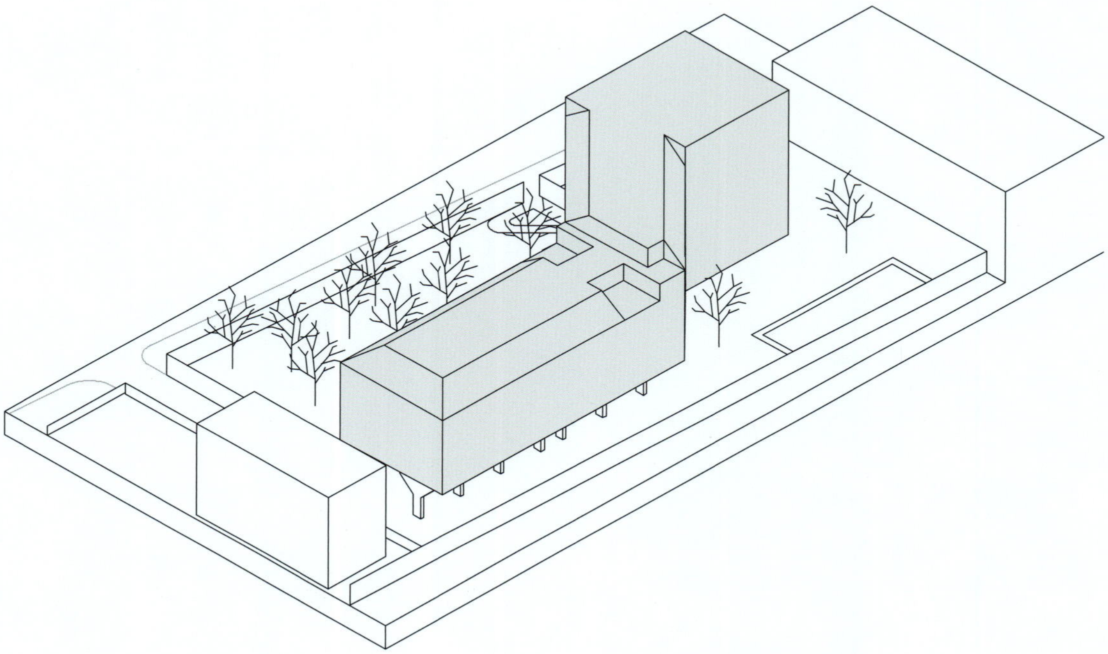

Gevelschets Aroca
Sketch of façade by Aroca

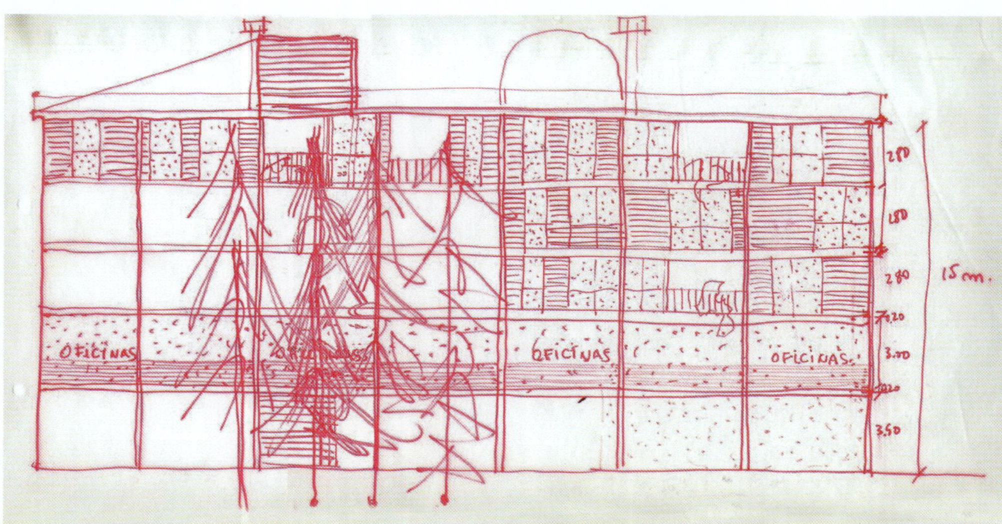

Plattegronden middelste blok
Floor plans of the central block
1 **Portiers loge** Porter's lodge

Begane grond, eerste en tweede verdieping
Ground, first and second floor

Plattegronden middelste blok
Floor plans of the central block

Derde, vierde en vijfde verdieping
Third, fourth and fifth floor

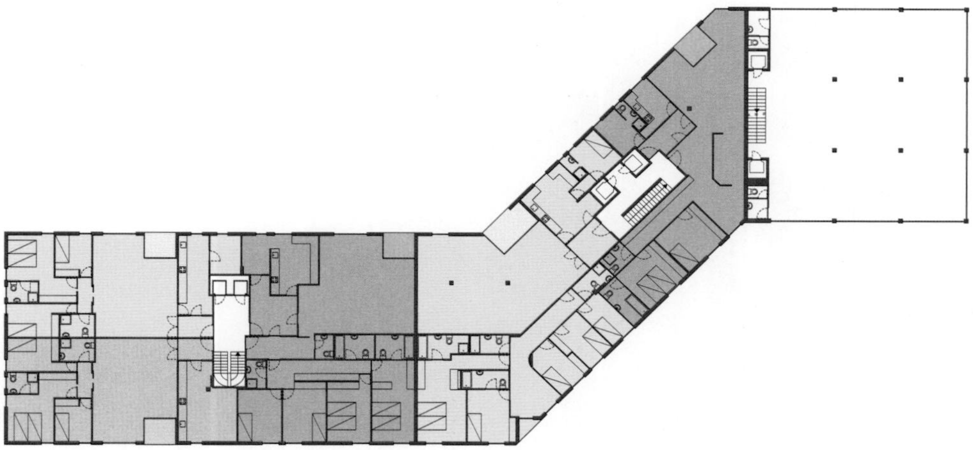

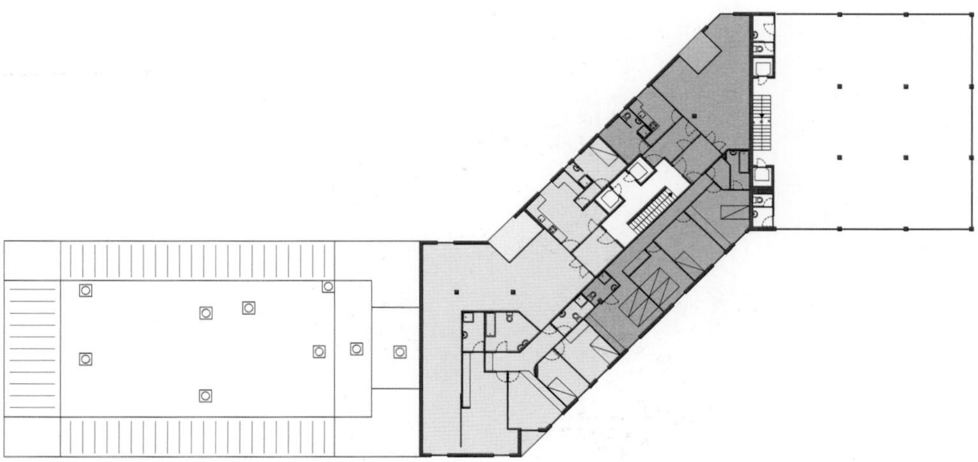

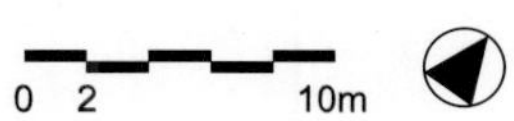

Zichtbaar staalskelet en installaties
Visible steel construction and installations

Open begane grond centraal gebouw met entreehal
Open ground floor of central block with entrance hall

Middelste blok van het complex Arturo Soria, vanuit het zuiden met op de voorgrond de behouden boomgroep
Central block of the Arturo Soria complex, seen from the south with the preserved group of trees in the foreground

Middelste blok met daarachter het noordelijk blok, gezien vanaf de Calle de Hernandez de Tejada
Central block with the north block behind, seen from the Calle de Hernandez de Tejada

Egelwier Leusden

Hans Ruijssenaars

Woonruimte met centrale vide
Living area with central void

Egelwier: Leusden, Nederland/the Netherlands
Architect: Hans Ruijssenaars
Opdrachtgever/Client: coöperatie van 11 particulieren/cooperative of 11 private individuals
Ontwerp/bouw/Design/construction: 1975-1982
Aantal woningen/Number of houses: 11

Collectief programma/Collective programme: geen/none

Bron/Source: *Hans Ruijssenaars architect* (Apeldoorn: catalogus Van Reekum Museum, 1993), 75-75.

Diep verscholen tussen de woonerven van Leusden ligt een cluster van 11 woningen in twee rijen gegroepeerd rond een groene hof. Het sobere, in betonsteen uitgevoerde exterieur heeft door de terugliggende woningentrees en de op de eerste verdieping eveneens terug liggende balkons een plastische verschijningsvorm. Het geeft nauwelijks een aanwijzing voor het aantal en de afmetingen van de huizen, laat staan voor het opmerkelijke interieur ervan.

De woningen zijn in 1978 ontworpen door architect Hans Ruijssenaars voor een groep van 11 families die zich in 1975 hadden verenigd in een collectief bouwinitiatief om voor iedereen een passende woning te realiseren. De afzonderlijke programma's waren zeer verschillend, en werden nog tijdens het ontwerpproces regelmatig aangepast. Ook wisselden gedurende het proces nog enkele opdrachtgevers. Uiteindelijk werden de 11 verschillend uitgewerkte woningen in 1982 opgeleverd en door de opdrachtgevers betrokken.

Alle woningen zijn twee lagen hoog met plat dak, maar variëren in breedte (twee of drie beuken) en in diepte. Om de verschillende woonprogramma's in één architectonisch ensemble te kunnen opnemen, is een sterke basisstructuur ontworpen van repeterende beuken van ongeveer 4 m breed. Deze structuur is in beide rijen consequent doorgezet als drager voor de verschillende invullingen per woning. Loodrecht op de constructieve zonering staat een ruimtelijke en functionele zonering. De zone aan de ingangszijde bevat de entrees, garages, bergingen en keukens, met op de verdieping de kinderslaapkamers. Een zone in het hart van de woningen bevat trappen, sanitaire ruimten en op de verdieping een gang, aangelicht door een lichtstraat in het dak. Deze zone functioneert als ruggengraat zowel voor de individuele woning als – in één doorgaande lijn – voor het blok als geheel, en houdt zo de woningen met hun wisselende voor- en achterrooilijnen bij elkaar. De zone aan de tuinzijde bevat de twee treden lager liggende woonruimten, en op de verdieping slaapkamers, vaak onderbroken door een vide boven de woonruimte. In de vides van sommige woningen maken smalle, stalen trappen een extra verbinding met boven. Een van de hoekwoningen is uitgevoerd als woning met tandartspraktijk in een extra naar voren springend bouwvolume.

De dragende wanden zijn opgemetseld uit schoonwerk-betonsteen, afgedekt met betonbalken. De eveneens betonnen verdiepingsvloer heeft aan de onderzijde een opvallend reliëf van loodrecht op de wanden liggende tongewelfjes. Deze vloer is opgebouwd uit Kwaaitaal-vloerelementen, die normaliter als beganegrondvloeren werden toegepast.

Het gebruik van onafgewerkte materialen, de sterke ritmiek van de constructieve elementen en de nadruk op een zorgvuldige dosering en variatie van daglichttoetreding zijn kenmerkend voor Ruijssenaars' werk. Het verleent de woningen een bijzondere combinatie van helderheid en huiselijkheid. (dvg)

Hidden deep between the pedestrian priority zones in Leusden, there is a cluster of 11 houses in two rows grouped round a green courtyard. The sober exterior, executed in concrete blocks, has an expressive form due to the recessed house entrances and similarly set-back balconies on the first floor. It provides hardly any indication of the number and dimensions of the houses, let alone their striking interior.

The houses were designed in 1978 by architect Hans Ruijssenaars for a group of 11 families that had formed a collective building initiative in 1975 to realize a suitable house for everyone. The separate programmes differed greatly and were regularly adapted during the design process itself. There were also several changes in the commissioning clients during the process. Ultimately, the 11 differently elaborated houses were delivered in 1982 and taken into use by the clients.

All the houses have two storeys with a flat roof, but vary in width (two or three bays) and in depth. In order to be able to include the various programmes in a single architectural ensemble, a strong basic structure was designed with repeating bays of roughly 4 m wide. This structure was consistently continued in both rows as support for the different arrangements per house. At right angles to the structural zoning, there is spatial and functional zoning. The zone on the side of the entrance contains the doorways, garages, storage spaces and kitchen, with the children's bedrooms on the first floor. A zone in the heart of the houses includes staircases, sanitary spaces and a corridor on the first floor, lit by a slit-shaped skylight. This zone functions as the backbone for the individual house and also – in a single continuous line – for the block as a whole, and in this way keeps the houses together, with their variable building alignments at the front and rear. The zone on the garden side contains the living spaces, situated two steps lower, with bedrooms on the first floor, and is often interrupted by a void above the living area. In the voids of some of the houses, narrow steel stairs make an extra connection with upstairs. One of the corner houses has been executed as a house with a dentist's surgery in an extra forward-projecting building volume.

The supporting walls are constructed of concrete blocks, covered with concrete joists. The party floor, also concrete, has a striking relief on the underside: small barrel-vault arches at right angles to the walls. This floor is composed of 'Kwaaitaal' floor elements, which were normally used for floors at ground level.

The use of unfinished materials, the strong rhythm of the structural elements and the emphasis on a careful balance and variation in the amount of natural light are characteristic of Ruijssenaars' work. It gives the houses an unusual combination of clarity and domesticity. (dvg)

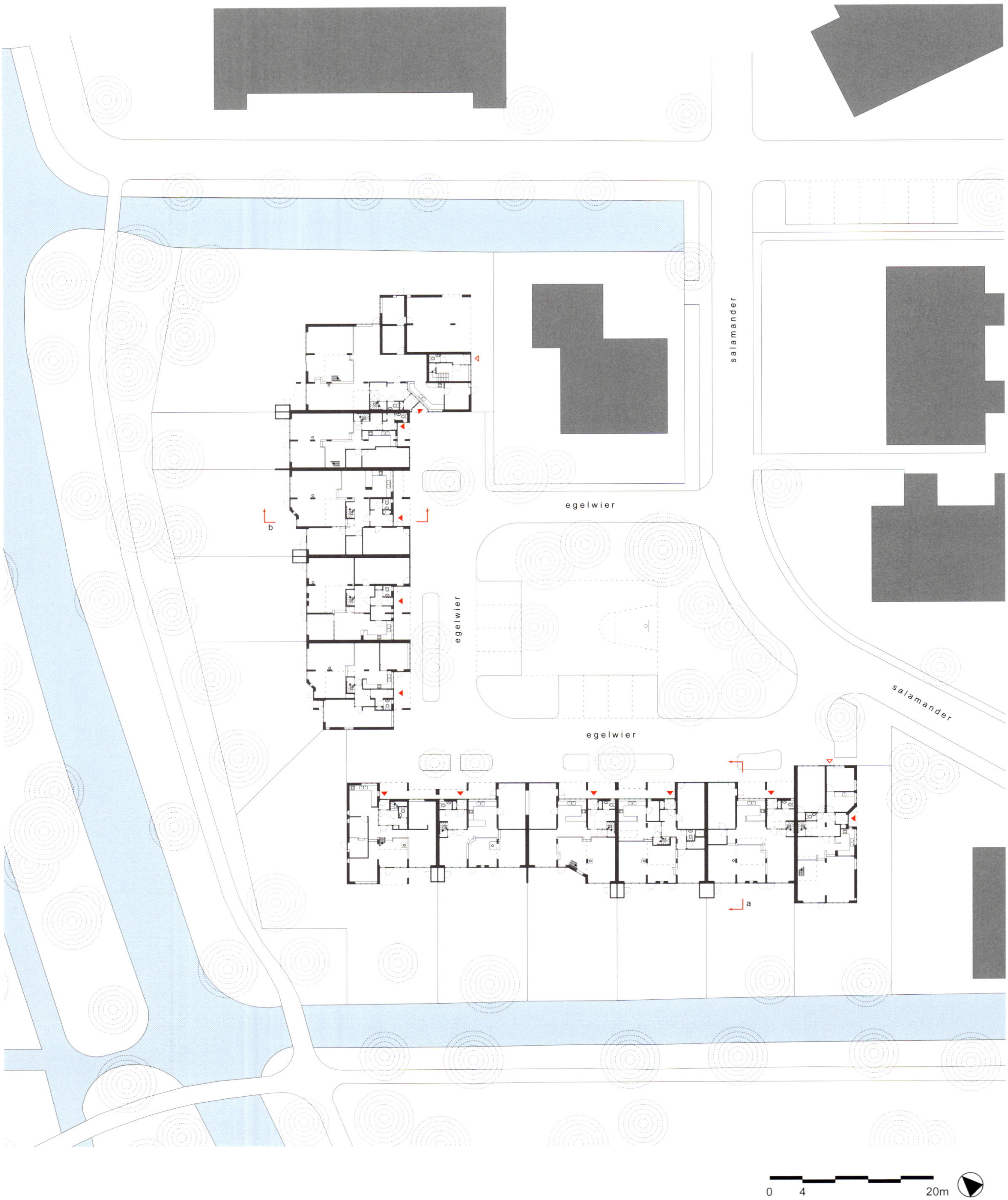
salamander
egelwier
b
egelwier
salamander
egelwier
a
0
4
20m

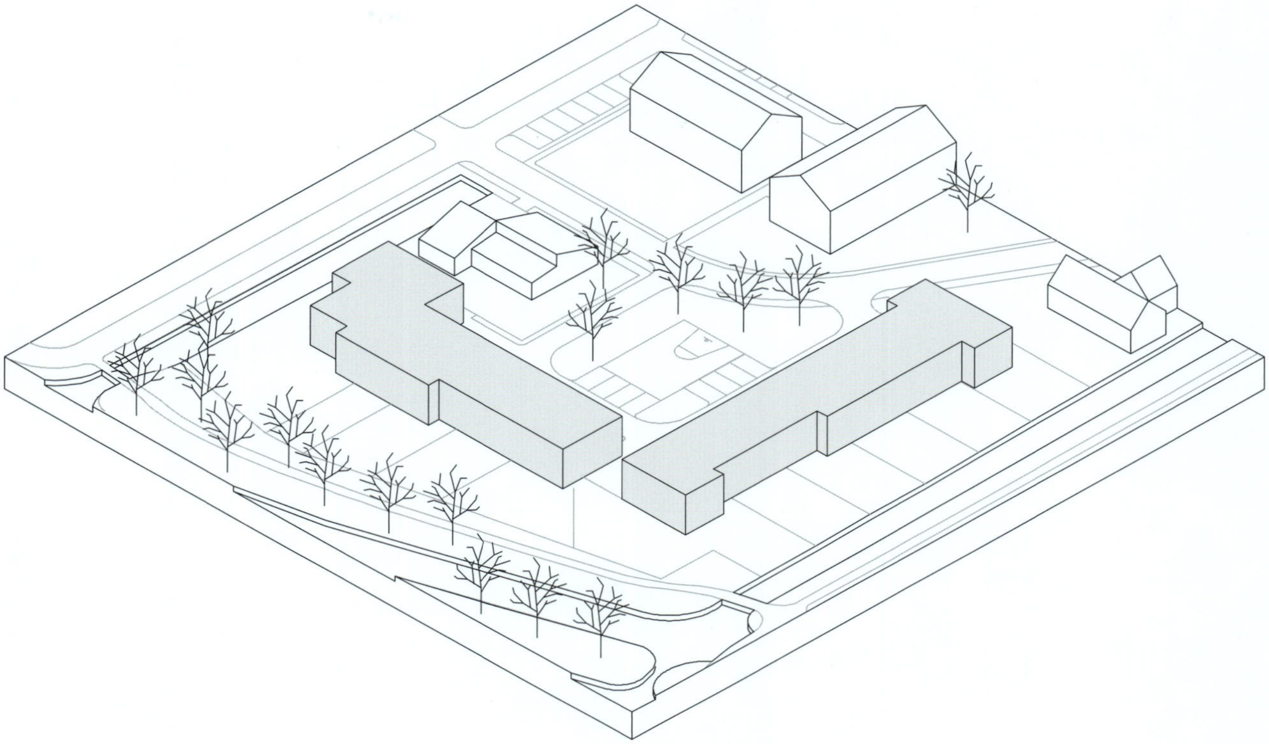

Gemeenschappelijk speelveld
Communal playing field

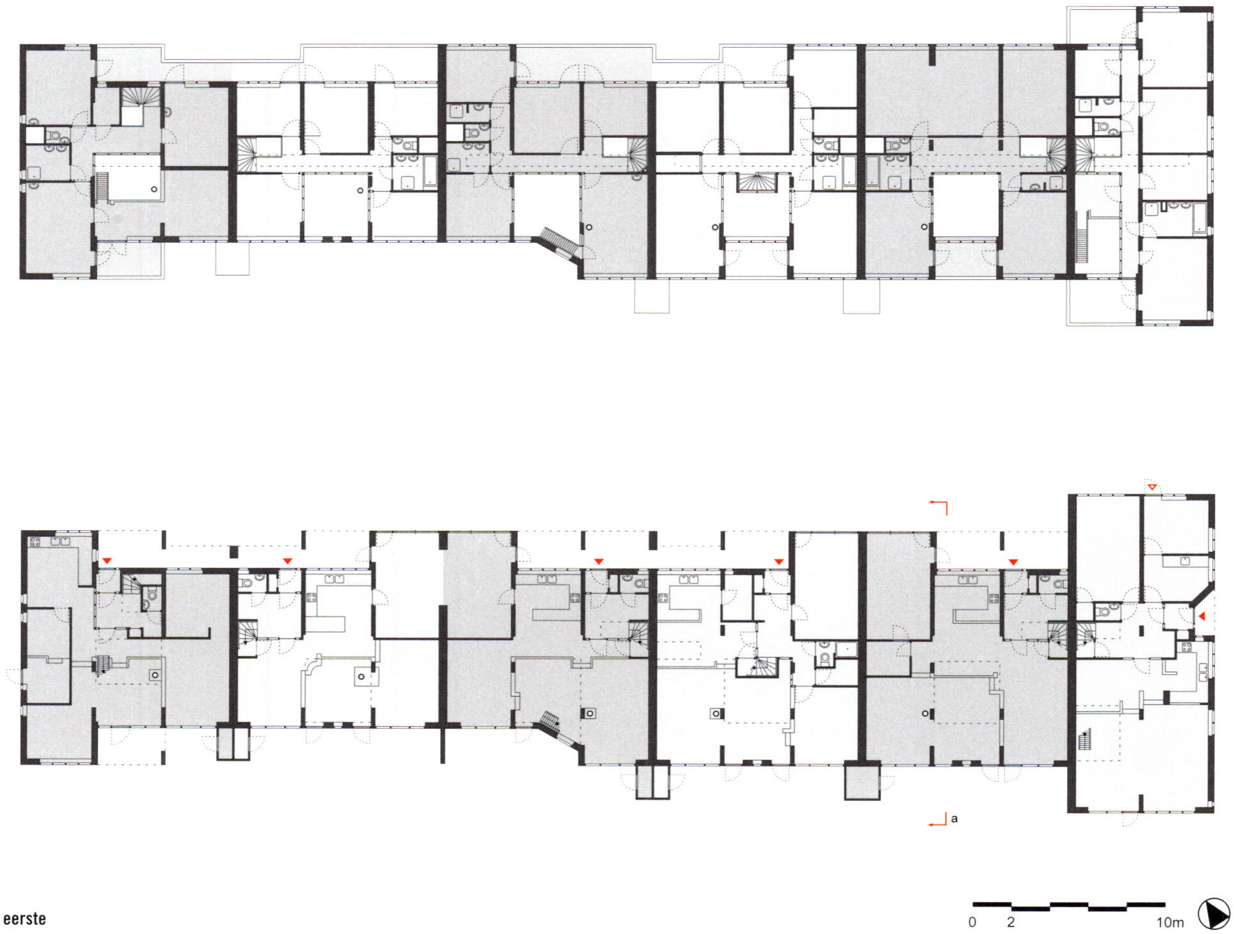

Begane grond en eerste verdieping zuidwestelijk blok
Ground floor and first floor south-west block

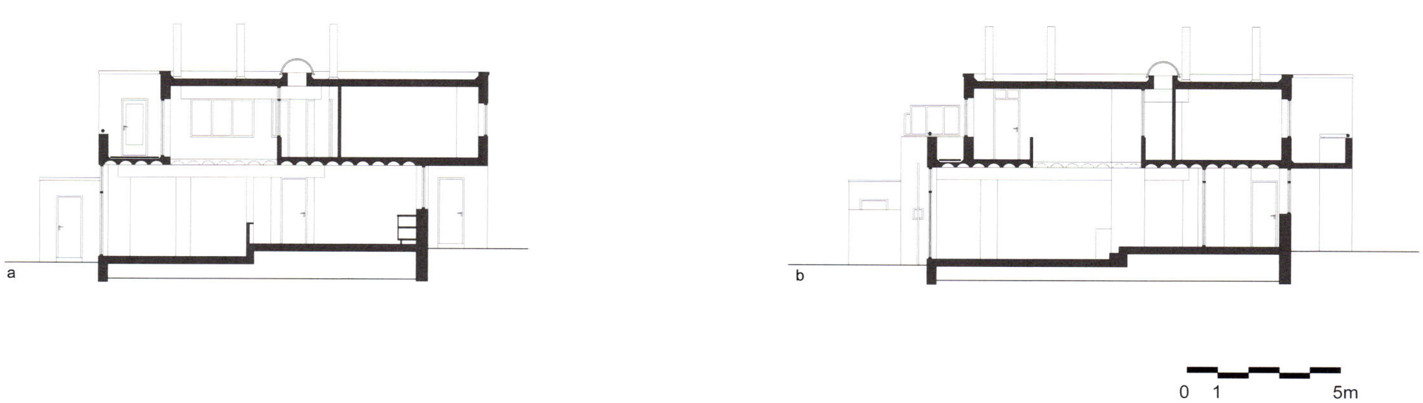

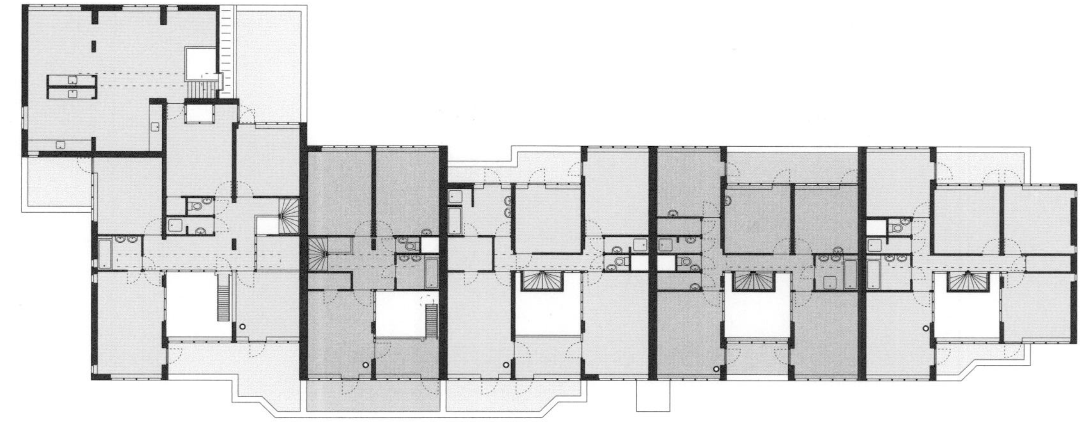

Begane grond en eerste verdieping noordwestelijk blok met praktijkwoning
Ground floor and first floor of the north-west block with home cum practice

Egelwier kort na de oplevering begin jaren '80
Egelwier shortly after completion in the early 1980s

Achterzijde woningen
Rear side of the houses

Woonruimte met tweede trap in centrale vide
Living area with a second staircase in the central void

Woonruimte
Living area

Entreezijde noordwestelijk blok
Streetfacade northwest block

Lichtstraat tussenwoning
Skylight of a terraced house

Open woonruimte over drie beuken met verdiepingsvloer van Kwaaitaal-elementen
Open living area over three bays with a floor of Kwaaitaal elements

WindSong Cohousing Langley

dys architecture

WindSong Cohousing:
Langley, Canada
Architect: Davidson, Yuen, Simpson architecture (dys architecture); David Simpson (projectarchitect/ project architect)
Opdrachtgever/Client: Windsong Cohousing Construction Cooperative Association (WCCCA) en/and Northmark Projects

Bouw/Construction: 1998
Aantal woningen/Number of dwellings: 34
Collectief programma/Collective programme: keuken, wasruimte, kinderspeelruimte, gastenkamer, atelier, parkeergarage, moestuinen/ kitchen, laundry, children's play area, guest room, studio, parking garage, vegetable garden

Bronnen/Sources:
Bruce McDougall, 'Going green in the burbs', *Canadian Geographic* (januari/februari 2003), 66-71.
K. McCamant en C. Durrett, *Creating Cohousing: Building Sustainable Communities* (Gabriola Island/B.C., Can: New Society Publishers, 2011).

Overdekte binnenstraat. Bewoners kozen hun eigen kleur voor de hun woning
Covered interior street. Residents chose their own colour for their house

Het project WindSong Cohousing, in een buitenwijk van het stadje Langley in de Canadese provincie British Columbia, zal bij velen de associatie oproepen met woongroepen of communes uit de jaren 1970. De bewoners van WindSong bewerken gezamenlijk een groentetuin, koken vaak samen, houden zich intensief bezig met *personal growth* en verrichten tenminste drie uur in de maand klusjes als vuil ophalen, schoonmaken en administratief werk.

In WindSong wonen zo'n 100 mensen, onder wie alleenstaanden, ouderen en families. Het initiatief voor de gemeenschap ontstond begin jaren 1990 vanuit een ecologisch getint ideaal van een gemeenschap die samen beslissingen neemt over waar te wonen en hoe de eigen woning te bouwen en te onderhouden. In 1994 waren er zo'n 20 gelijkgezinde deelnemers die een bosrijk, 2,5 ha groot terrein op een uur afstand van Vancouver vond, doorkruist door een beek en bewoond door visarenden, herten en andere wilde dieren.

Het kostte moeite om het project tot stand te brengen. Niet alleen de wirwar aan regels en vergunningen vormde een obstakel, er was ook een uitgekiende informatiecampagne nodig om de omwonenden te overtuigen. Ook de financiering bleek lastig: hoewel de kosten niet noemenswaardig verschillen van reguliere nieuwbouwwoningen, stonden banken argwanend tegenover het principe van een woongroep. Uiteindelijk heeft de Canada Mortgage and Housing Corporation de lening gedekt.

Het complex is ontworpen door David Simpson van dys architecture uit Vancouver. Hij ontwierp twee overdekte woonstraten die samenkomen in een cluster met collectieve functies als een keuken met eetruimte, wasserij, kinderspeelruimte met speeltoestellen en een handwerkruimte voor creatieve activiteiten. Ook is er een gastenslaapkamer.

De straten zijn met glas overkapte, dubbelhoge ruimten die als ontmoetingsgebied en als binnenspeelterrein fungeren. Op zes portiekwoningen na, grenzen de 34 woningen met hun woonverdieping en voordeur aan de straat. De dwarsdoorsneden zijn complex: sommige woningen gaan vanaf het straatniveau één verdieping naar beneden, waar de slaapverdieping ligt; bij andere ligt de slaapverdieping juist bóven de woonverdieping en leidt de trap naar beneden naar een kelder. Weer andere hebben slechts één verdieping; dit zijn de woningen waar bovenop de portiekwoningen liggen.

De compacte opzet van WindSong is ook bedoeld om de omgeving zoveel mogelijk onaangetast te laten; ongeveer tweederde van het bosrijke terrein verkeert nog in oorspronkelijke staat. Het gebouw volgt de hoogtelijnen in de kavel en biedt zicht op de lager gelegen beek. De ondergrondse parkeergarage met 47 plaatsen ligt deels ingegraven in de helling. WindSong is op dit moment een van de 13 *communities* die zijn aangesloten bij de Ecovillage Network of Canada, een organisatie die het ideaal van ecologische, spirituele en duurzame gemeenschappen ondersteunt en uitdraagt. (pvdp)

The project WindSong Cohousing, in a suburb of the town of Langley in the Canadian province of British Columbia, will remind many people of communes from the 1970s. The residents of WindSong collectively work in the vegetable garden, often cook together, are intensely occupied with personal growth and spend at least three hours a month doing chores like picking up trash, cleaning and administrative paperwork.

About 100 people live at WindSong, including singles, senior citizens and families. The initiative for the community began in the early 1990s, from an ecologically inclined ideal of a community that would take decisions collectively about where to live and how to build and maintain its own homes. In 1994 about 20 like-minded people found a woodland site of 2.5 hectares an hour outside of Vancouver, traversed by a stream and inhabited by ospreys, deer and other wild animals.

Getting the project off the ground proved difficult. Not only did the labyrinth of regulations and permits form an obstacle, but it also took a sophisticated information campaign to convince neighbouring residents. Financing also proved tricky: although the costs do not vary significantly from those of regular new-build projects, banks were wary of the principle of a residential commune. In the end the Canada Mortgage and Housing Corporation supplied the loan.

The complex was designed by David Simpson of dys architecture in Vancouver. He designed two covered residential streets that come together in a cluster containing collective functions such as a kitchen and diningroom, laundry, a children's play area with playground equipment and a handicrafts space for creative activities. There is also a bedroom for guests.

The streets are double-height spaces with glass roofs, which serve as a meeting place and an internal play area. Except for six walk-up flats, the 34 dwellings have their living level and front door on the street. The cross sections are complex: some homes go down one storey from the street level to the sleeping level; in others the sleeping level is instead above the living level, and the stairs lead down to a cellar. Others have only one storey: these are the homes above which the walk-up flats are situated.

WindSong's compact structure is also intended to leave its setting as untouched as possible: about two-thirds of the woodland site is still in its original state. The building follows the vertical contours of the property and looks out onto the stream below. The underground, 47-space parking garage is partially dug into the hillside. WindSong is currently one of the 13 communities that have joined the Ecovillage Network of Canada, an organization that supports and promotes the ideal of ecological, spiritual and sustainable communities. (pvdp)

0 5 25m

1 **Gemeenschapsruimte**
2 **Speelkamer**
Children's play area
3 **Tienerkamer** Teenage club
4 **Wasruimte** Laundry room
5 **Kantoor** Office space
6 **Hobbyruimte** Studio
7 **Moestuinen** Vegetable garden
8 **Zolder** Attic

Gemeenschappelijke binnenstraat
Collective interior street
Gemeenschappelijke ruimten
Collective spaces

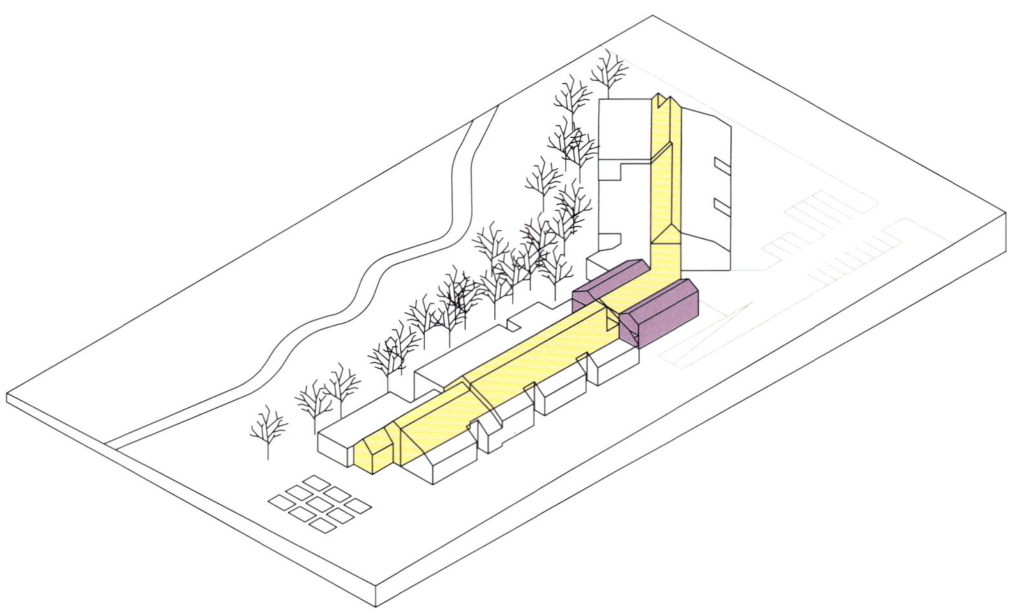

Isometrische projectie van garage en binnenstraat
Isometric projection of carparking and interior street

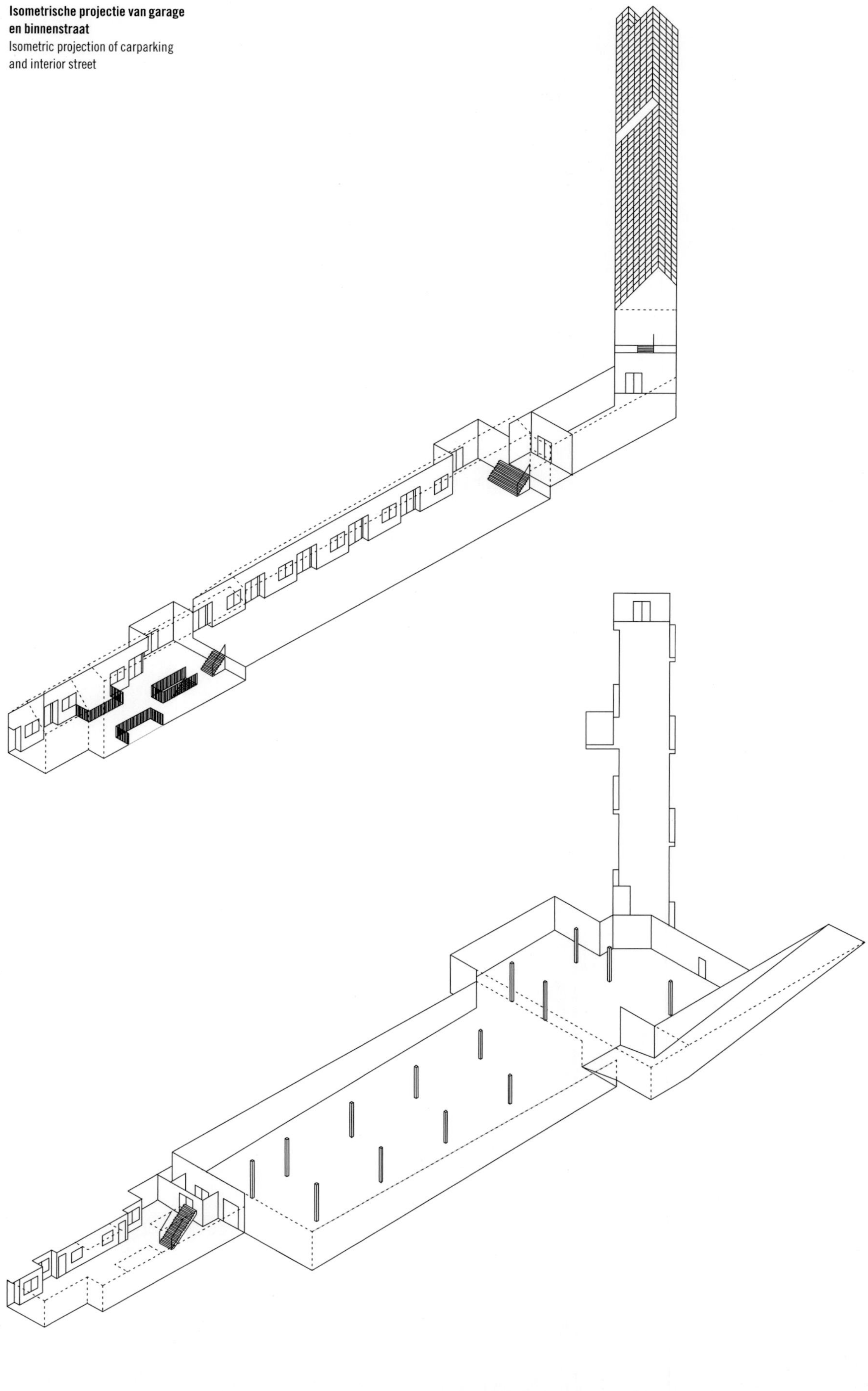

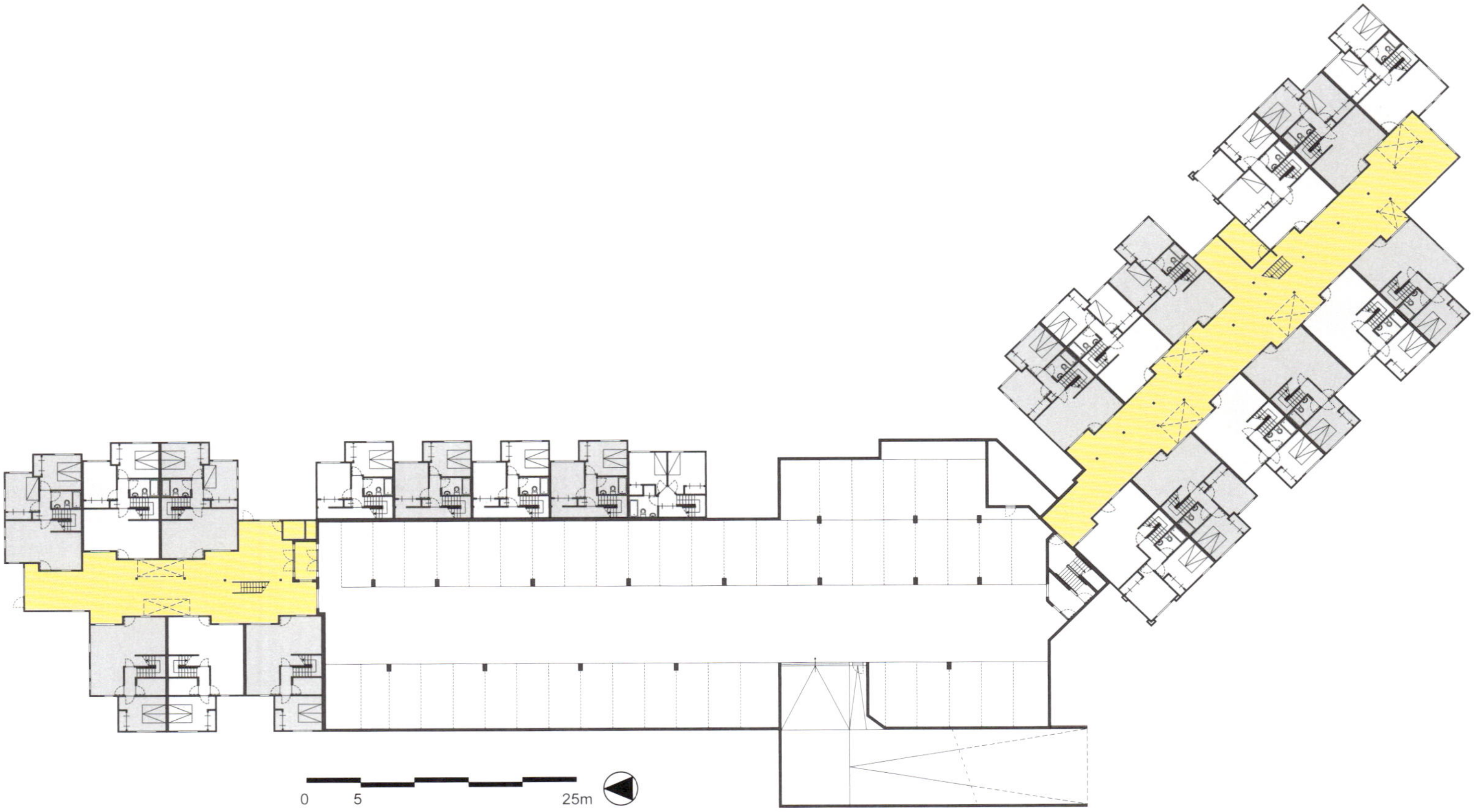

Begane grond
Ground floor

Gemeenschappelijke groentetuin
Communal vegetable garden

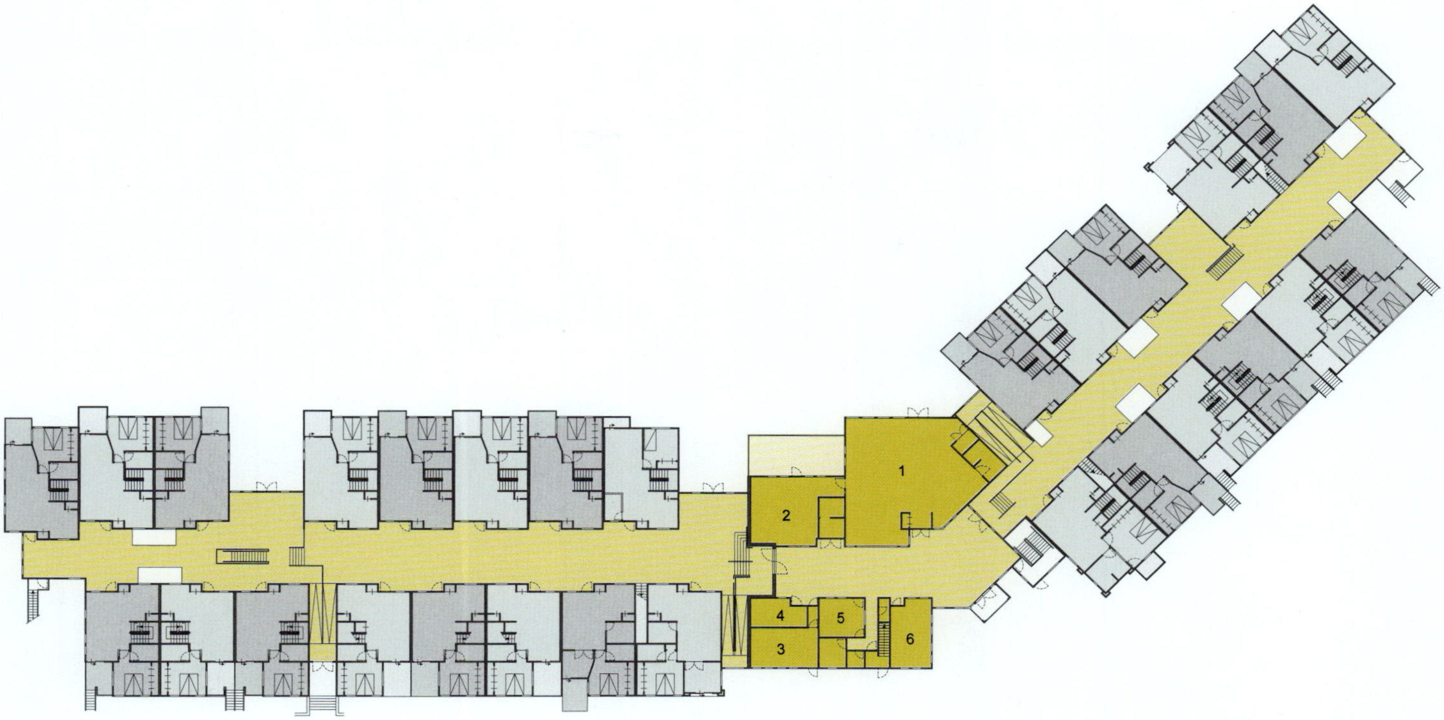

Eerste en tweede verdieping
First and second floor

1 **Gemeenschapsruimte**
2 **Speelkamer**
Children's play area
3 **Tienerkamer** Teenage club
4 **Wasruimte** Laundry room
5 **Kantoor** Office space
6 **Hobbyruimte** Studio
7 **Moestuinen** Vegetable garden
8 **Zolder** Attic

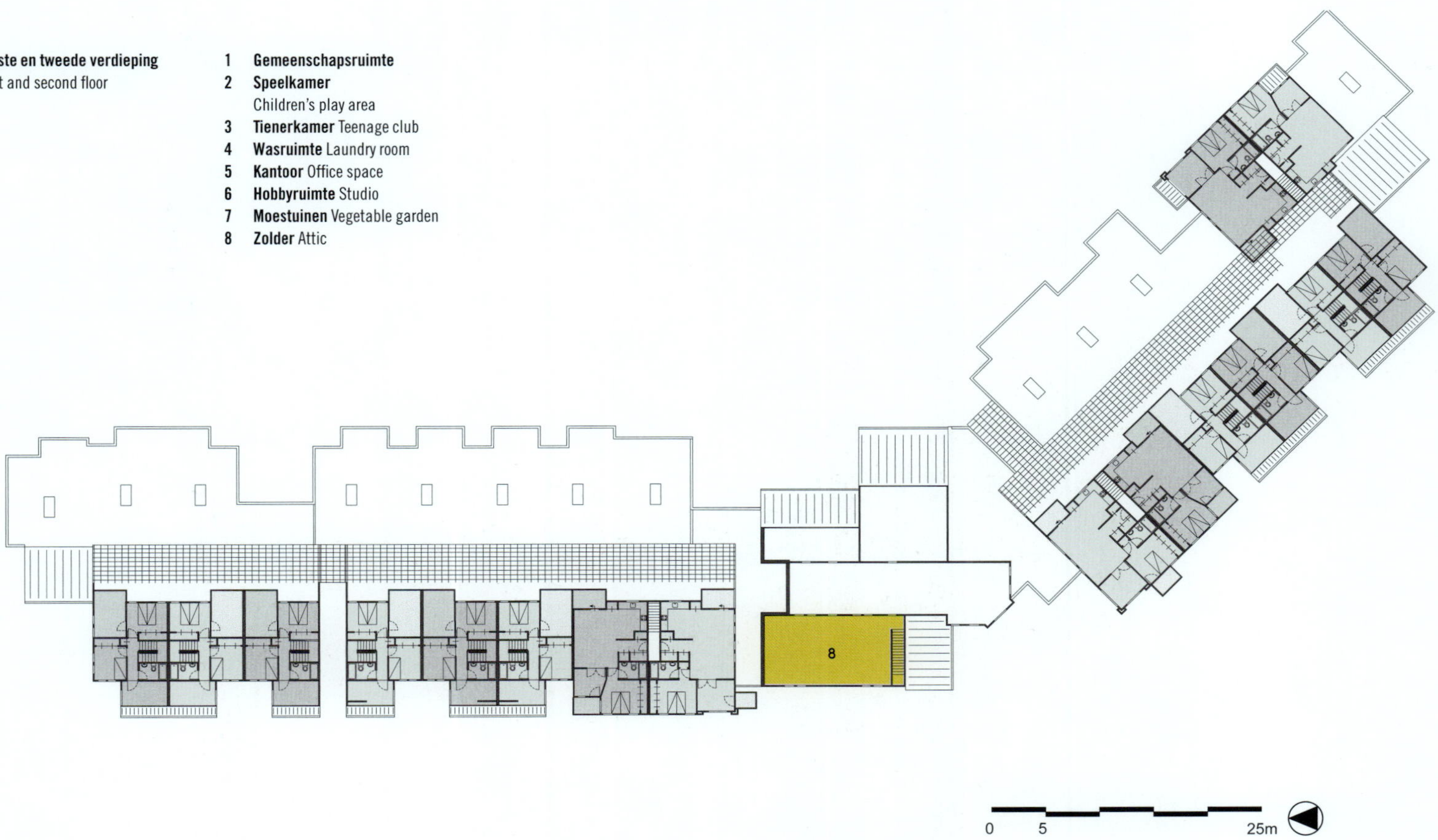

Overdekte binnenstraat kort na oplevering
Covered interior street shortly after completion

Gemeenschappelijke groentetuin
Communal vegetable garden

Gemeenschappelijke speelruimte
Communal play area

Expositie in de entreehal
Exhibition in the entrance hall

De overdekte binnenstraat als ontmoetings- en speelruimte
The covered interior street as a meeting and play area

Miss Sargfabrik Wenen/Vienna

BKK-3

Missindorfstrasse

Miss Sargfabrik:
Missindorfstrasse/Fenzlgasse, Wenen, Oostenrijk/Vienna, Austria
Architect: BKK-3
Opdrachtgever/Client: Verein für integrative Lebensgestaltung
Ontwerp/Design: 1998-2000
Bouw/Construction: 1999-2000
Aantal woningen/Number of dwellings: 43
Collectief programma/Collective programme: wasserij, bibliotheek, computerstations, keuken, bar/ laundry, library, computer stations, kitchen, bar
Bron/Source:
Bart Lootsma, Andreas Ruby en/and Ilka Ruby, *2G*, nr./no. 36 (Barcelona: Editorial Gustavo Gili, 2006).

Het Weense woningbouwproject Miss Sargfabrik (2000) is het vervolg op een nabijgelegen project (1996), met de naam Sargfabrik. Ze hebben veel met elkaar gemeen: feloranje gevels met een uitzonderlijk programma waarin naast wonen ook plek is voor collectieve en, in het geval van Sargfabrik, publieke functies. Bovendien hebben ze dezelfde opdrachtgever: een collectief met de naam 'Verein für integrative Lebensgestaltung'. Het collectief noemt zichzelf een 'Baukünstlerkollektiv', en de twee architecten onder hen die het ontwerp maakten, hebben hun bureau naar dit fenomeen genoemd: BKK-3.

Aan zowel Sargfabrik als Miss Sargfabrik ligt de wens ten grondslag om een ander soort woningbouw te realiseren dan in Wenen op dat moment beschikbaar was. De eenvormigheid van de modernistische woningbouwdoctrine was de opdrachtgevers en ontwerpers een doorn in het oog. In hun optiek was het modernistische streven naar licht, lucht en ruimte, het ontwarren van wonen, werken, verkeer en ontspanning, en het zoeken naar nieuwe vormen van wonen en samenleven, verworden tot een voornamelijk industriële woningbouwproductie waarin het niet meer gaat over het accommoderen van individuele wensen, maar om het realiseren van grote aantallen minimale wooncellen.

Miss Sargfabrik staat op de hoek van de Missindorfstrasse en de Fenzlgasse. De feloranje kleur en de lange bandramen onderscheiden het gebouw van zijn omgeving. Aan de korte zijde – het gebouw vormt een haak met een lang been en een kort been – toont zich de complexiteit van Miss Sargfabrik: hier versmelten twee bandramen tot één en worden allerlei hoogteverschillen en split-level doorsneden zichtbaar. Miss Sargfabrik biedt geen publieke functies, maar heeft voor zijn bewonerscollectief wel een aantal gemeenschappelijke voorzieningen als een bibliotheek, wasruimte, twee keukens en een bar. Deze gebouwonderdelen zijn complex van vorm: ze zijn met elkaar verbonden door hellingbanen of luie trappen; hun wanden lopen schuin omhoog.

Ook de woningen zelf zijn uitzonderlijk. Vele hebben een split-level indeling, met trappen of zelfs schuine vloeren, insteekverdiepingen en variërende plafondhoogten. De woningscheidende wanden zijn meestal geknikt waardoor de woningen vanuit het midden taps toelopen of juist breder worden. De ruimtelijke rijkdom die dit tot gevolg heeft, verhult het beperkte vloeroppervlak van de appartementen: de gemiddelde grootte is 56 m^2. Hoewel daar collectieve ruimten tegenover staan, zijn de woningen in Miss Sargfabrik voor 'traditionele' gezinnen te klein – die komen dan ook onder de bewoners niet voor.

De bewoners van Miss Sargfabrik hebben onderling minder contact dan die van Sargfabrik; het beperkt zich tot bewoners van dezelfde verdieping. Groepsbeslissingen worden in algemene vergaderingen van het bewonerscollectief genomen, op basis van tweederde of 90 procent meerderheid van stemmen. Deze beslissingen betreffen bijvoorbeeld aanpassingen aan het gebouw, maar ook toetreding van nieuwe leden. Deze vorm van directe democratie maakt dat bewoners zich betrokken voelen, zonder een te groot beroep op hen te willen doen. (pvdp/ok)

The Viennese housing project Miss Sargfabrik (2000) is the sequel to a project located nearby (1996), named Sargfabrik. They have a lot in common: bright-orange façades with an unusual programme that includes room, alongside housing, for collective, and in the case of Sargfabrik, public functions. In addition they have the same client: a collective named 'Verein für integrative Lebensgestaltung' (association for integrated living). The collective calls itself a 'Baukünstlerkollektiv' (architecture collective), and the two architects in it who produced the design have christened their firm after this phenomenon: BKK-3.

Both Sargfabrik and Miss Sargfabrik are grounded in the desire to realize a different kind of housing than was available in Vienna at the time. The uniformity of the modernist doctrine of housing construction was repellent to the clients and the designers. In their view the modernist quest for light, air and space, the segregation of housing, work, transport and leisure, and the search for new forms of housing and society had morphed into a primarily industrial housing production in which the idea was no longer to accommodate individual needs, but to produce large numbers of minimal housing cells.

Miss Sargfabrik is situated at the corner of the Missindorfstrasse and the Fenzlgasse. The bright orange colour and the long strip windows distinguish the building from its surroundings. The short side – the building forms a hook with a long side and a short side – displays the complexity of Miss Sargfabrik: here two strips of fenestration merge into one and all sorts of height variations and split-level cross sections are visible. Miss Sargfabrik does not offer public functions, but it does feature a number of communal facilities for its residents' collective, such as a library, a laundry, two kitchens and a bar. The various components of the building take complex forms: they are linked by ramps or low-rise stairs and are delineated by walls that angle upwards.

The dwellings themselves are also unusual. Many feature a split-level arrangement, with stairs or even inclined floors, mezzanines and varying ceiling heights. The walls separating the apartments are usually kinked, so that from the middle the flats narrow or widen. The spatial variety this produces conceals the limited floor space of the apartments: the average size is 56 m^2. Although collective spaces are intended to compensate for this, the dwellings in Miss Sargfabrik are too small for 'traditional' families – and indeed there are none among its residents.

The residents of Miss Sargfabrik have less contact with each other than those of Sargfabrik; this contact is limited to residents of the same floor. Group decisions are made in general meetings of the residents collective, based on a two-thirds or 90 per cent majority of votes. These decisions concern modifications to the building, for example, but also the admission of new members. This form of direct democracy makes residents feel involved without requiring too much from them. (pvdp/ok)

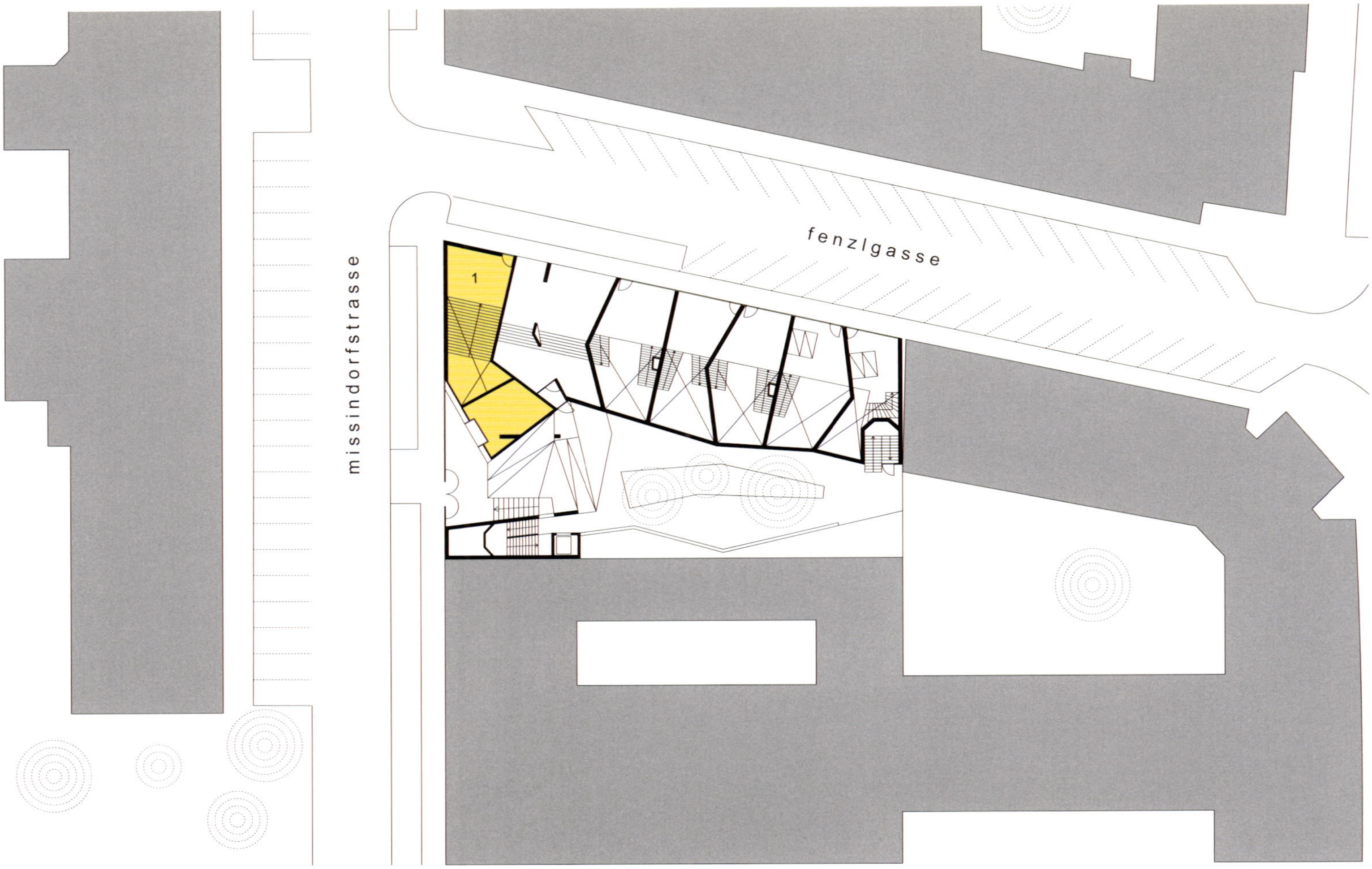

1 Bar

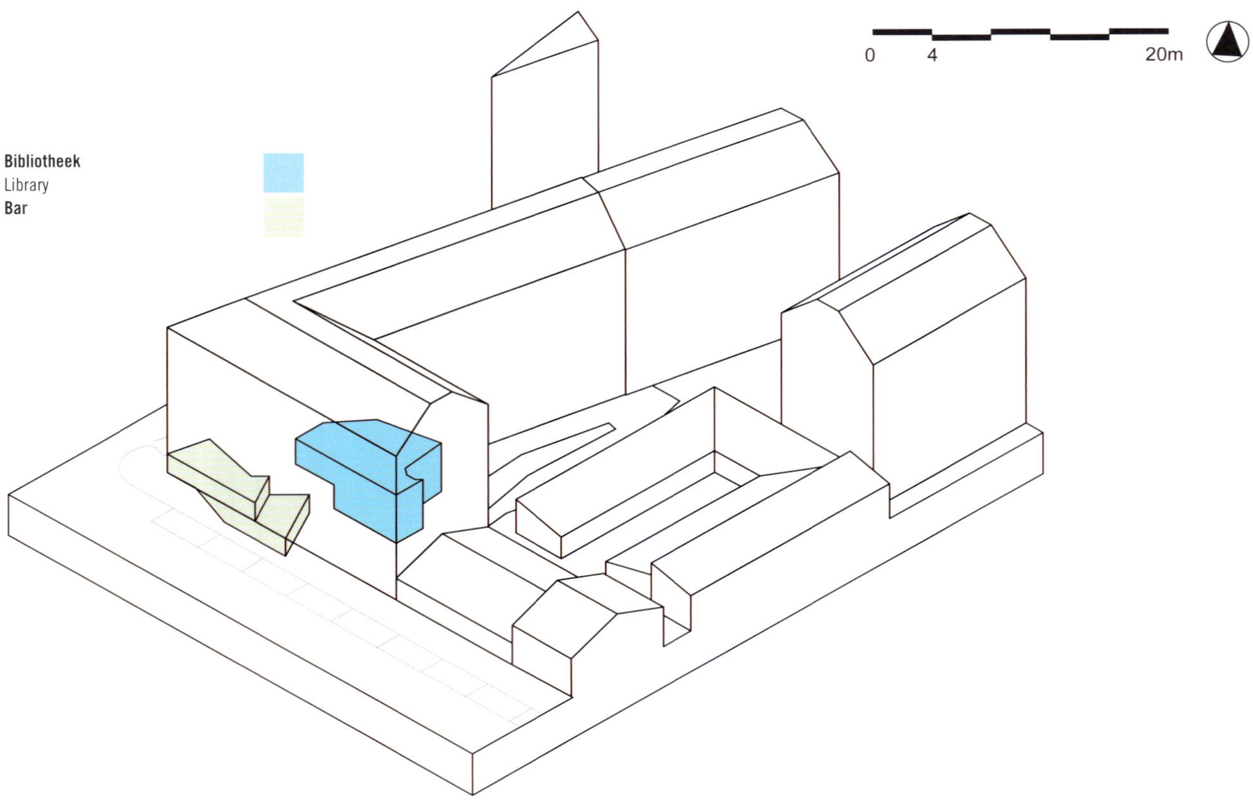

Bibliotheek
Library
Bar

Hoek Fenzigasse/Missindorfstrasse
Corner Fenzigasse/Missindorfstrasse

Bar

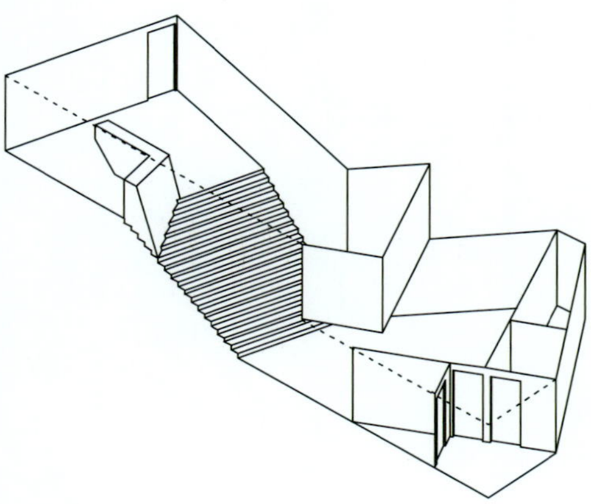

Bibliotheek
Library

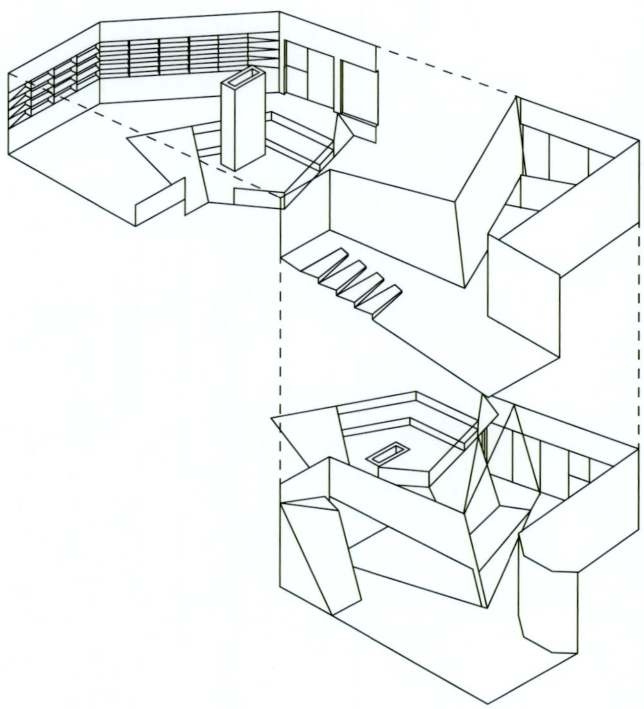

Kelder, begane grond, eerste verdieping
Basement, ground, first floor

1 **Bar**
2 **Was/droogruimte** Washing/drying area
3 **Bibliotheek** Library
4 **Keuken** Kitchen

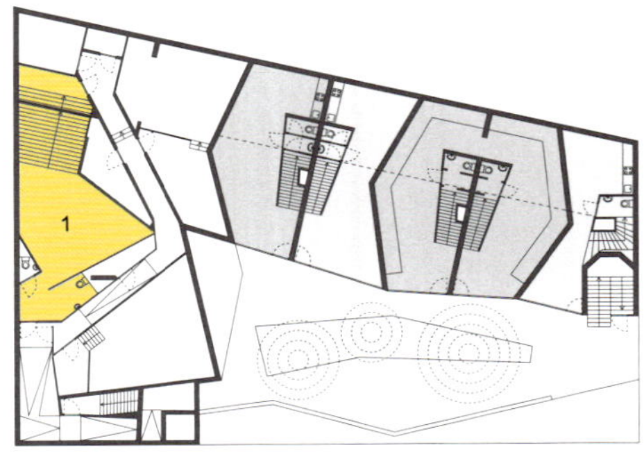

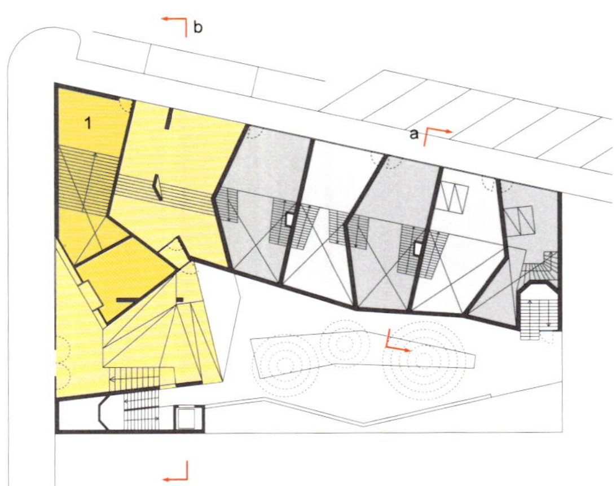

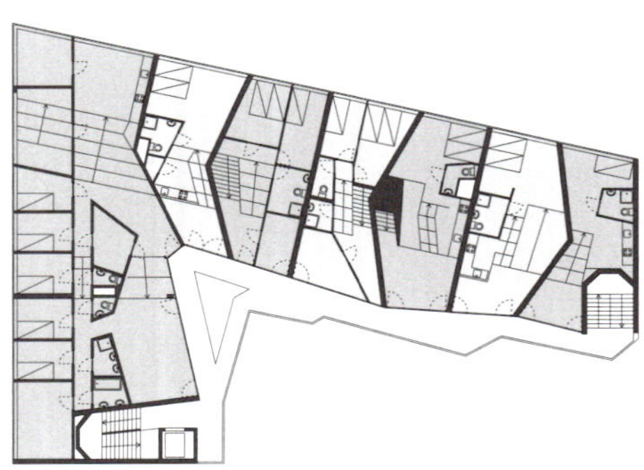

Tweede, derde, vierde verdieping
Second, third, fourth floor

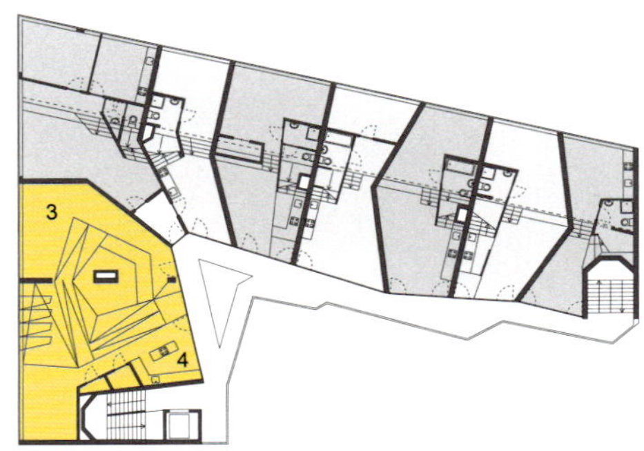

Zevende, zesde, vijfde verdieping
Seventh, sixth, fifth floor

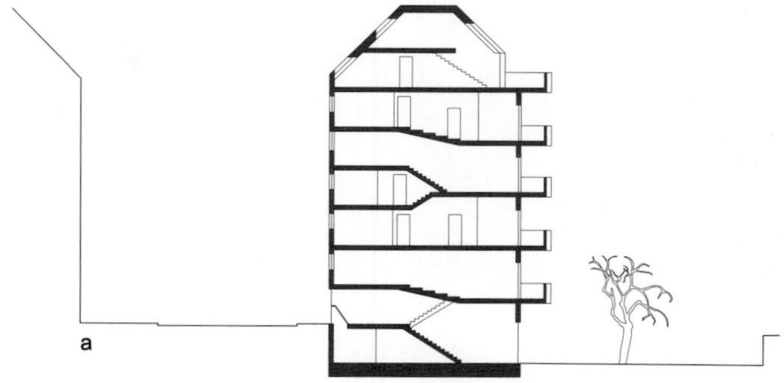

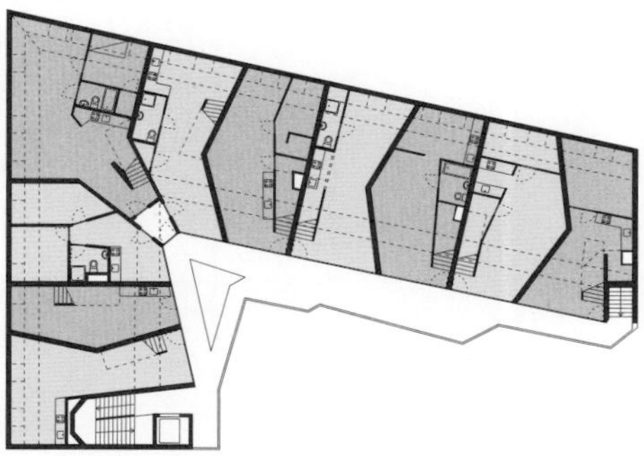

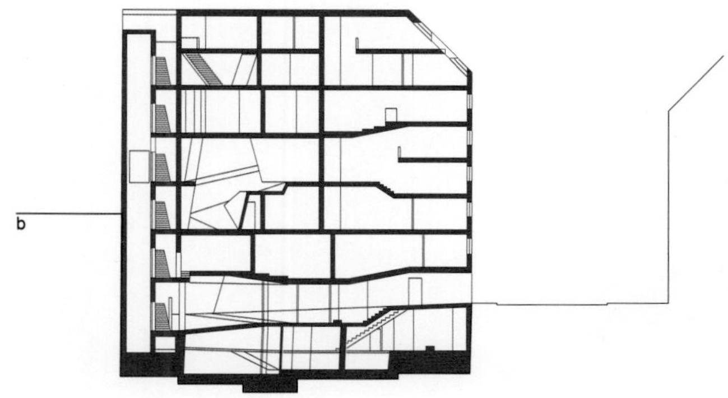

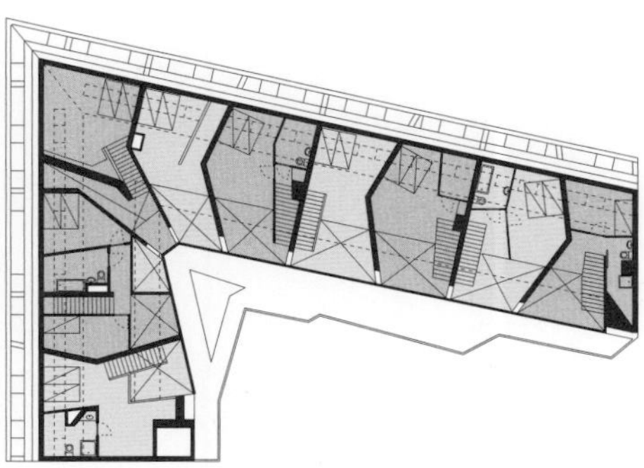

Zicht op de gemeenschappelijke binnentuin

View of the communal courtyard garden

Missindorfstrasse

Galerij met woningtoegangen
Access gallery

Egebakken Nødebo

Tegnestuen Vandkunsten

Egebakken: Nødebo, Denemarken/Denmark
Architect: Tegnestuen Vandkunsten
Opdrachtgever/Client: seniorbofaellesskabet Egebakken
Ontwerp/bouw/Design/construction: 2002-2004
Aantal woningen: 29
Collectief programma/Collective programme: gemeenschapshuis/community centre

Het seniorencomplex 'Egebakken' werd omstreeks 2000 geïnitieerd door vijf bevriende, gepensioneerde koppels uit het dorpje Nødebo, ten noorden van Kopenhagen. Zij hadden een punt bereikt waarop hun woonwensen en behoeften sterk veranderden: de kinderen waren het huis uit waardoor leefrui vaak te groot werden, het onderhoud van woning en tuin kostte te veel energie en er waren weinig mogelijkheden om de bestaande huizen aan te passen voor zorg.

De koppels ontwikkelden een gemeenschappelijke visie op hun toekomstige woonomgeving en zo ontstond het idee van een groter wooncollectief voor actieve senioren. Eerste vereiste was een veilige en comfortabele woning die was gebaseerd op de basisprincipes van levenslang-wonen. Ook wilden de bewoners makkelijk gebruik kunnen maken van een sociaal netwerk in de buurt. In een vroeg stadium werd het architectenbureau Tegnestuen Vandkunsten benaderd, waarmee in voortdurende dialoog een architectuurontwerp werd ontwikkeld voor het hele wooncollectief. Kopers van de woningen moesten zich vooraf financieel engageren en pas op het ogenblik dat alle woningen waren verkocht, ving het werk aan. In 2005, vier jaar na het eerste initiatief, werd het project opgeleverd.

Egebakken ligt net buiten Nødebo, op een licht golvend terrein van 23.000 m². Het project bestaat uit 29 woningen, georganiseerd in een compacte figuur van vier stroken in het landschap met middenin een gemeenschapshuis. Het onbebouwde deel van het terrein is ontworpen als een collectieve groenzone, die het wonen een landschappelijke dimensie verleent.

Vandkunsten ontwikkelde een duidelijk vocabulaire van architectuurelementen. Elke woning is gebaseerd op eenzelfde basistype van 95 m² met een tuin op het westen en een toegangszone op het oosten. Deze basis kan individueel worden uitgebreid tot maximaal 150 m², waarvoor Vandkunsten speciale modules bedacht. Daarnaast hebben de architecten ook een module ontworpen voor een carport, een schuur of een tuinhuis. De keuken en de badkamer van elke woning zijn ontworpen op een vaste structuur, maar kunnen naar individuele behoefte en smaak worden ingericht. Door het samenspel van al deze elementen slaagt Vandkunsten erin om een verhaal van efficiënt bouwen en architectonische samenhang te koppelen aan een grote individualiteit van het wonen.

Egebakken is op dit ogenblik erg populair en woningen die vrij komen kunnen direct te koop worden aangeboden aan kandidaten die op de wachtlijst staan. Het kopen en verkopen van woningen verloopt via de principes van de vrije markt. Om de integriteit van het project te garanderen, worden strikte voorwaarden gesteld: kopers mogen geen thuiswonende kinderen hebben – en moeten de leeftijd van 50 jaar bereikt hebben. (es)

The 'Egebakken' complex for senior citizens was initiated around 2000 by five retired couples and friends from the small village of Nødebo, to the north of Copenhagen. They had reached a point where their domestic wishes and requirements had changed significantly: their children had left home so the living space had often become too big, the maintenance of the house and garden cost too much energy and there were limited possibilities for adapting the existing houses for more care.

The couples developed a collective vision of their future living environment and that led to the idea for a large residential collective for active pensioners. The first requirement was a safe and comfortable house based on the ground principles of dwellings suitable for lifelong occupation. The residents also wanted to have easy access to a social network in the vicinity. Architecture firm Tegnestuen Vandkunsten was approached at an early stage, and together, in continuous dialogue, an architectural design was developed for the entire residential community. House buyers had to commit financially in advance and work only started after all the houses had been sold. In 2005, four years after the first initiative was taken, the project was finished.

Egebakken is located just outside Nødebo, on an undulating, 23,000-m² site. The project consists of 29 houses, organized in a compact figure of four strips in the landscape with a community centre in the middle. The part of the terrain not built on has been designed as a communal green zone, which gives the housing project a rural character.

Vandkunsten developed a clear vocabulary of architectural elements. Each house uses the same basic type of 95 m² with a west-facing garden and an access zone at the east. This basis could be extended up to a maximum of 150 m² for individual houses, for which Vandkunsten devised special modules. In addition, the architects developed a module for a carport, a shed or a garden house. The kitchen and the bathroom in each house were designed on a fixed structure, but could be furnished in line with individual requirements and taste. Through the combination of all these elements, Vandkunsten has succeeded in linking a case of efficient building and architectural coherence to great individuality of living.

At the moment, Egebakken is very popular and houses that become vacant are directly offered to candidates on a waiting list. Buying and selling houses falls under the principles of the free market. In order to safeguard the integrity of the project, strict conditions apply: buyers may not have children living at home – and must have reached the age of 50. (es)

1 **Gemeenschapsruimte**
Collective space

Gemeenschappelijke ruimten
Collective spaces

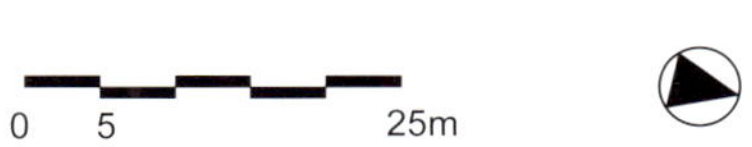

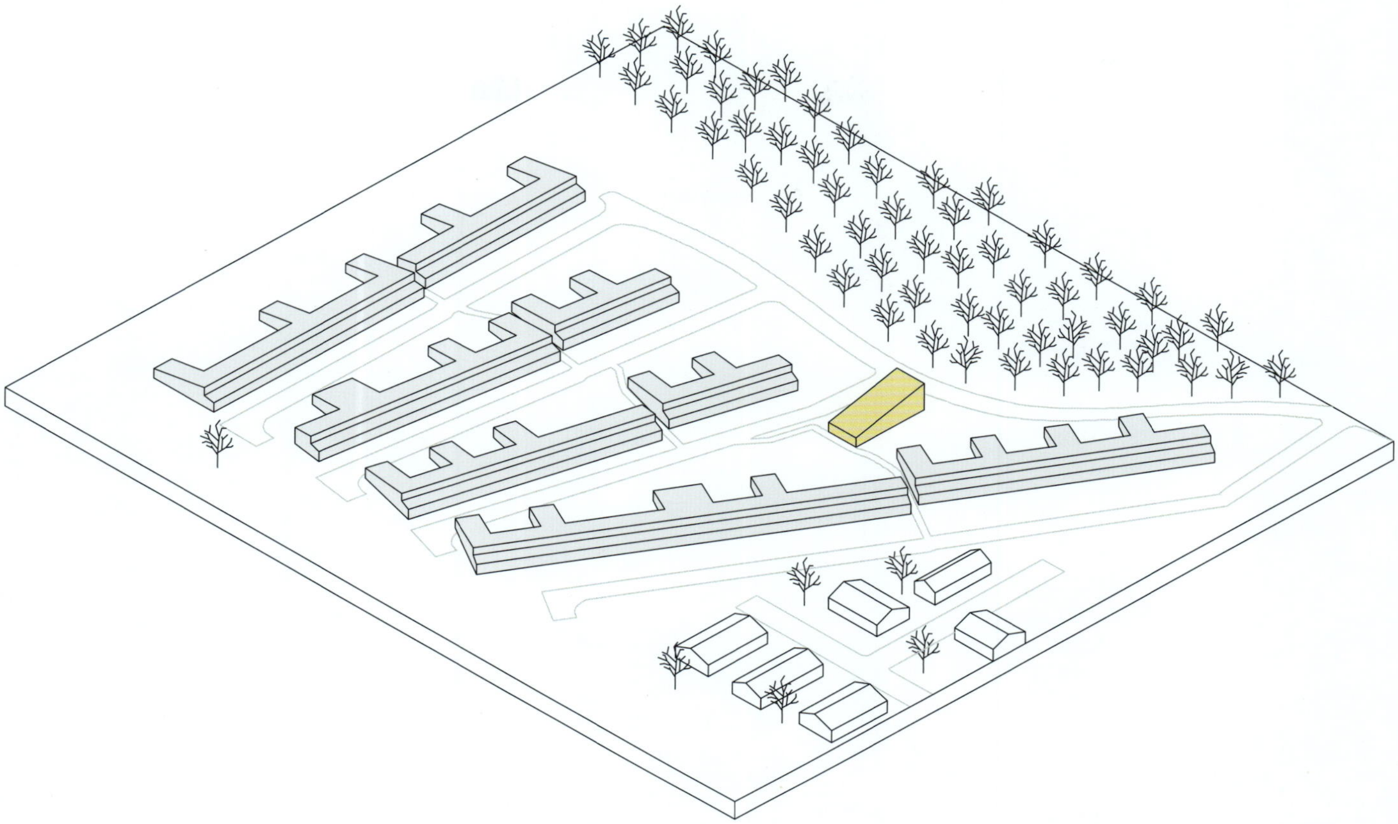

Gemeenschapshuis aan centrale ontsluitingsweg
Community centre on the central access road

Overzicht van mogelijke varianten voor aanbouwen en indeling hoofd-volume
Overview of possible variants for extensions and layout of the main volume

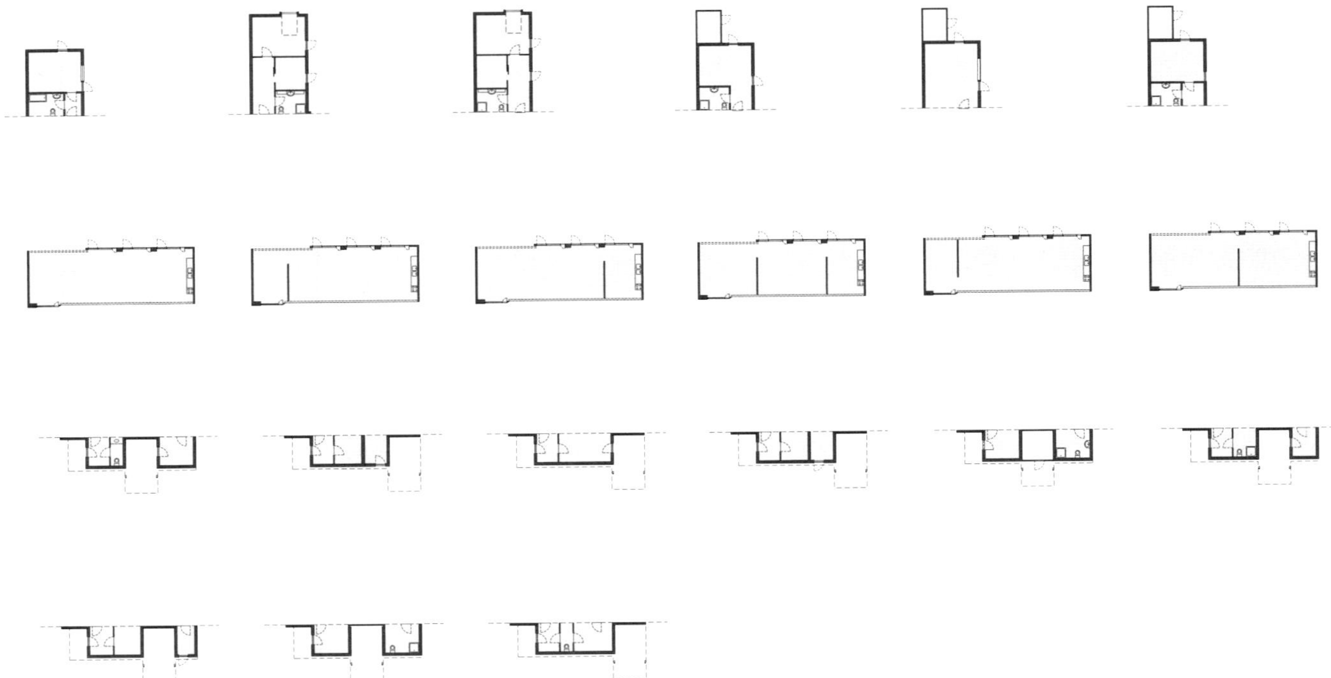

Uitwerking van twee woningen op basis van mogelijke varianten
Elaboration for two houses based on possible variants

Interieur woonruimte: variant met afgescheiden slaapruimte in hoofdvolume
Living space: variant with partition between living room and bedroom in main volume

Vrijburcht Amsterdam

CASA

Vrijburcht:
Duerte Pachecostraat, Amsterdam-IJburg, Nederland/the Netherlands
Bouw/Construction: 2005-2007
Ontwerp/ CASA architecten
Opdrachtgever/Client: Stichting Vrijburcht
Aantal woningen/Number of houses: 52 en een zorgwoningcomplex met 6 woonunits/52 and a residential care complex with 6 living units

Collectief programma/Collective programme: café-restaurant, theater, kinderdagverblijf, zeilschool, werk-en speelruimten, logeerruimte, kas, parkeergarage/fietsenberging/café-restaurant, theatre, day-care centre, sailing school, work and play areas, guest space, greenhouse, garage for cars and bicycles

Bron/Source:
Henk van der Woude, *Community architecture in Nederland* (Bussum: Uitgeverij Thoth, 2012).

In 2000 schreef de gemeente Amsterdam een prijsvraag uit voor een collectief woongebouw op de zuidwestelijke punt van het Steigereiland. Het Steigereiland is onderdeel van de uitbreidingswijk IJburg die bestaat uit een reeks kunstmatig aangelegde eilanden in het IJmeer. Op het Steigereiland werd door de gemeente ruim baan gegeven aan het experiment, waaronder ook veel kavels voor zowel particulier als collectief opdrachtgeverschap. Vanwege de prijsvraag werd de Stichting Vrijburcht opgericht, bestaande uit een groep vrienden onder welke architect Hein de Haan van CASA architecten. Het plan van de stichting werd geselecteerd voor de locatie. Als voorbeeld diende het eerder door CASA ontwikkelde woongebouw BO1 in het Oostelijk Havengebied van Amsterdam. Een belangrijke rol was weggelegd voor woonstichting De Key die garant stond in de ontwikkelingsfase en een aantal onderdelen van het project blijvend beheert.

De bebouwing bestaat uit een gesloten bouwblok rondom een gemeenschappelijk groen binnenterrein. Alle woningen zijn bereikbaar vanaf dit binnenterrein. De brede galerij op de eerste verdieping vormt naar voorbeeld van het beroemde Justus van Effenblok van architect Brinkman in Rotterdam een opgetilde straat of deck als tweede collectieve buitenruimte naast de op het maaiveld gelegen binnenhof. Vanaf het deck kunnen via trappen de woningen op de derde en vierde bouwlaag bereikt worden. Het diepe volume aan de waterkant is opgebouwd uit drie boven elkaar gelegen appartementen die toegankelijk zijn door middel van trappenhuizen in lichthoven midden in het volume. Deze hoven worden vanuit de binnentuin bereikt via smalle overbouwde doorgangen. Hein de Haan ontwierp voor de woningen een basisstructuur die veel mogelijkheden toestond voor een persoonlijke uitwerking. In het blok bevindt zich ook een aantal zorgwoningen. Er wordt geparkeerd in een ondergrondse, gemeenschappelijke parkeerruimte.

Het gebouw herbergt niet alleen een grote diversiteit aan woningtypen, maar ook een rijk scala aan voorzieningen voor zowel de bewoners als de buurt. Voor de bewoners zijn er collectieve voorzieningen zoals een klusruimte, speelruimte voor de kinderen, een logeerruimte en een kas waar 's zomers gezamenlijk kan worden gegeten. Een aantal woningen beschikt over een kleine bedrijfsruimte die zelfstandig toegankelijk is vanaf de straat en die op deze wijze ook een eigen adres heeft. Aan de waterzijde is op de hoek met de brug het café-restaurant gesitueerd met daarboven een theater die als ontmoetingsplek voor de buurt fungeren. Daarnaast zijn ook het kinderdagverblijf en de zeilschool een belangrijke meerwaarde voor zowel het blok als de buurt. (ak)

In 2000 the City of Amsterdam held a competition for a collective residential building on the south-western point of Steigereiland. Steigereiland is part of the expansion district of IJburg that consists of a series of artificially constructed islands in the IJmeer. The city council had cleared the way for the experiment on Steigereiland, including the provision of many plots for both private individuals and collective commissions. The Vrijburcht foundation was set up especially for the competition and consisted of a group of friends, among whom architect Hein de Haan of CASA architecten. The foundation's plan was selected for the location. Residential building BO1 in the East Harbour Area of Amsterdam developed earlier by CASA served as an example of their work. Housing association De Key played an important role by standing surety in the development phase and providing continued management of a number of the project's components.

The development consists of a closed building block surrounding a communal green inner courtyard. All the houses can be accessed from this internal terrain. The broad gallery on the first floor follows the example of the famous Justus van Effen block by architect Brinkman in Rotterdam with its elevated street or deck that forms the second communal external space in addition to the inner court at ground level. The houses on the third and fourth storeys can be reached via stairs from the deck. The deep volume on the waterfront is composed of three apartments on top of each other, which are accessed by means of staircases in light courts in the middle of the volume. These courts are reached from the inner garden via narrow straddling passageways. Hein de Haan designed a basic structure for the houses, which allowed plenty of opportunities for further personal elaboration. There are also a number of care houses in the block. Parking is available in an underground communal parking area.

The building not only accommodates a wide diversity of house types, it also contains a whole range of facilities for the residents and the neighbourhood alike. For the residents there are collective facilities such as a DIY workshop, children's play area, guest accommodation and a greenhouse where people can enjoy a meal together in the summer. Some houses have a small business unit with a separate entrance from the street, which therefore has its own address. On the waterfront at the corner with the bridge is the café-restaurant with above it a theatre that functions as a meeting place for the locals. In addition, the day-care centre and the sailing school deliver significant added value to the block, as well as the whole neighbourhood. (ak)

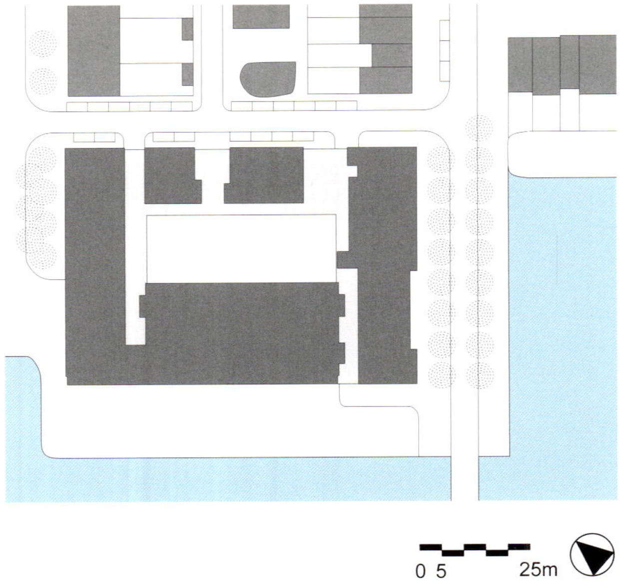

Theater
Theatre
Eetcafe
Cafe-restaurant
Zorgwoningen
Care houses
Bedrijfsruimte
Working space
Logeerruimte
Guestroom
Kinderdagverblijf
Day-care centre
Atelier en zeilschool
Studio and sailing school

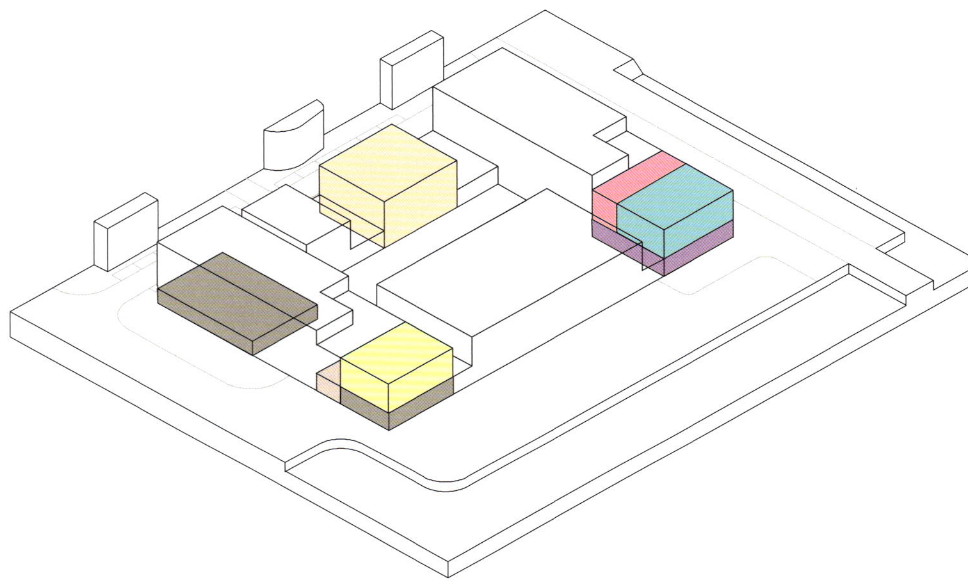

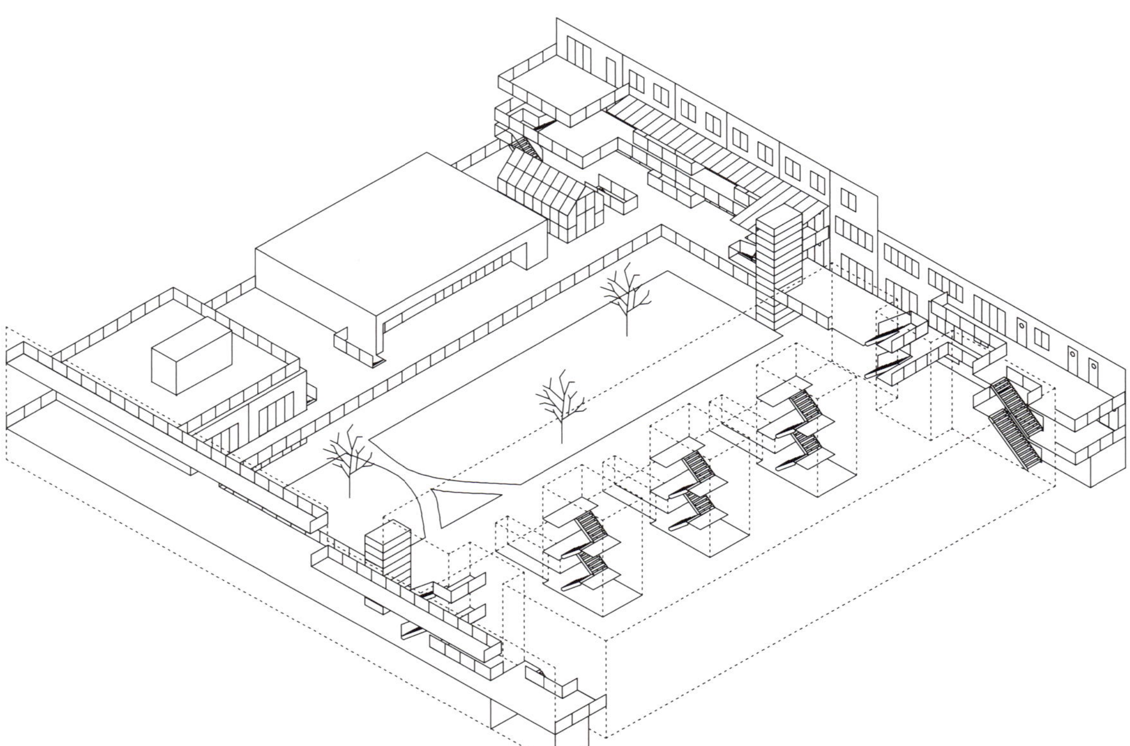

Isometrie van de collectieve ruimtes en het ontsluitingssysteem
Isometric projection of the communal spaces and access system

Patio

Eetcafé
Café-restaurant

Zuidwestzijde
South west side

Begane grond, eerste verdieping
Ground, first floor

1 **Eetcafe** Cafe-restaurant
2 **Kinderdagverblijf** Day-care centre
3 **Kinderspeelplek, zandbak** children's play area, sandbox
4 **Bedrijfsruimte** Working space
5 **Zeilschool** Sailing school
6 **Kas** Greenhouse
7 **Logeerruimte** Guestroom
8 **Theater** Theatre
9 **Zorgwoningen** Care houses

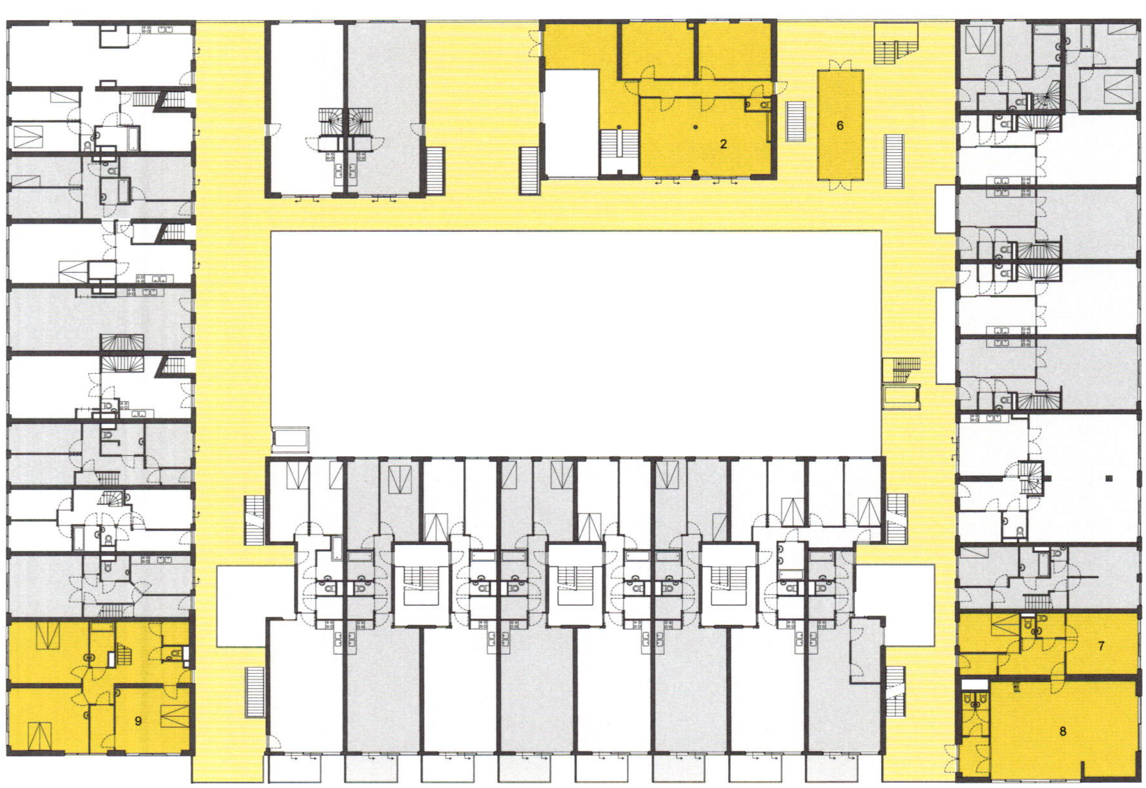

Tweede, derde verdieping
Second, third floor

Jachthaven
Marina

Kinderdagverblijf
Day-care centre

Gemeenschappelijke knutselruimte
Communal creative hobby room

Bedrijfsruimte
Work unit

Hoek Jan Olphert Vaillantlaan/ Duerte Pachecolaan

Corner of Jan Olphert Vaillantlaan/ Duerte Pachecolaan

Brede galerij eerste verdieping
Wide gallery on the first floor

Theaterzaal
Theatre auditorium

De kas
The greenhouse

Zelterstrasse Berlijn/Berlin

Zanderroth Architekten

Zelterstrasse: Berlijn/Berlin-Prenzlauerberg, Duitsland/Germany
Architect: Zanderroth Architekten
Opdrachtgever/Client: ze5 Baugemeinschaft
Bouw/Construction: 2008-2010
Aantal woningen/Number of houses: 45

Collectief programma/Collective programme: tuin, 4 gastenkamers, sauna, dakterras met zomerkeuken en barbecue/garden, 4 guest rooms, sauna, roof terrace with summer kitchen and barbecue

Gemeenschappelijke binnentuin
Communal courtyard garden

Het Berlijnse bureau Zanderroth Architekten heeft in de wijk Prenzlauerberg voor een Baugruppe 45 stadswoningen gerealiseerd, gerangschikt in twee stroken aan weerszijden van een gemeenschappelijke stadstuin. De kavel in de Zelterstrasse is beperkt qua ruimte: de zuidkant wordt afgeschermd met een blinde brandmuur van 22 m hoog en bijna 100 m lang; ook aan de oostkant is een brandmuur. De bewoners kunnen gebruik maken van een gastenwoning, een sauna en een dakterras, voorzien van zomerkeuken en barbecue.

Het blok aan de Zelterstrasse vertoont een aaneenschakeling van individuele woonhuizen in een eenvormige architectuur. Het betreft hier een extreem smal woningtype van 3.65 m breed dat vijf lagen bevat en op drie manieren wordt ontsloten: direct vanaf de straat, via het parkeersouterrain en via de hof. De verdiepingshoogte varieert van 'standaard' tot 4.20 m en maakt daarmee de smalle woning veel ruimtelijker dan ze is. Aan de hof beschikken deze huizen over een half verdiept terras. Een tweede buitenruimte is een patioachtig balkon dat, omwille van de privacy, met een hoge muur is onttrokken aan blikken van buitenaf. Verder is op het dak een terras aangelegd. De huizen langs de Zelterstrasse hebben een split-level; in sommige gevallen kunnen er aan de straat werkruimten worden gecreëerd.

De woningen tegen de 22 m hoge brandwand zijn eenzijdig georiënteerd, en liggen aan de tuin. De splitlevel is hier over twee beuken verdeeld. In de ene beuk bevindt zich op de begane grond een woonkeuken van meer dan 3 m hoog, die ontsloten wordt vanaf de hof, met daarboven de eveneens meer dan 3 m hoge woonkamer. In de naastgelegen beuk liggen over drie verdiepingen de slaap- en badkamers en entree. Zo is een zeer brede, en door de extra hoogte, zeer ruime en lichte woning ontstaan.

Bovenop de tegen de brandmuur gebouwde woningen bevindt zich het derde type: penthouses die elk drie lagen bevatten. Op de vijfde verdieping is per lift en corridor de ingang te bereiken en zijn twee slaapkamers te vinden, net als op de ondergelegen vierde verdieping. De zesde verdieping is gereserveerd voor de woonkamer/keuken. Deze beschikt over een woningbrede patio van 8 m, tegen de brandmuur aan. De ramen aan de andere kant kijken uit op het noorden en zijn voorzien van noorderlicht.

De hoge kwaliteit van de architectuur schuilt in de detaillering en de goed vormgegeven overgangen van openbaar naar gemeenschappelijk en privé. Ook de nadelen van de locatie zijn inventief omgebogen in voordelen door bijzondere typologieën te ontwikkelen: woningen in hoge dichtheid voor huishoudens met kinderen. De privacy waartoe die dichtheid noodzaakt, is nergens storend, maar juist sterk en terughoudend vormgegeven. (vk)

Berlin bureau Zanderroth Architekten has realized 45 townhouses in the Prenzlauerberg district for a Baugruppe (building group), arranged in two strips along each side of a communal city garden. The size of the plot in the Zelterstrasse is limited: the south side is protected by a blank fire wall 22 m high and almost 100 m in length; and there is also a fire wall on the east side. The residents can make use of a guest house, a sauna and a roof terrace, complete with summer kitchen and barbecue.

The block on the Zelterstrasse represents a succession of individual houses linked together in a uniform architecture. The house type here is extremely narrow at 3.65 m wide, it contains five levels and can be accessed in three ways: directly from the street, through the parking basement and via the courtyard. The storey height varies from 'standard' to 4.20 m and that makes the narrow houses seem much more spacious than they are. The houses on the courtyard have a half-sunken terrace at their disposal. A second exterior space is a patio-like balcony that is screened from the gaze of onlookers by a high wall that provides privacy. A terrace has also been made on the roof. The houses along the Zelterstrasse are split level; in some cases, work spaces can be created on the street.

The houses up against the 22-m-high fire wall have the same orientation and are situated on the garden. The split level here is divided over two sections. In one section, there is a kitchen-diner on the ground floor that is more than 3 m high and is accessed from the courtyard, with above it the living room, which is also more than 3 m high. In the adjacent section, spread over three storeys are the bedrooms, bathrooms and entrance. The result is a very broad and, with its extra height, very spacious and light house.

On top of the houses built against the fire wall is the third type: penthouses that each contain three storeys. The entrance on the fifth floor can be reached by lift and corridor and there are two bedrooms on this level, just like on the fourth floor underneath. The sixth storey is reserved for the living room-kitchen. This has a patio measuring 8 m over the whole breadth of the house, against the fire wall. The windows on the other side enjoy light from the north, the direction they face.

The high quality of the architecture lies in the detailing and the well-designed transitions from public to communal and private space. Even the disadvantages of the location have been ingeniously turned into benefits by developing special typologies: high-density houses for households with children. The design of privacy made essential by the density does not interfere at all, but is in fact strong and restrained. (vk)

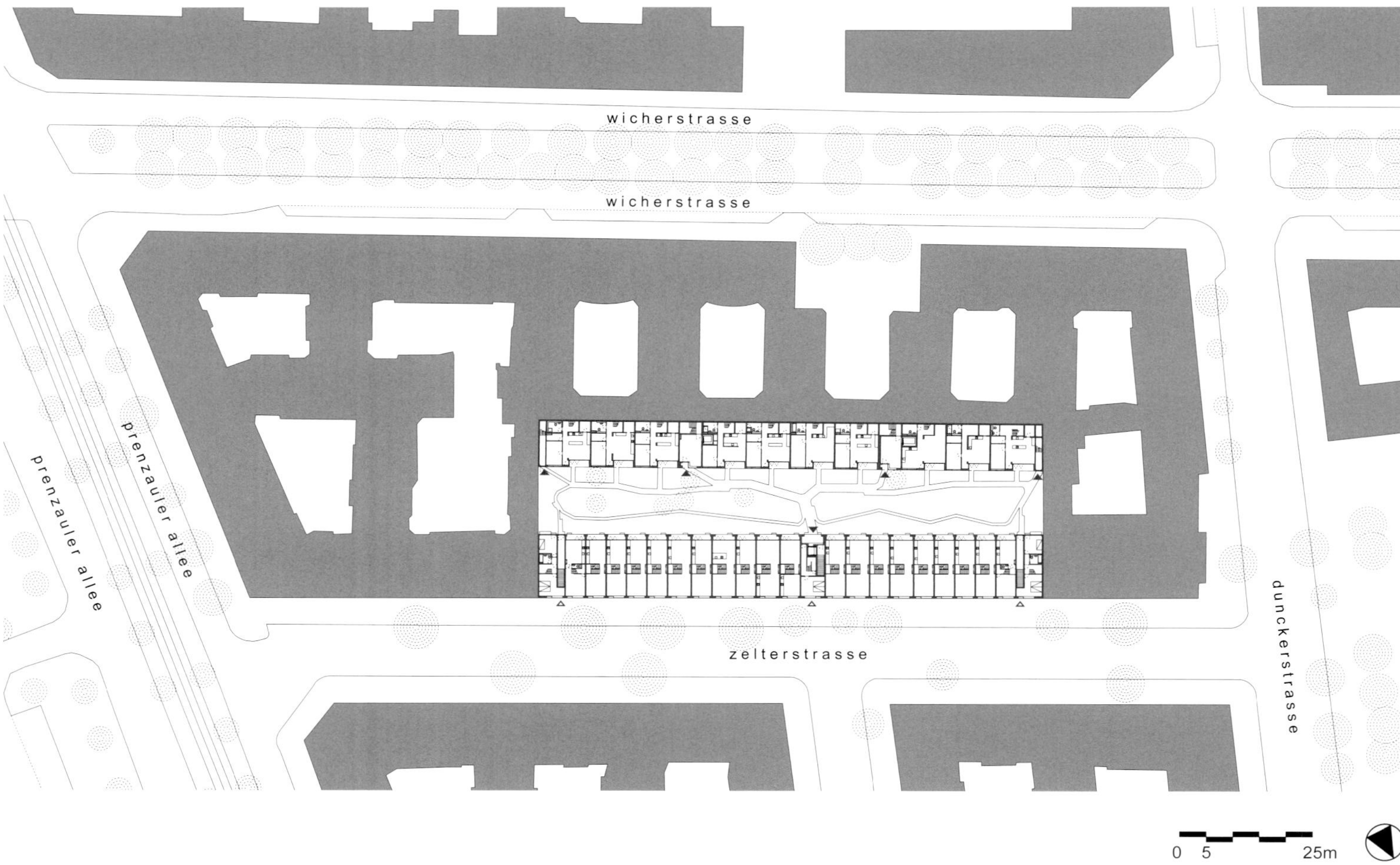
wicherstrasse
wicherstrasse
prenzauler allee
prenzauler allee
zelterstrasse
dunckerstrasse
0 5 25m

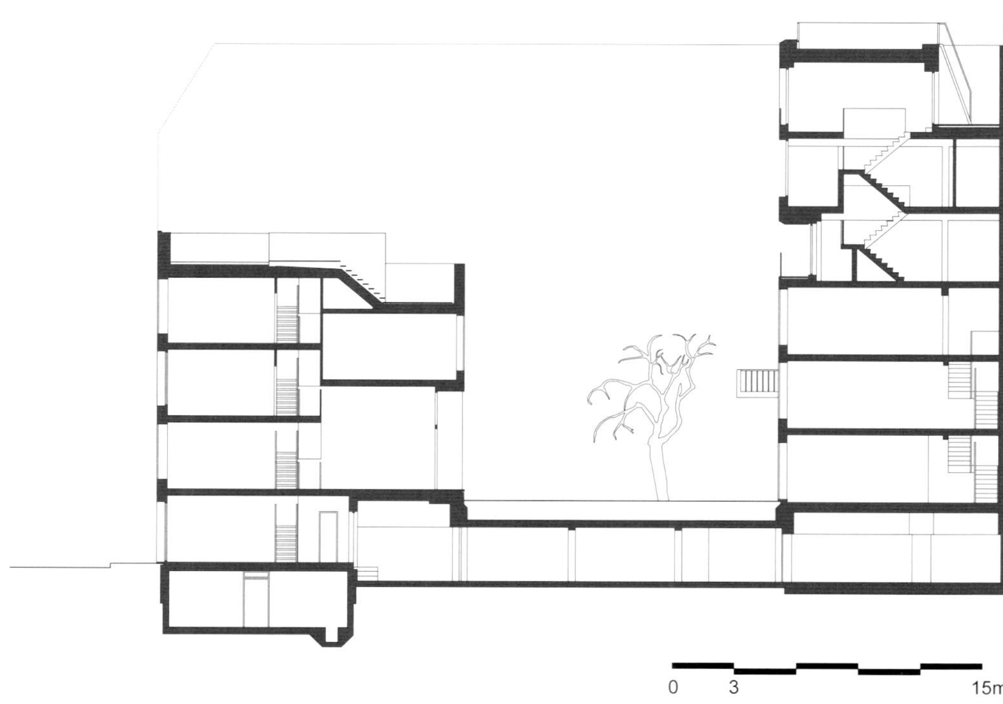
0 3 15m

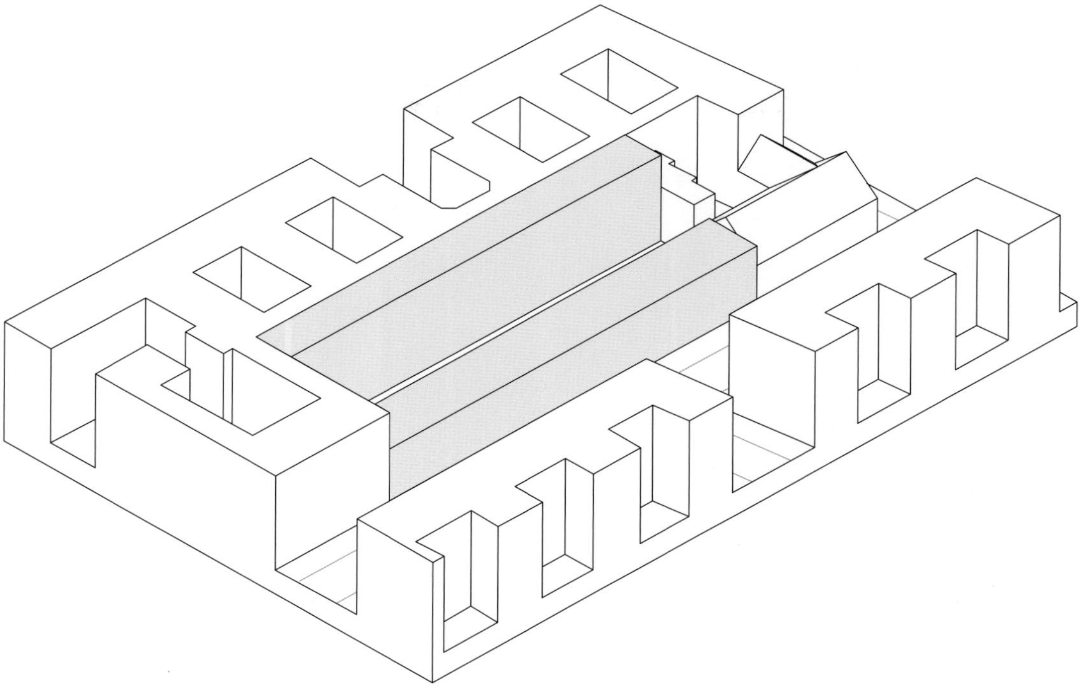

Bouwmassa als invulling in bestaande blokstructuur
Built volume as inserted in existing block structure

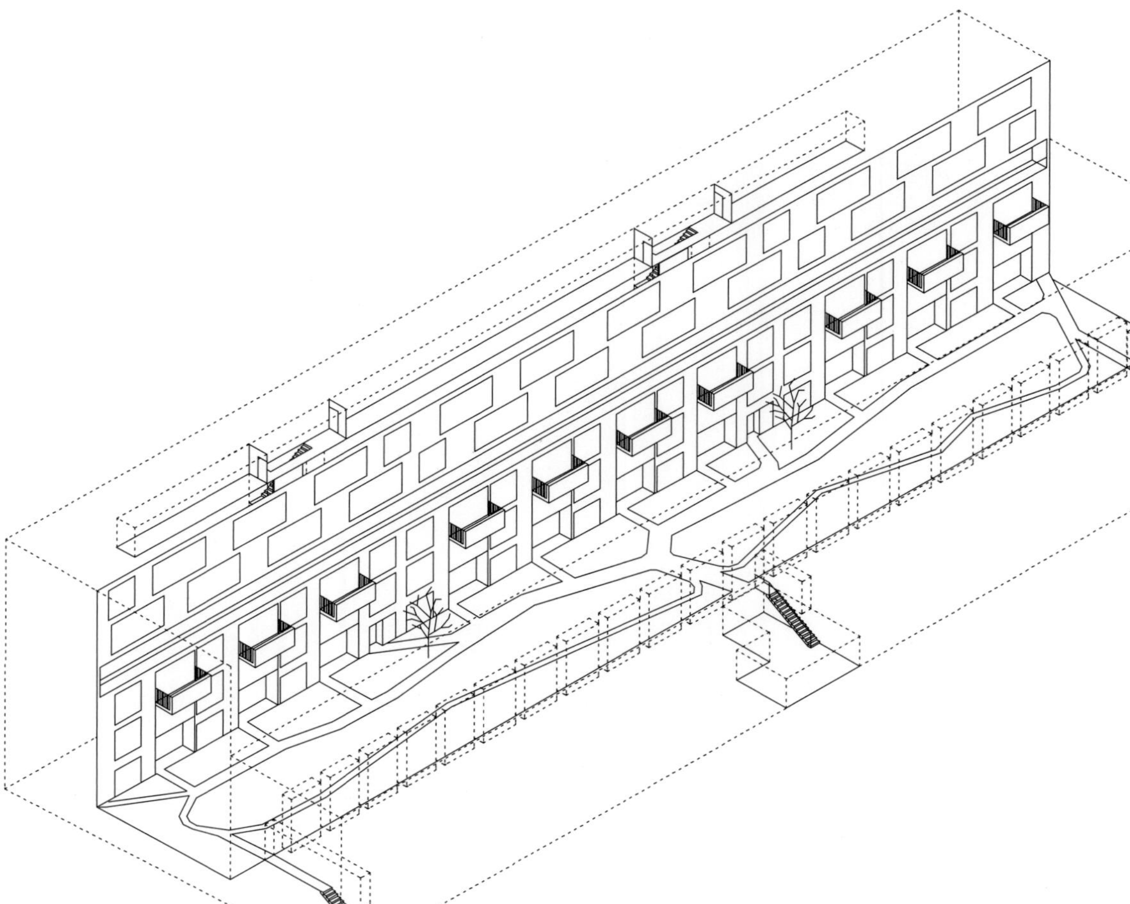

Isometrie van collectieve binnenhof en ontsluitingssysteem
Isometric projection of communal court ans access system

Begane grond, eerste, tweede, derde verdieping
Ground, first, second, third floor

1 **gastenkamer** guest room

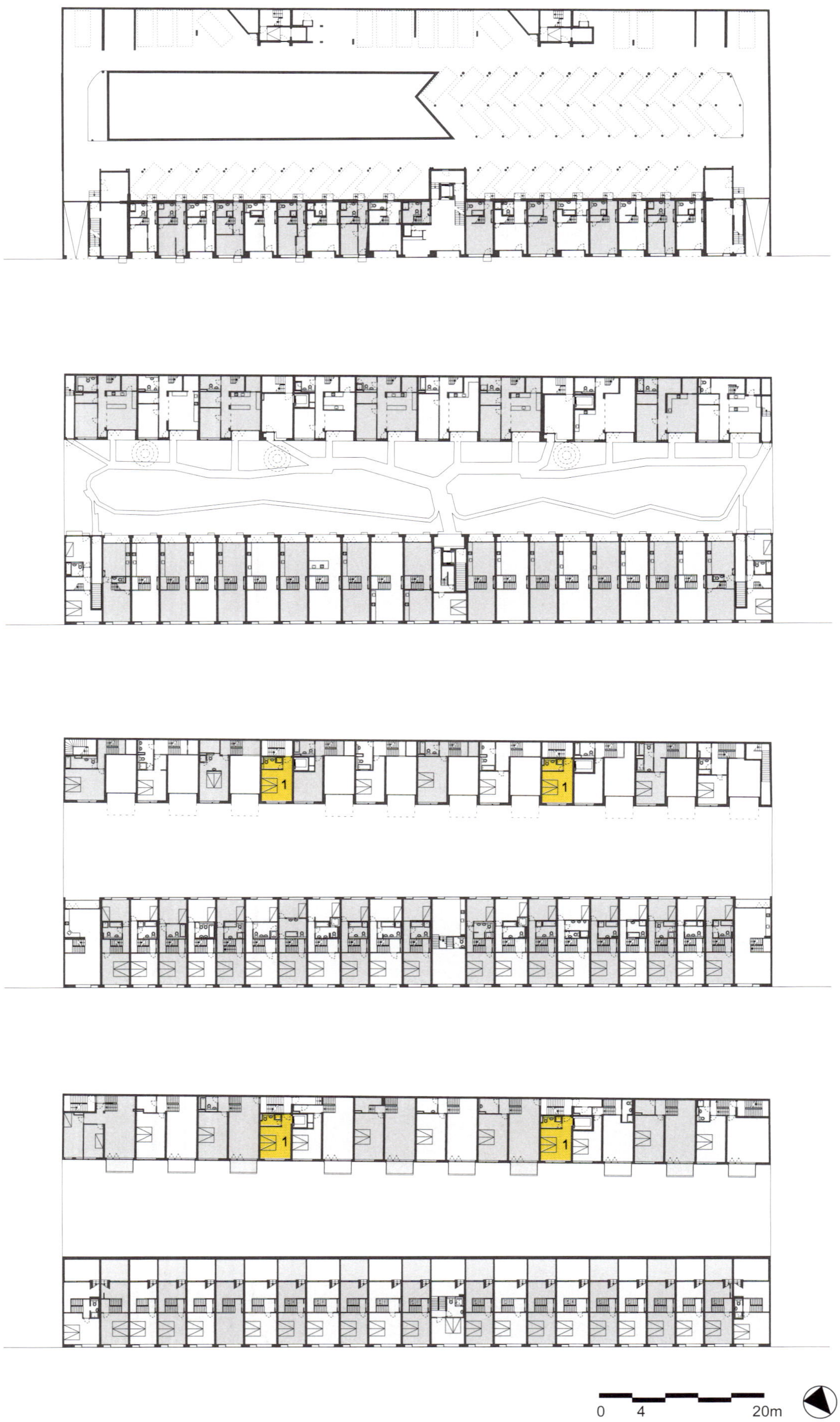

Vierde, vijfde, zesde verdieping, dakterrassen
Fourth, fifth, sixth floor, roof terraces

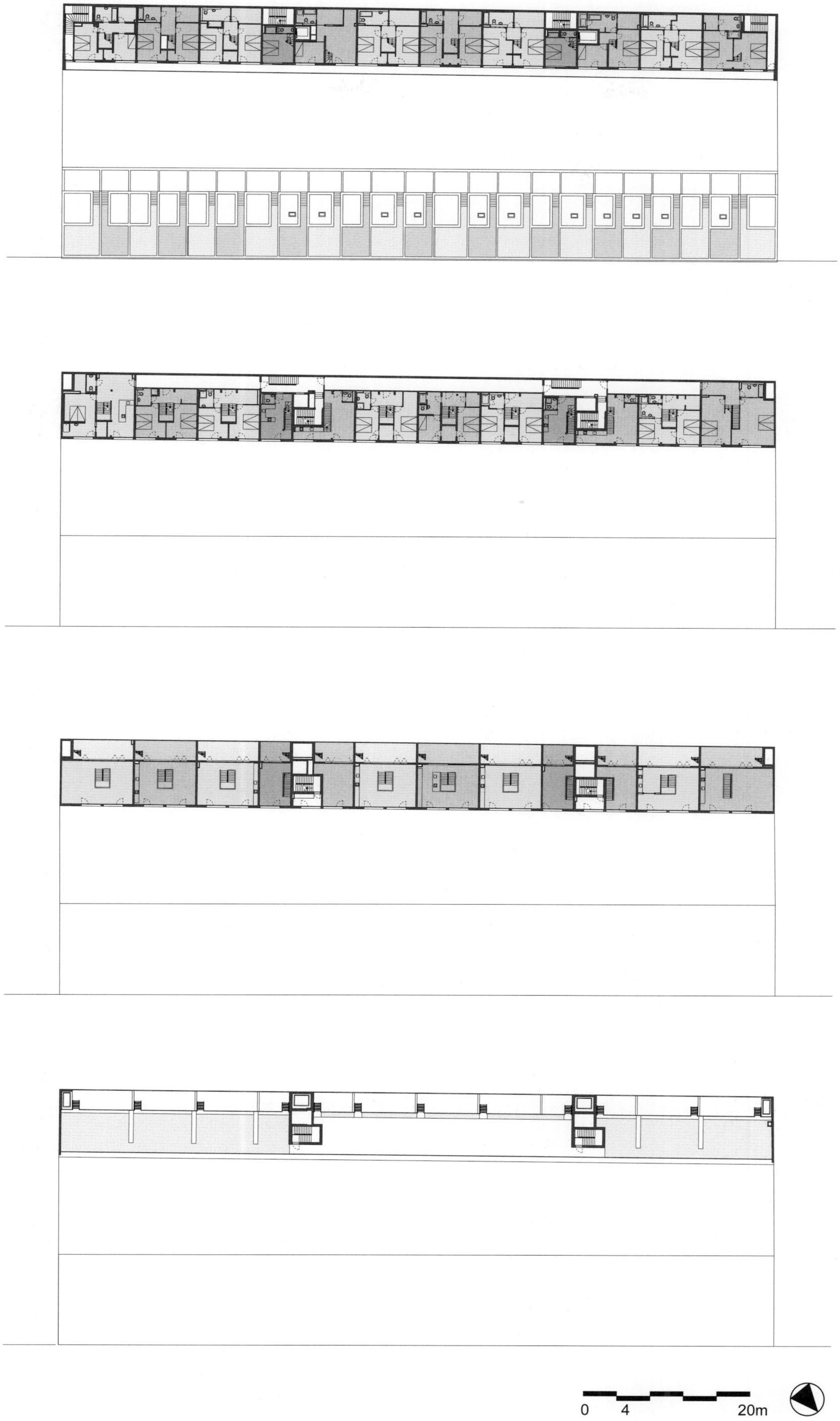

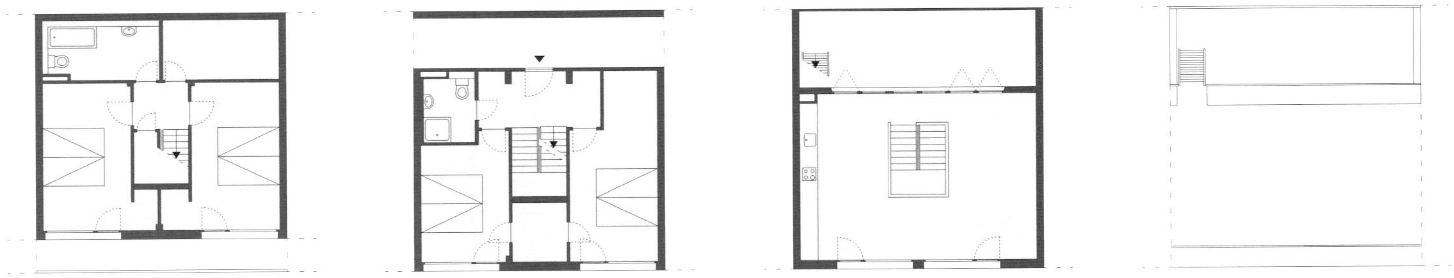

Plattegronden penthouses in het hoge blok
Floor plans of the penthouses in the higher block

Plattegronden tuinwoningen in het hoge blok
Floor plans of the garden houses in the higher block

Plattegronden stadswoningen in het lage blok
Floor plans of the townhouses in the lower block

Dakterassen op beide bouwvolumes
Roof terraces on both blocks

Gevel Zelterstrasse
Façade Zelterstrasse

Tuinwoning
Garden house

Tuinwoning
Garden house

Entrees aan de Zelterstrasse
Entrances on Zelterstrasse

Gemeenschappelijke binnentuin
Communal courtyard garden

Patio stadswoning
Patio of the townhouse

Keuken stadswoning met terras aan de binnentuin
Kitchen in the townhouse with a terrace bordering the courtyard garden

Elandshof Amsterdam

Bastiaan Jongerius

Elandsstraat

Elandsstraat/Lijnbaansstraat: Amsterdam, Nederland/ the Netherlands
Architect: Bastiaan Jongerius architecten
Opdrachtgever/Client: vereniging 'Elzes'
Initiatief-bouw/Initiative-construction: 2004-2012
Aantal woningen/Number of houses: 6
Collectief programma/Collective programme: binnenhof/inner courtyard

Aan de Elandsstraat in Amsterdam zijn begin 2012 twee panden opgeleverd, die op het oog lijken op individuele woningen. Achter de gevels schuilt een CPO- project waarin zes families de krachten hebben gebundeld om hun individuele woonwensen te realiseren. Een van de initiatiefnemers is Bastiaan Jongerius. Samen met buren uit een voorgaand CPO-project (een derde gezin sloot zich al snel aan) ging hij op zoek naar een geschikt perceel, wat gevonden werd op de Elandsstraat. Om een openbare aanbesteding te voorkomen, verkocht de gemeente het perceel, inclusief de vervuilde grond en bebouwing, en gaf vervolgens een vergoeding voor de sloop en sanering. Omdat er op de kavel voldoende ruimte was voor zes wooneenheden ging het collectief op zoek naar nog drie gezinnen, die gevonden werden via vrienden, kennissen en de school van de kinderen. De grond werd opgesplitst in zes appartementsrechten en ieder huishouden kreeg een zesde van de gezamenlijke binnentuin in eigendom. Met de oprichting van vereniging 'Elzes' begon een intensief traject van vergaderen, verantwoordelijkheden verdelen en kosten monitoren, waarbij zo nodig adviesbureau De Regie werd ingeschakeld. In eerste instantie werd in kaart gebracht hoeveel vierkante meter woonoppervlak ieder gezin nodig had en wat de voorkeuren waren qua locatie op de kavel. De initiatiefnemers hadden hierin de eerste keus. Uiteindelijk bleken de wensen goed te passen en kon de architect aan de slag met het ontwerp.

Aan de Elandsstraat zijn binnen twee individueel vormgegeven panden drie woningen gerealiseerd. Het linker huis is smal; de verschillende woonfuncties zijn gegroepeerd rondom een centraal gelegen trap. Het bredere rechterpand bestaat uit twee woningen, die beiden een deel van de begane grond benutten. Ze worden ontsloten vanuit een steeg, die onder het pand door loopt en naar de gemeenschappelijke hof leidt. De onderste woning heeft op de begane grond een woonkeuken aan de Elandstraat; de bovenste beschikt over een tuinkamer aan de binnenhof.

Aan de andere kant van de kavel bevinden zich drie woningen met een adres aan de Lijnbaansstraat. Deze woningen lijken aan de buitenzijde identiek, maar zijn dat niet. De indeling is afgestemd op de individuele wensen van de bewoners, waarbij de verschillen veel verder gaan dan de zogeheten bewonersopties bij projectmatige bouw.

De bouwkosten zijn verdeeld op basis van het aantal vierkante meters casco. Alle onderdelen die buiten de standaard vielen werden geraamd als optie; iets werd een optie als één van de zes bewoners het anders had dan de rest. Elke bewoner had hiervoor zijn eigen koopaannemingsovereenkomst en stuurde zelf de aannemer aan. De architect maakte het ontwerp en coördineerde de bouw van het casco. (fva)

In early 2012, two buildings that at first sight look like individual houses were realized on Elandsstraat in Amsterdam. Behind the façades, there is a collective project in which six families combined forces to realize their individual housing requirements. One of the initiators is Bastiaan Jongerius. Together with neighbours from a previous collective project (a third family quickly joined in as well), he went in search of a suitable site, and found it on Elandsstraat. In order to avoid a public tender, the city council sold the plot, including the contaminated ground and buildings, and subsequently granted a subsidy for the demolition and ground sanitation. Because there was room on the site for six residential units, the collective went in search of three more families, who were found via friends, acquaintances and the children's school. The ground was split into six titles of joint ownership and each household received the rights to a sixth of the communal garden. The establishment of the 'Elzes' association marked the beginning of an intensive process of meetings, division of responsibilities and monitoring of costs; consultancy firm De Regie was called in when necessary. To begin with, the surface area each family needed was determined and what the preferences were for location on the site. The initiators had first choice here. Ultimately the requirements proved to be a good fit and the architect went to work on the design.

Three houses have been realized on the Elandsstraat within two individually designed buildings. The house on the left is narrow; the different living functions are grouped round centrally situated stairs. The broader building on the right consists of two houses, which each utilize part of the ground floor. They are accessed from an alleyway that runs under the building and leads to the communal courtyard. The lowermost house has a kitchen-diner on the ground floor on the Elandstraat; the upper house has a garden room on the courtyard.

On the other side of the site, there are three houses with their address on the Lijnbaansstraat. These houses apear to be identical from the outside but that isn't the case. The layout has been tuned to the individual requirements of the inhabitants, where the differences go much further than the so-called buyer's options in standard property development.

The building costs were divided according to the number of m^2 in the shell. All the components falling outside the standard were estimated as an option; if one of the six households had something different from the rest, it became an option. Each of the occupants had their own purchaser's building contract and managed the contractor themselves. The architect made the design and coordinated the construction of the shell. (fva)

Nieuwe bouwmassa in bestaande bebouwing
New built volume in existing city fabric

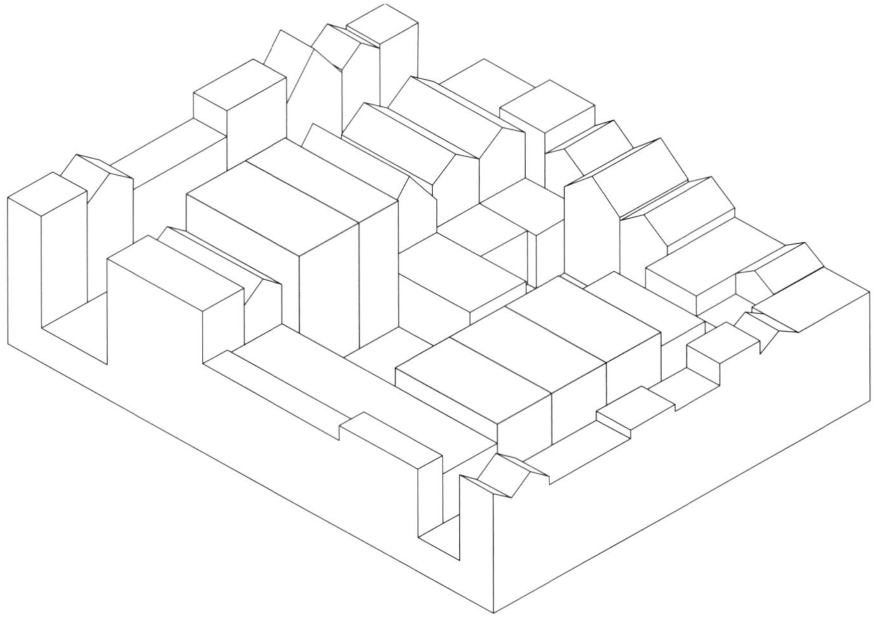

Isometrie van de collectieve binnenhof
Isometric projection of courtyard

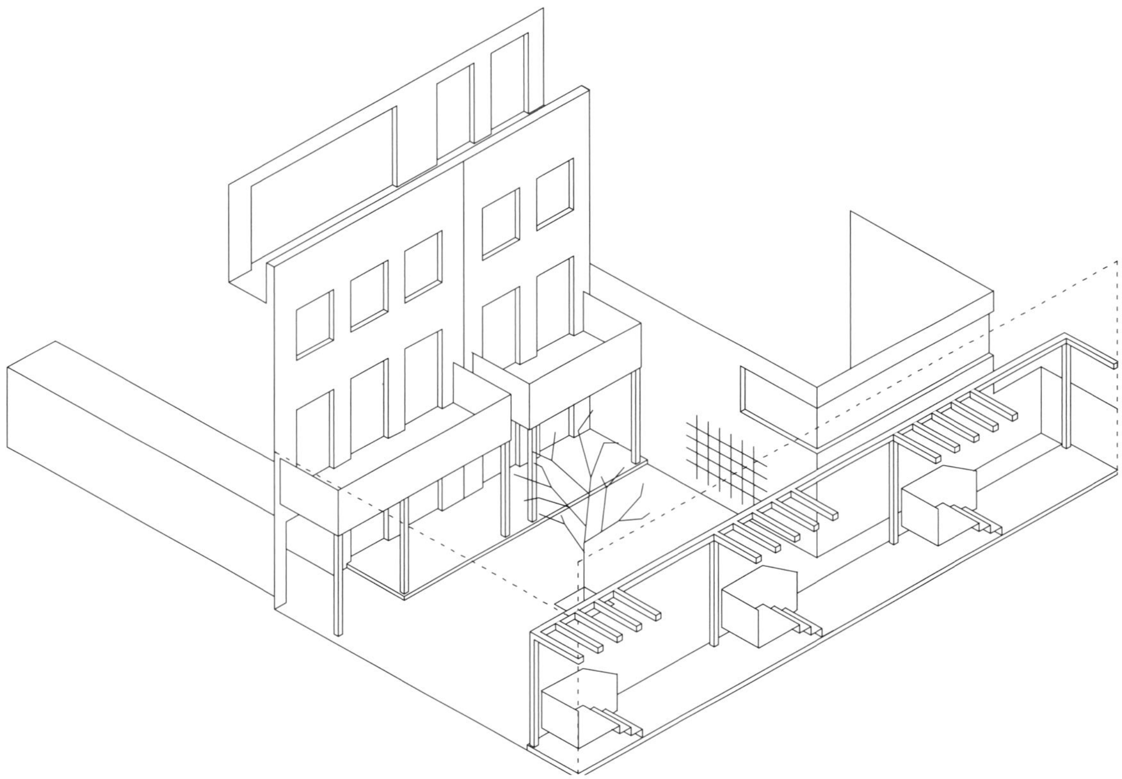

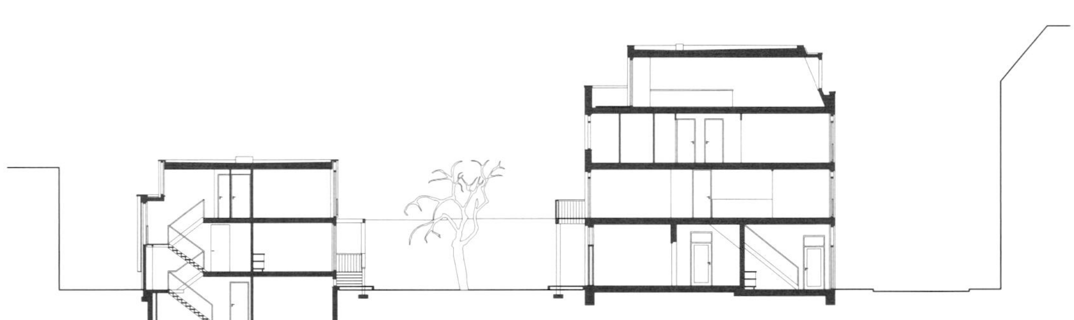

Kelder, begane grond, eerste verdieping
Basement, ground, first floor

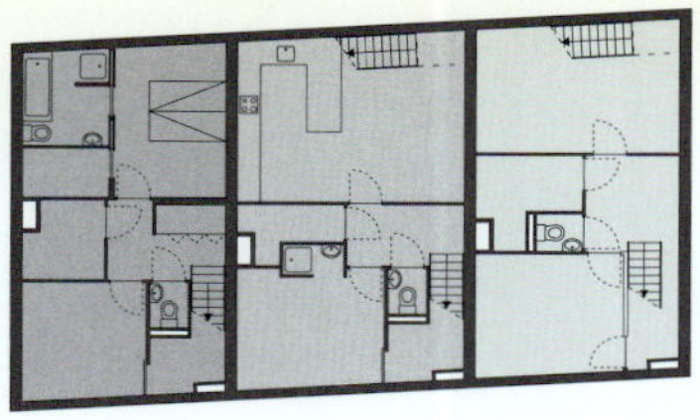

Tweede, derde verdieping
Second, third floor

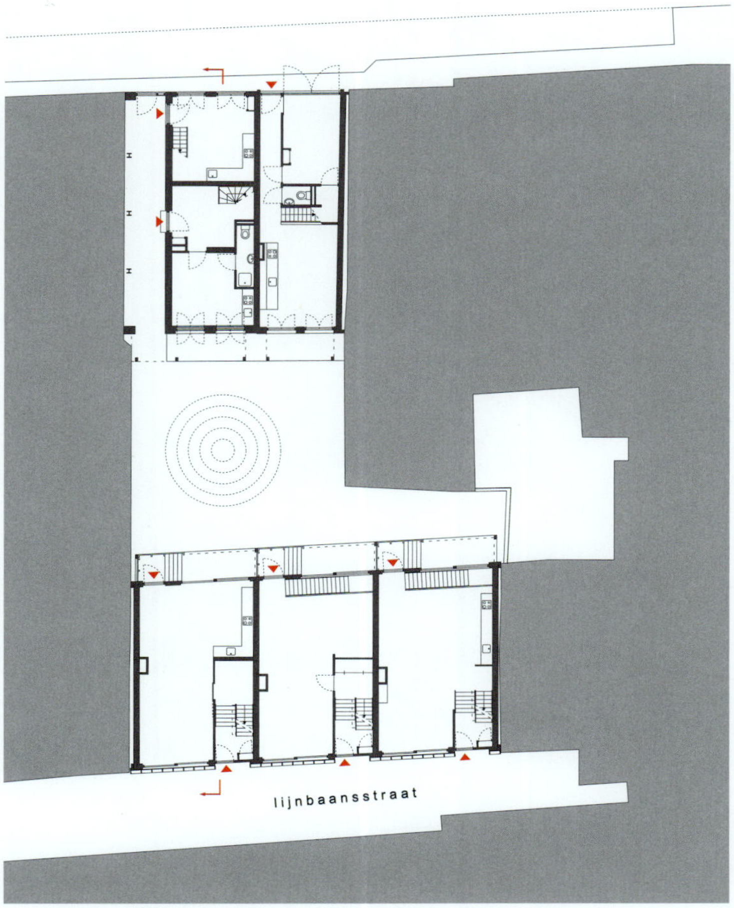

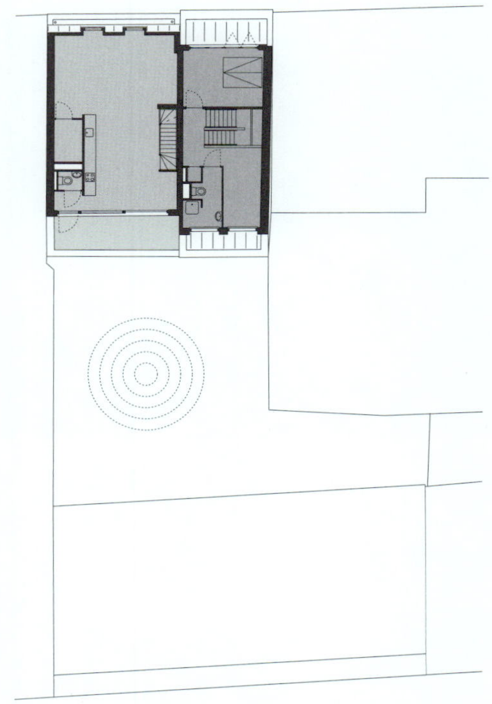

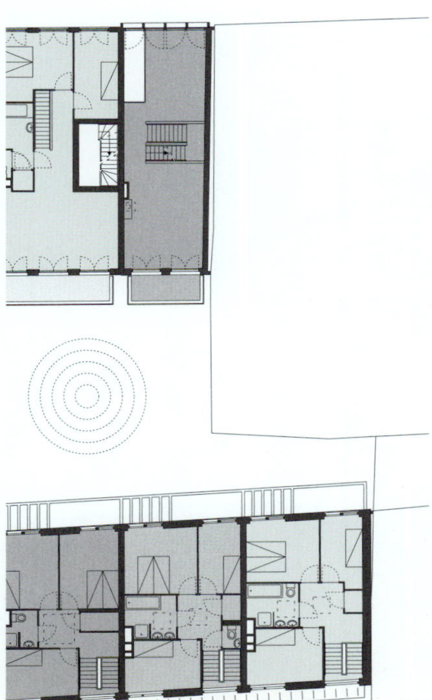

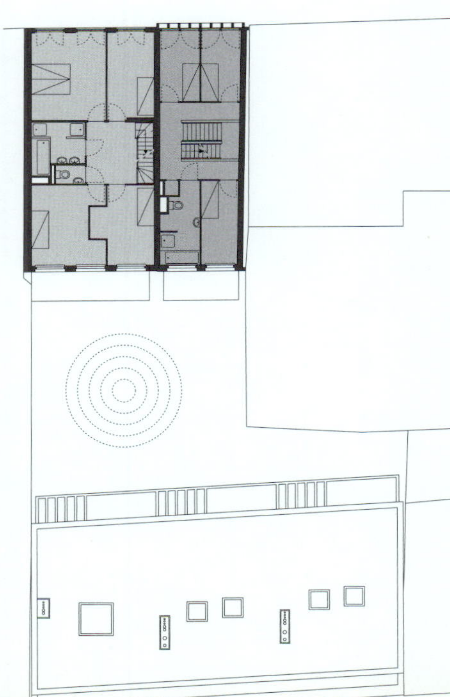

Lijnbaansstraat

Gemeenschappelijke hof
Communal court

Gemeenschappelijke hof
Communal court

Interieur tuinkamer aan hof, woning Elandsstraat
Interior garden room bordering the courtyard, house Elandsstraat

Interieur verdieping woning Elandsstraat
Upstairs interior of a house on Elandsstraat

Frederique van Andel (1971) studeerde bouwkunde aan de TU Delft en werkte als architect en stedenbouwkundige bij Mecanoo architecten en DP6 architectuurstudio in Delft. In 1999 woonde en werkte zij in Barcelona. Sinds 2006 is Van Andel als onderzoeker verbonden aan de vakgroep Architectuur en Woningbouwontwerp van de TU Delft; zij publiceerde het *Zakboek parkeren voor de woonomgeving* (2010) en doet momenteel onderzoek naar woningbouwtentoonstellingen.
Frederique van Andel (b. 1971) studied architecture at Delft University of Technology and worked as an architect and urban designer at Mecanoo architecten and DP6 architectuurstudio in Delft. In 1999 she lived and worked in Barcelona. Since 2006 Van Andel has been employed as a researcher by the Department of Architecture and Dwelling of Delft University of Technology; she published the *Zakboek parkeren voor de woonomgeving* (2010) and is currently doing research on housing exhibitions.
Eric Frijters (1972) studeerde bouwkunde aan de TU Eindhoven en de Universiteit van Karlsruhe, en filosofie aan de faculteit der Wijsbegeerte van de Universiteit van Amsterdam. Na zijn opleiding als architect werkte Frijters als onderzoeker bij Alterra en het Nirov. Frijters schreef o.a. voor de *Architect*, publiceerde de onderzoeksrapporten *Farmtycoon* en *Tussenland*. Hij is als docent verbonden aan verschillende Academies van Bouwkunst. Sinds 2007 is hij oprichter en partner van .FABRIC, bureau voor architectuur en stedenbouw.
Eric Frijters (b. 1972) studied architecture at Eindhoven University of Technology and the Fakultät für Architektur of the Universität Karlsruhe and philosophy at the Faculty of Philosophy of the University of Amsterdam. Subsequent to his training as an architect he conducted research at successively Alterra and the Netherlands Institute for Spatial Planning. He published articles in architecture magazines such as *de Architect*, he was the author of *Farmtycoon* and *Tussenland* and teaches at several Academies of Architecture. In 2007 he cofounded .FABRIC, an architecture and urban design practice.
Dick van Gameren (1962) is architect en hoogleraar Architectonisch ontwerpen aan de TU Delft. Van 1993-2005 was hij partner bij de Architectengroep in Amsterdam. In 2005 richtte hij het bureau Dick van Gameren architecten op. Sinds 2013 is hij partner bij Mecanoo architecten. Het werk van Van Gameren is veelvuldig gepubliceerd in nationale en internationale tijdschriften. In 2007 won Van Gameren samen met B. Mastenbroek de Aga Kahn Award voor het ontwerp van de Nederlandse ambassade in Ethiopië. Publicaties: *Prototype en Experiment* (2000, samen met B. Mastenbroek); *Revisies van de Ruimte* (2005).
Dick van Gameren (b.1962) is an architect and professor of architecture at Delft University of Technology. From 1993 to 2005, he was a partner of 'de architectengroep' in Amsterdam. In 2005, he founded Dick van Gameren architecten. Since 2013 he is a partner of Mecanoo architecten. Van Gameren's work has been published frequently in national and international magazines. In 2007, Van Gameren and B. Mastenbroek won the Aga Kahn Award for the design of the Dutch Embassy in Ethiopia. Publications: *Prototype > Experiment* (2000, together with B. Mastenbroek); *Revisions of Space* (2005).
Joosje van Geest (1967) studeerde architectuurgeschiedenis aan de rijksuniversiteit Groningen. Als zelfstandig architectuurhistoricus richt zij zich op onderzoek, publicaties en tentoonstellingsprojecten voor verschillende opdrachtgevers. In haar werk staan de vele facetten van de negentiende- en twintigste-eeuwse architectuur en stedenbouw centraal. In de reeks monografische studies over vooraanstaande Nederlandse stedenbouwkundigen schreef zij het deel over S.J. van Embden. Recent verscheen van haar hand de publicatie *F.C.J. Dingemans, stadsarchitect van Maastricht.*
Joosje van Geest (b. 1967) studied History of Architecture at the University of Groningen. As an independent architecture historian, she focuses on research, publications and exhibition projects for various clients. The many facets of nineteenth- and twentieth-century architecture and urban design occupy a central position in her work. In the series of monographs about prominent Dutch urban designers, she wrote the edition about S.J. van Embden. She is the author of the recently published *F.C.J. Dingemans, Maastricht City Architect.*
Olv Klijn (1973) studeerde Bouwkunde aan de TU Eindhoven. Hij schreef voor verschillende architectuurbladen, waaronder *de Architect*, en werkte als junior-architect bij OMA in Rotterdam. Hij is sinds 2007 partner en oprichter van .FABRIC, bureau voor architectuur en stedenbouw. Klijn is ghostwriter van de in 2007 verschenen monografie over de geschiedenis van architectenbureau VMX, getiteld Agenda. In 2010 won hij de Prix de Rome architectuur.
Olv Klijn (b. 1973) studied architecture at Eindhoven University of Technology. He has written articles for various architecture magazines, including *de Architect*, and worked as a junior architect for OMA in Rotterdam. In 2007, he cofounded .FABRIC, an architecture and urban design practice. Klijn is the ghostwriter of *Agenda*, a monograph on the history of the architecture firm WMX, published in 2007. In 2010 he won the Prix de Rome Architecture.
Vincent Kompier (1967), planoloog en demograaf, werkte als onderzoeker bij verschillende architectenbureaus (o.a. de Architekten Cie.), onderzoeksbureaus (Arnold Reijndorp Stedelijk Onderzoek & Advies) en overheidsinstanties (o.a. projectbureau IJburg en het Ontwikkelbedrijf). In 2004 werkte hij mee aan [NOT DONE], een onderzoek naar voorwaarden in ruimtelijke planvorming voor kleinschalige ontwikkeling als alternatief voor de Vinex-opgave. Tegenwoordig woon en werkt hij in Berlijn.
Vincent Kompier (b. 1967), town and country planner and demographer, has worked as a researcher at various architecture firms (De Architekten Cie.), research bureaus (Arnold Reijndorp Stedelijk Onderzoek & Advies) and government agencies (including Projectbureau IJburg and the Ontwikkelbedrijf). In 2004, he collaborated on [NOT DONE], an investigation into conditions in spatial planning for small-scale development as an alternative for Vinex. He is currently living and working in Berlin.
Annenies Kraaij (1964) studeerde stedenbouwkunde en volkshuisvesting aan de TU Delft. Na haar studie werkte zij voor verschillende opdrachtgevers aan ontwerpopgaven voor zowel binnenstedelijke- als uitleglocaties. Sinds 1989 heeft zij als stedenbouwkundig projectontwerper aan een aantal grote gebiedsontwikkelingsprojecten gewerkt in Amsterdam en Rotterdam. Daarnaast was zij als docent verbonden aan de Academie van Bouwkunst Amsterdam en publiceerde zij in diverse vakbladen en boeken.
Annenies Kraaij (b. 1964) studied urban design and public housing at Delft University of Technology. After graduation she worked for various clients on design commissions in inner-city as well as expansion areas. Since 1989 she has worked as an urban design project designer on a number of large-scale local development projects in Amsterdam and Rotterdam. In addition she has taught at the Amsterdam Academy of Architecture and published various journal articles and books.
Pierijn van der Putt (1973) studeerde bouwkunde aan de TU Delft, University of Illinois in Chicago en Drexel University in Philadelphia. Hij was vijf jaar redacteur van architectuurtijdschrift de Architect alvorens naar de TU-Delft terug te keren. Daar is hij is als docent verbonden aan de vakgroep Architectuur en Woningbouwontwerp en is hij co-redacteur van DASH.
Pierijn van der Putt (b. 1973) studied architecture at Delft University of Technology, the University of Illinois in Chicago and Drexel University in Philadelphia. He was an editor of the architecture magazine *de Architect* for five years before returning to Delft, where he teaches for the department of Architecture and Dwelling and is an editor of the magazine *DASH* (Delft Architectural Studies on Housing).
Annet Ritsema (1968) is architect, opgeleid aan de TU Delft. In 2003 richtte zij Bureau Ritsema -architectuur & stedenbouw op. Zij werkt aan actuele ruimtelijke opgaven in stedelijk en landelijk gebied. Naast de bouwpraktijk is onderzoek een belangrijk onderdeel van haar werk. Recentelijk heeft zij meegewerkt aan het onderzoek 'Ruimte voor de Tussenmaat' - omgaan met de veranderende woningvraag (*Lay-out*, nr. 21 (2012)). Ritsema is als gastdocent verbonden aan de Academie van Bouwkunst Groningen. Zij zit in de Commissie Ruimtelijke Kwaliteit en Cultuurhistorie van Drenthe en de provinciale welstandscommissie van Groningen.
Annet Ritsema (b. 1968) trained as an architect at Delft University of Technology and founded Bureau Ritsema – architecture & urban design in 2003. She works on contemporary assignments in urban and rural areas and, in addition to her building practice, undertakes research as an important element of her work. She recently collaborated on the research project 'Space for the In-between Size' – responding to changing housing demand (*Lay-out*, no. 21 (2012)). Ritsema is associated with the Academy of Architecture Groningen as guest lecturer. She is a member of the Commission for Spatial Quality and the History of Culture in Drenthe and the provincial building design control panel in Groningen.

Plandocumentatie/Plan Documentation

Tekst/Text
Dick van Gameren, Annenies Kraaij, Pierijn van der Putt, Frederique van Andel, Karin Theunissen, Eva Storgaard, Vincent Kompier

Tekenwerk/Drawings
Guido Greijdanus, Robbert Guis, Cederick Ingen-Housz, Carlyn Simoen

Omslagfoto/Cover photo
Simon Menges

Dank voor het aanleveren van tekeningen en beeldmateriaal/We would like to thank the following firms for contributing drawings and images:
Bastiaan Jongerius Architecten
Tegnestuen Vandkunsten
WindSong Cohousing / Howard Staples & Miriam Evers
Dys Architecture
Zanderroth Architekten
Kaden+Klingbeil Architecten
BCO Architecten
Keinert Büsching Architecten
BKK-3
Hans Ruijssenaars
NAi Collecties en Archief/
NAI Collections and Archive, Rotterdam
CASA Architecten
Familie Mieras
Atelier 5
Aroca Arquitectos

De redactie bedankt de volgende personen voor hun bijdrage aan de totstandkoming van dit nummer/The editors are indebted to the following people for their contribution to the realization of this issue:
Martien Jansen (Studio M10, Eindhoven)
Douwe Boonstra (Boonstra - van Kruysbergen architecten, Eindhoven)
Hans Schippers (TU Eindhoven)
Sebastian Severino
Bewoners van de Egelwier Leusden
Bewoners van Thalmatt 1

Dick van Gameren
p. 4 *Bouw*, nr. 18 (1978), 71
p. 7, 8 NAi Collecties en Archief/
NAI Collections and Archive, Rotterdam
p. 7 Archief familie Mieras/
Mieras family archives
p. 8 Hans Ruijssenaars Architekten
p. 10 *Bouw*, nr. 18 (1978), 69, 70
p. 13 Christian Richters
p. 13 Annenies Kraaij

Pierijn van der Putt
p. 16, 26-29 Annenies Kraaij
p. 19, 20,23 NAi Collecties en Archief/
NAI Collections and Archive, Rotterdam
p. 20, 23 Document van de Algemene Woningbouwvereniging Huis en Wijk. Niet gepubliceerd en niet gedateerd document, waarschijnlijk uit 1964/Document from the 'Huis en Wijk' General Housing Association. Unpublished and undated document, probably from 1964
p. 24 Robbert Guis (TU Delft)

Annet Ritsema & Vincent Kompier
p. 30 Jan Bitter
p. 32 foto's/photos Bernd Borchardt
p. 32 tekeningen/drawings Bureau Ritsema, uit het onderzoek 'Ruimte voor de Tussenmaat' van Annet Ritsema, Nynke Jutten, Marije Raap en Vincent Kompier, *Lay-Out*, nr. 21 (Rotterdam: Stimuleringsfonds voor Architectuur, december 2012)/from the study 'Room for the In-between Size' by Annet Ritsema, Nynke Jutten, Marije Raap and Vincent Kompier, *Lay-Out*, no. 21 (Rotterdam: Architecture Fund, December 2012)
p. 35 foto's/photos Andrea Kroth
p. 35 tekeningen/drawings Zanderroth Architekten
p. 38 foto's/photos Werner Hutmacher
p. 38 tekeningen/drawings BCO-Architekten
p. 41 foto's/photos Christian Muhrbeck
p. 41 tekeningen/drawings Keinert Büsching Architekten

Interview Frank van Beek and Frank Veen
p. 43, 47 Annenies Kraaij
p. 44 Lingotto

Interview Hein de Haan
p. 48 Piet Rook
p. 50 CASA Architekten
p. 54, 55 Stichting Nautilus
p. 57 Hein de Haan

p. 58 Atelier 5

Harmoniehof
p. 62, 65, 68, 69 Annenies Kraaij
p. 67 Collectie Stadsarchief Amsterdam/
Collection City Archives Amsterdam
p. 67 Privé-archief familie Mieras/
Mieras family private archives

Usonia
p. 70, 72, 75, 76 79, 80, 81 Sebastiaan Kaal
p. 72 Princeton Architectural Press
p. 73 Roland Reisley, *Usonia, building a community with Frank Lloyd Wright* (New York, Princeton Architectural Press, 2001)

Thalmatt 1
foto's/photos Annenies Kraaij

Calle de Arturo Soria
p. 92 R. Levene, *Arquitectura española contemporanea, 1975/1990* (Madrid: El Croquis Editorial, 1989)
p. 95 Aroca Arquitectos
p. 98, 99 Gonzalo Martín Román

Egelwier
foto's/photos Annenies Kraaij
p. 105 Hans Ruijssenaars Architecten

WindSong Cohousing
foto's/photos Miriam Evers

Miss Sargfabrik
p. 116, 119, 122, 123 Sebastiaan Kaal
p. 122, 123 Hertha Hurnaus

Egebakken
foto's/photos: Adam Mørk

Vrijburcht
p. 132, 137, 138, 139 Annenies Kraaij
p. 138, 139 Willem van Gils

Zelterstrasse
p. 140 147, 148, 149 Simon Menges
p. 147, 149 Janine Schrijver

Elandshof
foto's/photos Milad Pallesh

Onafhankelijk peer-reviewed architectuurtijdschrift, halfjaarlijks uitgegeven door nai010 uitgevers voor de afdeling Architectuur, leerstoel Woningbouw aan de faculteit Bouwkunde van de Technische Universiteit Delft
Independent peer-reviewed Journal for Architecture, published twice a year by nai010 publishers for the Chair of Architecture and Dwelling of Delft University of technology

DASH
Delft Architectural Studies on Housing
Leerstoel Architectuur en Woningontwerp
(Chair of Architecture and Dwelling)
Julianalaan 132-134
2628 BL Delft
Postbus 5043
2600 GA Delft

Redactie/Editors
Dick van Gameren
Dirk van den Heuvel
Frederique van Andel
Olv Klijn
Annenies Kraaij
Harald Mooij
Pierijn van der Putt

Wetenschappelijk comité/Academic Board
Koos Bosma
Monique Eleb
Marc Glaudemans
Max Risselada

Adviesraad/Advisory Board
Francine Houben
Frits van Dongen
Piet Vollaard
Ton Schaap
Han Michel

Tekstredactie/Copy editing
Gerda ten Cate, D'Laine Camp

Vertaling Nederlands-Engels/
Translation Dutch-English
Jane Bemont
Interviews
Christine Gardner
Redactioneel/Editorial;
tekst/text Ritsema & Kompier
Laura Vroomen
Redactioneel/Editorial;
tekst/texts Van Gameren, Van der Putt
Christine Gardner, Pierre Bouvier
Plandocumentatie/Plan Documentation

Vormgeving/Design
Joseph Plateau, Amsterdam

Papier/Paper
Perigord 1.1, 150 gr/m2

Druk/Printing
Die Keure, Brugge/Bruges

Projectleiding/Production
Mehgan Bakhuizen met/with Marcel Witvoet, nai010 uitgevers/publishers

Uitgever/Publisher
Eelco van Welie, nai010 uitgevers/publishers

nai010 uitgevers is een internationaal georiënteerde uitgever, gespecialiseerd in het ontwikkelen, produceren en distribueren van boeken over architectuur, beeldende kunst en verwante disciplines.
www.nai010.com

nai010 publishers is an internationally orientated publisher specialized in developing, producing and distributing books on architecture, visual arts and related disciplines.
www.nai010.com

nai010 books are available internationally at selected bookstores and from the following distribution partners:

North, South and Central America - Artbook | D.A.P., New York, USA, dap@dapinc.com

Germany, Austria, Italy, Spain, Portugal and Greece - Coen Sligting Bookimport, Alkmaar, the Netherlands, sligting@xs4all.nl

Rest of the world - Idea Books, Amsterdam, the Netherlands, idea@ideabooks.nl

For general questions, please contact nai010 publishers directly at sales@nai010.com or visit our website www.nai010.com for further information.

Printed and bound in Belgium

ISSN 1877-7007
ISBN 978-94-6208-013-3

Abonnementenadministratie/
Subscriptions and administration

Abonnementenland
P.O. Box 20
1910 AA Uitgeest
The Netherlands
Tel +31 (0)900 – ABOLAND
(0900-2265263 - € 0,10 p.m)
www.aboland.nl

Abonnementen/Subscriptions
DASH verschijnt twee keer per jaar. Recht op reductie hebben: studenten aan universiteiten en academies van bouwkunst, houders van CJP. Abonnementen worden stilzwijgend verlengd. Opzeggingen (uitsluitend schriftelijk) dienen 4 weken voor afloop van de abonnementsperiode in het bezit te zijn van de administratie. Prijswijzigingen voorbehouden.

DASH is published twice a year. For subscriptions please contact the administration. Subscriptions are renewed automatically. If you wish to cancel, please inform the administration in writing 4 weeks before the end of the subscription period. Prices are subject to change.

Abonnementen in Nederland en België
particulieren € 49,50
instellingen € 70,00
studenten€ 45,00

Abonnementen Europa/
Subscriptions in Europe
particulieren/individuals € 59,50
instellingen/organisations € 80,00
studenten/students € 52,50

Abonnementen buiten Europa/
Subscriptions outside Europe
particulieren/individuals € 65,00
instellingen/organisations € 85,00
studenten/students € 52,50

Eerder verschenen
Back Issues

DASH#1

Nieuwe open ruimte in het woonensemble
New Open Space in the Housing Ensemble

Hofjes van liefdadigheid
Dutch Almshouses
Willemijn Wilms Floet

Klein genoeg om openbaar te zijn
Small Enough to Be Public
Dick van Gameren & Olv Klijn

Nooit meer verhuizen?
Never Move House Again?
Inteview met/with Ton Schaap

Tussen serialiteit en monumentaliteit
Between Seriality and Monumentality
Like Bijlsma & Nynke Jutten

De particulier-publieke paradox van de openbare ruimte
The Private-Public Paradox of the New Open Space
Karin Theunissen

Plandocumentatie
Plan Documentation

Rapp + Rapp, De Grote Hof, Pijnacker-Nootdorp 2006
De Architecten Cie., Dick van Gameren, VMX, Block 23 IJburg, Amsterdam 2005
Meyer en Van Schooten, Claus en Kaan, ANA, Block 24 IJburg, Amsterdam 2005
Geurst & Schulze, Schuttersveld, Delft 2003
S333, Monnikhof, Groningen 2002
Soeters Van Eldonk, Zwanenwoud, Heerenveen 2002
Venhoeven CS, Rietlanden, Amsterdam 2001
Van Reeth AWG, Mariaplaats, Utrecht 1998
Bosch & Van Eyck, Het Pentagon, Amsterdam 1983
P. Blom, De Kasbah, Hengelo 1974
Eduard Cuypers, Veronesestraat, Amsterdam 1929
J.B. van Loghem, Tuinwijk-Zuid, Haarlem 1922

DASH#2

Het luxe stadsappartement
The Luxury City Apartment

Fountainhead
Olv Klijn & Pierijn van der Putt

Tussen Amsterdam en Berlijn
Amsterdam versus Berlin
Vincent Kompier

Nieuw elan voor het appartement
New Élan for the Apartment
Interview met/with Huub Smeets

In New York kun je nooit voorspellen wie er komt te wonen…
In New York, You Can Never Predict Who Is Going to Live There . . .
Interview met/with Winka Dubbeldam

De Clubgedachte
The Club Idea
Paul Meurs

Mansion Flats en het wonen van de middenklasse
Mansion Flats and Middle-Class Living
Dick van Gameren & Christoph Grafe

Uitwisselingen, aanpassingen en ontleningen
Exchanges, Adaptations and Borrowings
Monique Eleb

Plandocumentatie
Plan Documentation

Neves & Slemenson, Parque Cidade Jardim, São Paulo 2013
Herzog & de Meuron, 40 Bond Street, New York 2007
AWG Architecten, Detroit, Amsterdam 2005
Sáenz de Oíza, Torres Blancas, Madrid 1968
Schipporeit & Heinrich Associates, Lake Point Tower, Chicago 1968
L.M. van den Berg & J.J. Groenema, Duinwyck, Den Haag/The Hague 1932
F.A. Warners, Westhove, Amsterdam 1923
Auguste & Gustave Perret, Avenue de Wagram, Parijs/Paris 1902
R. N. Shaw, Albert Hall Mansions, Londen/London 1886

DASH#3

Het woonerf leeft
The 'Woonerf' Today

Tussen collectiviteit en privacy Collectivity versus Privacy
Ivan Nio

Erfenissen van het woonerf
The Heritage of the Woonerf
Dick van Gameren & Harald Mooij

Park Rozendaal vs Krekenbuurt
Park Rozendaal versus Krekenbuur
Nynke Jutten & Willemijn Lofvers

De Fællesgård
Tom Avermaete & Eva Storgaard

Eilanden, boskamers, kloosters en scherven
Islands, Woodland Rooms, Cloisters and Shards
Pierijn van der Putt

Noodzakelijke rommelruimte
Junk Space You Need
Interview met/with Alex van de Beld

'Privacy is iets wat je een ander geeft'
'Privacy Is Something You Give to Others'
Interview met/with Benno Stegeman

Plandocumentatie
Plan Documentation

M. Välikangas, Puu Käpylä, Helsinki 1925
E. S. Persson, Friluftstaden, Malmö 1948
N. De Boer, Emmerhout, Emmen 1965
H. Klarenbeek, De Negen Nessen, Bergen (NH) 1968
Lyons & SPAN, Punch Croft, New Ash Green 1968
D. Zuiderhoek/H. Klunder, Park Rozendaal, Leusden 1971
B. Stegeman, Krekenbuurt, Zwolle 1975
Tegnestuen Vandkunsten, Fuglsangsparken, Farum 1983
Onix, Verandawoningen, Almere 2006
Tegnestuen Vandkunsten, Kvistgårdhusene, Kvistgård 2008

DASH#4

De woningplattegrond
The Residential Floor Plan

Baas in eigen huis
Master of Your Own Home
Dorine van Hoogstraten

Nabeelden van een avant-garde
Avant-Garde Afterimages
Dirk van den Heuvel

Blokstad
Block City
Bart Goldhoorn

Generaliseringen zijn niet meer van deze tijd
Generalizations are Passé
Interview met/with Edwin Oostmeijer

De evolutie van type A, B, C en verder
The Evolution of Type A, B, C and Further
Interview met / with Frits van Dongen

Plandocumentatie
Plan Documentation

A. Rading, Wohnturmhaus, Wroclaw 1928-1929
Dranger & Helldén, Peterstorp 3, Malmö 1937-1938
W. van Tijen, Zuidpleinflat, Rotterdam 1949
H. Scharoun, Zabel-Krüger-Damm, Berlijn/Berlin 1970
Van den Broek & Bakema, Elviraflat, Delft 1964
K. Frampton/ D. Stephen & Partners, Corringham, Londen/London 1964
Buszko & Franta, Kukurydze, Katowice 1979
Apon, van den Berg, ter Braak, Tromp, Verdiweg, Amersfoort 1968
F. van Dongen/de Architekten Cie, Botania, Amsterdam 2002
Diener & Diener, Hofblok Hoogwerf, Amsterdam 2001

Eerder verschenen
Back Issues

DASH#5

De stadsenclave
The Urban Enclave

Fragmenten van een ideale stad
Fragments of an Ideal City
Dick van Gameren & Pierijn van der Putt

Straten in de lucht: Het Adelphi van de gebroeders Adam, Londen, 1768-1772
Streets in the Air: The Adam Brothers' Adelphi, London, 1768-1972
Christopher Woodward

The Barbican, City of London
Elain Harwood

Wat al goed is, hoeven we niet opnieuw uit te vinden
Why Reinvent What's Already Good?
Interview met/with Rob Krier

Grossform, een kijk op grootschalige stedelijke projecten
Grossform, a Perspective on the Large-Scale Urban Project
Lara Schrijver

De huiselijke superstructuren van Piet Blom
Piet Blom's Domesticated Superstructures
Dirk van den Heuvel

Plandocumentatie
Plan Documentation

Het Groot Begijnhof, Leuven ca. 1230
Robert, John, James & William Adam Adelphi complex, Londen/London 1768-72
A.J Kropholler Linnaeushof, Amsterdam 1924-28
Herman Aichinger & Heinrich Schmid Rabenhof, Wenen/Vienna, 1925-29
Fernand Pouillon Résidence du Point-du-Jour, Boulogne-Billancourt, Parijs/Paris, 1957-63
Chamberlin, Powell & Bon Barbican, Londen/London 1955-82
Piet Blom Oude Haven, Rotterdam 1978-84
Rob Krier Noorderhof, Amsterdam 1995-99
OMA e.a./a.o. Chassé Park, Breda 1997-07
Frits van Dongen (de Architekten Cie.) e.a./ a.o. Funenpark, Amsterdam 1998-05

DASH#6

Wonen in een nieuw verleden
Living in a New Past

Reculer pour mieux sauter
Innovation through Tradition
Dick van Gameren

'Moderne intentie?': Een herwaardering van Paul Schmitthenner
Modern in Intention?': Paul Schmitthenner Revisited
Wolfgang Voigt

Nieuw bestaat niet!
There's No Such Thing as New!
Cor Wagenaar

Van kritisch regionalisme naar kritisch realisme
From Critical Regionalism to Critical Realism
Nelson Mota

'Veel details die we gebruiken gaan al decennia lang mee'
Many of the Details We Use Have Served Us for Decades'
Interview met with Peer, Thomas and Pieter Bedaux

Oud tekenen en oud denken
Old Ways of Drawing and Thinking
Dirk Baalman

Plandocumentatie
Plan Documentation

M.H. Baillie Scott Waterlow Court, Londen/London, 1908-1910
Paul Schmitthenner Gartenstadt Staaken, Berlijn/Berlin, 1914-1917
A.H. van Wamelen Frisia-woningen, Amersfoort, 1920-1922
J. H. Roggeveen Merelhof, Bergen (NH/North Holland), 1949-1950
Mario Ridolfi & Ludovico Quaroni Tiburtino, Rome, 1949-1954
François Spoerry Port Grimaud, Saint-Tropez, 1963-1974
Mecanoo Ringvaartplasbuurt, Rotterdam, 1989-1993
Leon Krier & Ken Morgan Poundbury, Dorchester, 1988-2024
Thomas Bedaux, Bedaux
De Brouwer Bosrijk, Eindhoven, 2004-2007
West 8 & AWG Cronenburgh, Loenen aan de Vecht, 2001-2009

DASH#7

Het ecohuis
The Eco House

Eeuwige lente: De typologie van het tussenklimaat
Eternal Spring: The Typology of the Intermediate Climate
Piet Vollaard

Het principe van de zonnewoning: Architectonisch experiment en infrastruur in de jaren 1940 in Amerika
The Solar House Principle: Architectural Experimentation and Infrastructural Engagement in 1940s America
Daniel A. Barber

Anticiperen versus improviseren:
Over recyclebaar bouwen en hergebruik
Anticipation versus Improvisation:
On Design for Disassembly and Reuse
Jacques Vink

Duurzaam wonen, duurzaam leven
Sustainable Housing, Sustainable Living
Machiel van Dorst

Luxe architectuur: eenvoud en rijkdom
Luxury Architecture: Simplicity and Wealth
Interview met/with Jean-Philippe Vassal

'Volgens mij is het nu af . . .':
Steve Baer over de bouw van zijn Zome House
'I Think It Is Finished Now . . .':
Steve Baer on Building his Zome House

Plan documentatie
Plan Documentation

Frank Lloyd Wright Jacobs House 2, Middleton, Wisconsin, 1943-1948
Ralph Erskine Villa Engström, Lisön, Södermanland, 1955-1956
Steve Baer Zome House, Corrales, New Mexico, 1971-2012
Otto Kolb Solarhaus, Wermatswil, 1980-1982
Frei Otto, Hermann Kendel et al. Baumhäuser, Berlijn/Berlin, 1987-1991
Lacaton & Vassal Maison Latapie, Floirac, 1993
DAAD Architecten & Eric de Leeuw Woon-werkhuis Hoogland, Groningen, 1997-2007
Carlos Weeber & CASArchitects Casa Weeber, St Willibrordus, Curaçao, 2005-2006
KieranTimberlake Associates Loblolly House, Taylors Island, Maryland, 2004-2006
FAR Frohn & Rojas Casa Muro, Santiago de Chile, 2004-2007
2012Architecten Villa Welpeloo, Enschede, 2005-2009